全国城市轨道交通专业高职高专规划教材

Chengshi Guidao Jiaotong Shebei Guanli

城市轨道交通设备管理

张新宇 主　编
王　越　王旭伟　王青林　副主编
袁实[沈阳新松机器人自动化股份有限公司] 主　审

人民交通出版社

内 容 提 要

本书根据城市轨道交通运营企业站务岗位及岗位群的典型工作任务,以满足城市轨道交通实际工作岗位职业能力需求为基本出发点而编写。本书以车站主要机电设备为主线,将岗位的典型工作任务融入课堂教学中,在教学过程中逐渐培养学生的岗位技能和职业素养,使其内化为学生的基本素质,以满足城市轨道交通行业对高素质、高技能型人才的迫切需求。

本书可作为职业院校城市轨道交通及相关专业的教学用书,也可作为从事城市轨道交通行业职工的培训用书及参考资料。

本教材配套多媒体课件,可通过加入职教轨道教学研讨群(QQ129327355)索取。

图书在版编目(CIP)数据

城市轨道交通设备管理/张新宇主编. —北京:人民交通出版社,2013.2
ISBN 978-7-114-10343-8

I. ①城… II. ①张… III. ①城市铁路 – 轨道交通 – 设备管理 IV. ①U239.5

中国版本图书馆 CIP 数据核字(2013)第 018417 号

全国城市轨道交通专业高职高专规划教材

书　　　名:	城市轨道交通设备管理
著 作 者:	张新宇
责任编辑:	任雪莲
出版发行:	人民交通出版社
地　　　址:	(100011)北京市朝阳区安定门外外馆斜街 3 号
网　　　址:	http://www.ccpress.com.cn
销售电话:	(010)59757973
总 经 销:	人民交通出版社发行部
经　　　销:	各地新华书店
印　　　刷:	北京武英文博科技有限公司
开　　　本:	787×1092　1/16
印　　　张:	15.5
字　　　数:	334 千
版　　　次:	2013 年 2 月　第 1 版
印　　　次:	2021 年 6 月　第 8 次印刷
书　　　号:	ISBN 978-7-114-10343-8
定　　　价:	39.00 元

(有印刷、装订质量问题的图书由本社负责调换)

全国城市轨道交通专业高职高专规划教材
编审委员会

主　　任：施建年(北京交通运输职业学院)

副 主 任：(按姓氏笔画排序)
　　　　　王　彤(辽宁省交通高等专科学校)
　　　　　李加林(广东交通职业技术学院)
　　　　　杨金华(云南交通职业技术学院)

特邀专家：(按姓氏笔画排序)
　　　　　尹相勇(北京交通大学交通运输学院)　　王　英(北京京港地铁有限公司)
　　　　　史小俊(苏州轨道交通有限公司)　　　　刘卫民(长春市轨道交通集团有限公司)
　　　　　佟关林(北京市地铁运营有限公司)　　　周庆灏(上海申通地铁集团有限公司)
　　　　　林伟光(北京京港地铁有限公司)　　　　郑树森(香港铁路有限公司)
　　　　　徐树亮(南京地下铁道有限责任公司)　　徐新玉(苏州大学城市轨道交通学院)

委　　员：(按姓氏笔画排序)
　　　　　万国荣(广西交通职业技术学院)　　　　王　华(四川交通职业技术学院)
　　　　　王劲松(广东交通职业技术学院)　　　　王建立(北京铁路电气化学校)
　　　　　王　越(辽宁铁道职业技术学院)　　　　田　文(湖北交通职业技术学院)
　　　　　邝青梅(广东省交通运输技师学院)　　　刘　奇(西安铁路职业技术学院)
　　　　　刘　杰(北京市电气工程学校)　　　　　刘柱军(黑龙江第二技师学院)
　　　　　吕建清(青岛港湾职业技术学院)　　　　江　薇(武汉市交通学校)
　　　　　张洪革(辽宁省交通高等专科学校)　　　张　莹(湖南铁道职业技术学院)
　　　　　张　燕(成都市工业职业技术学校)　　　李士涛(南京交通职业技术学院)
　　　　　李中秋(河北交通职业技术学院)　　　　李　军(北京交通运输职业学院)
　　　　　李志成(安徽交通职业技术学院)　　　　李　季(北京市自动化工程学校)
　　　　　杨亚芬(云南交通职业技术学院)　　　　汪成林(武汉铁路职业技术学院)
　　　　　汪武芽(江西交通职业技术学院)　　　　沈　艳(哈尔滨铁道职业技术学院)
　　　　　单　侠(北京市外事学校)　　　　　　　周秀民(吉林交通职业技术学院)
　　　　　罗建华(北京地铁技术学校)　　　　　　范玉红(南通航运职业技术学院)
　　　　　俞素平(福建船政交通职业学院)　　　　耿幸福(南京铁道职业技术学院)
　　　　　郭凯明(甘肃交通职业技术学院)　　　　都娟丽(西安科技商贸职业学院)
　　　　　阎国强(上海交通职业技术学院)　　　　谭　恒(广州市交通运输职业学校)

秘　　书：袁　方(人民交通出版社)

出版说明

21世纪初,随着我国城市轨道交通建设进入快速发展时期,各地职业院校面临这一大好形势,纷纷开设了城市轨道交通相关专业。为了满足我国城市轨道交通专业高职高专教育对教材建设的需求,我们在人民交通出版社2009年推出的"全国职业教育城市轨道交通专业规划教材"基础上,协同中国交通教育研究会职业教育分会城市轨道交通专业委员会,组织北京交通运输职业学院、南京铁道职业技术学院、上海交通职业技术学院、湖南铁道职业技术学院、广东交通职业技术学院、辽宁省交通高等专科学校等一线资深教师组成的编写团队,同时组建由北京交通大学交通运输学院、苏州大学城市轨道交通学院、香港地铁、北京地铁、京港地铁、上海地铁、南京地铁等资深专家组成的主审团队,联合编写审定了"全国城市轨道交通专业高职高专规划教材"。

为了做好教材编写工作,促进和规范城市轨道交通行业职业教育教材体系的建设,打造更为精品的城市轨道交通专业教材,我们根据目前职业教育"校企合作,工学结合"的教学改革形势,在多方面征求各院校的意见后,于2012年推出以下16种:

《城市轨道交通概论(第2版)》

《城市轨道交通客运服务英语(第2版)》

《城市轨道交通客运组织(第2版)》

《城市轨道交通行车组织(第2版)》

《城市轨道交通运营安全(第2版)》

《城市轨道交通票务管理(第2版)》

《城市轨道交通车站设备(第2版)》

《城市轨道交通客运服务(第 2 版)》
《城市轨道交通通信信号(第 2 版)》
《城市轨道交通车辆构造》
《城市轨道交通导论》
《城市轨道交通运营组织》
《城市轨道交通通信与信号系统》
《城市轨道交通安全管理》
《城市轨道交通设备管理》
《城市轨道交通调度指挥》

本套教材具有以下特点：

1. 体现了工学结合的优势。教材编写过程努力做到了校企结合,将北京、上海、广州、南京等地先进的地铁运营管理经验吸收进来,极大地丰富了教材内容。

2. 突出了职业教育的特色。教材内容的组织围绕职业能力的形成,侧重于实际工作岗位操作技能的培养。

3. 遵循了形式服务于内容的原则。教材对理论的阐述以应用为目的,以够用为尺度。语言简洁明了,通俗易懂；版式生动活泼、图文并茂。

4. 整套教材配有教学课件,读者可于人民交通出版社网站免费下载；单元后附有复习思考题,部分单元还附有实训内容。

5. 整套教材配有课程标准,以便师生教学参考。

希望该套教材的出版对职业院校城市轨道交通专业教材体系建设有所裨益。

全国城市轨道交通专业高职高专规划教材
编审委员会
2012 年 7 月

前　言

近年来我国城市轨道交通发展迅速，目前在建和规划修建轨道交通的城市近40个，已规划里程达5 500km，远景规划里程近10 000km，在建里程1 800km，到2010年年底，全国累计开通城市轨道的总公里数达到1 000km。2015年前，将有8座城市开通市际轨道交通运营新线。快速、准确、安全、舒适的城市轨道交通将成为未来城市的主要交通出行方式。与此同时，城际轨道交通亦蓬勃发展。

城市轨道交通系统一旦建成通车，就必须日以继夜地保持系统的安全和高效率运营。因此，在城市轨道交通运营管理领域里，除了应具有优质的工程与设备条件外，还需要建立一整套完善的技术保障体系，培训和提高运营管理人员的技术水平和理论知识，建成一支基础理论扎实、技术过硬的管理与维修技术队伍，以确保建成的轨道交通系统达到高效运转、优质服务和安全运营的目标。

学生通过学习该课程，应能掌握城市轨道交通车站主要机电设备的基本知识、基本构造和基本工作原理，了解各种轨道交通设备在运营中的作用与功能，并具备轨道交通设备的操作、维护与管理等方面的专业能力。

本书的编写是在多轮教学实践的基础上完成的，有配套的电子课件，且课件中有大量的实物图片和相关图片，便于高校和企业开展相关教学和培训。

本书由辽宁省交通高等专科学校张新宇担任主编，辽宁铁道职业技术学院王越、哈尔滨铁道职业技术学院王旭伟、辽宁省交通高等专科学校王青林担任副主编，本书由沈阳新松机器人自动化股份有限公司袁实担任主审。参编人员包括哈尔滨铁道职业技术学院的蔡英利，辽宁省交通高等专科学校的慕威、薛亮、韩海玲。

本书的编写得到了人民交通出版社的大力支持。编写中还得到了沈阳新松机器人自动化股份有限公司、沈阳地铁集团有限公司运营分公司的大力支持和帮助。编写过程中，还引用了参考文献所列论著的有关部分，以及未列出的相关资料和相关网页上的资料、图片。在此向各公司和论著作者一并表示衷心的感谢。

由于作者水平有限，经验不足，加上城市轨道交通技术日新月异，书中难免有一些错误和不足之处，恳请各位专家和读者批评指正。

张新宇
2012年12月

目　　录

第一章	**轨道交通自动售检票系统综述**	1
第一节	轨道交通自动售检票系统简述	2
第二节	轨道交通自动售检票系统票务系统	5
第三节	轨道交通自动售检票系统业务管理	9
第四节	轨道交通自动售检票系统架构与功能	11
思考题		16
第二章	**车票媒介**	17
第一节	概述	18
第二节	印刷车票	19
第三节	磁卡车票	21
第四节	智能卡车票	24
第五节	智能卡的安全	34
思考题		35
第三章	**自动售检票系统终端设备**	36
第一节	自动售检票系统构成	37
第二节	自动售票机	38
第三节	自动检票机	41
第四节	半自动售/补票机	46
第五节	自动验票机	48
第六节	自动售检票系统的运行管理	49
第七节	自动售检票系统设备的巡视与运行	52
第八节	自动售检票系统设备的维护	54
思考题		58
第四章	**自动售检票系统安全与容灾**	59
第一节	自动售检票系统安全	60
第二节	自动售检票系统容灾	64
第三节	自动售检票系统保障	67
思考题		74
第五章	**低压配电及照明系统设备管理**	75
第一节	城市轨道交通供电系统概述	76
第二节	低压配电及照明系统的组成及功能	80

第三节　低压配电及照明系统的运行管理 ……………………… 84
　　第四节　低压配电及照明系统的巡视与运行 …………………… 87
　　思考题 ………………………………………………………………… 88

第六章　消防系统设备管理
　　第一节　消防系统的组成及功能 ………………………………… 90
　　第二节　消防系统的运行管理 …………………………………… 96
　　第三节　消防系统的巡视 ………………………………………… 98
　　第四节　消防系统设备的维护 …………………………………… 101
　　思考题 ………………………………………………………………… 104

第七章　火灾报警监控系统
　　第一节　火灾报警监控系统概述 ………………………………… 106
　　第二节　城市轨道交通FAS的组成 ……………………………… 111
　　第三节　城市轨道交通FAS系统功能 …………………………… 112
　　第四节　FAS的接口 ……………………………………………… 115
　　思考题 ………………………………………………………………… 116

第八章　城市轨道交通通信设备管理
　　第一节　轨道交通电话系统 ……………………………………… 118
　　第二节　轨道交通广播子系统 …………………………………… 120
　　第三节　轨道交通闭路监视子系统 ……………………………… 121
　　第四节　轨道交通无线子系统 …………………………………… 123
　　第五节　轨道交通的乘客信息系统 ……………………………… 125
　　思考题 ………………………………………………………………… 134

第九章　垂直电梯系统设备管理
　　第一节　垂直电梯系统的组成及功能 …………………………… 136
　　第二节　垂直电梯系统的运行与管理 …………………………… 143
　　第三节　垂直电梯系统设备的巡视与运行 ……………………… 144
　　第四节　垂直电梯系统设备的维护 ……………………………… 146
　　思考题 ………………………………………………………………… 148

第十章　自动扶梯系统设备管理
　　第一节　自动扶梯系统的组成及功能 …………………………… 150
　　第二节　自动扶梯系统的运行管理 ……………………………… 155
　　第三节　自动扶梯系统设备的巡视与运行 ……………………… 158
　　思考题 ………………………………………………………………… 160

第十一章　城市轨道交通屏蔽门系统设备管理
　　第一节　屏蔽门系统的组成及功能 ……………………………… 162
　　第二节　屏蔽门系统的运行管理 ………………………………… 173

	第三节	屏蔽门系统设备的巡视与运行	176
	第四节	屏蔽门系统设备的维护	178
	思考题		179
第十二章	**城市轨道交通给排水系统设备管理**		**180**
	第一节	城市轨道交通车站给排水系统组成及功能	181
	第二节	车辆段给排水系统的组成及功能	187
	第三节	车站及车辆段给排水系统的运行管理	191
	思考题		194
第十三章	**环控系统设备管理**		**195**
	第一节	环控系统的组成及功能	196
	第二节	环控系统的运行管理	205
	第三节	环控系统设备的巡视与运行	208
	第四节	环控系统设备的维护	209
	思考题		212
第十四章	**设备监控系统**		**213**
	第一节	设备监控系统概述	214
	第二节	监控系统体系结构	217
	第三节	系统设备接口	221
	第四节	系统功能	223
	思考题		235
参考文献			**236**

第一章

轨道交通自动售检票系统综述

第一节 轨道交通自动售检票系统简述

一 国内外轨道交通售检票系统现状

我国的轨道交通建设和发展虽然已有一百多年的历史,但自动售检票系统起步较晚。自第一条轨道交通——上海松沪铁路开通营业以来,铁路票务系统是从人工售检票开始的,直到20世纪90年代才开始采用半自动售票结合人工检票,在2002年实现了国家铁路网部分区域快车站的联网售票结合人工检票。

城市轨道交通起步最早的北京地铁,从运营开始,一直延续到20世纪90年代仍采用人工售检票。随着上海地铁的建设,于20世纪90年代开始了自动售检票的探索,迄今只有二十余年,经历了从无到有、从小到大的发展历程,归纳起来可以分为学习研究、引进实践和自主创新三个阶段。

第一阶段,学习阶段。在此阶段收集国外自动售检票系统的资料,对实施自动售检票系统的可行性进行研究分析,并开始研制自动售检票系统终端设备。

第二阶段,引进实践阶段。在中国的城市轨道交通中,逐步引进使用了几套自动售检票系统,提高了运营管理水平和票务数据的处理分析能力。

第三阶段,自主创新阶段。在需求主体的引导下,多家企业进行了多头的生产研发,在合作和仿制的基础上,对系统有了更深入的理解,开始结合用户需求进行创新开发。同时,联合制定标准和进行大型攻关,形成了具有特色的从集成电路芯片、终端设备到网络系统的完整产业链和产业群,而且达到总体技术国际同行业先进、部分领先的水平。

二 香港城市轨道交通概述

香港地铁(MTR)始建于1975年,1979年首条线路开通运营,并采用了自动售检票(AFC)系统,是世界上最繁忙的城市轨道交通系统之一。

香港地铁与售检票系统相关的工作包括自动售检票系统、收益管理、电子工厂和自动售检票系统训练中心四大部分。其中,收益是核心,自动售检票系统是基石,各部分相互依赖,相互协作,相互配合,以自动售检票系统为主线把四大部分有机地结合在一起,高效、稳定、可靠地运行,在地铁运营中发挥了巨大的作用。

香港地铁自动售检票系统使用的单程票是磁卡,储值票采用 Felica 非接触式 IC 卡,即八达通(Octopus)卡,八达通卡的使用比例在地铁超过85%。

乘车使用储值卡,按路程收费,车费4~26港元不等。单次乘车者可在投币售卡机购买一次性磁卡,也可以购买通用于机场铁路、地下铁路及九广铁路东铁及轻铁全线、九巴、新巴及城巴部分路线、香港油麻地小轮外岛航线的八达通卡,可随时在自动增值机上加钱增值,无限期使用。

三 轨道交通自动售检票系统的内涵

轨道交通自动售检票系统是通过对计算机、统计、财务等专业知识的综合运用,来实现轨道交通的售票、检票、计费、收费、统计、清分结算和运行管理等全过程的自动化系统,同时也为决策提供客流、收入等各类信息支持。

自动售检票系统需要根据轨道交通规划、客流量需求、票务管理需求,进行系统方案的设计,选择合适的技术平台,实现乘客的自助售检票和信息处理的自动化。

作为轨道交通运营管理重要子系统之一的自动售检票系统,有其丰富的内涵,主要体现在以下方面。

① 人性化

自动售检票系统为乘客设置了符合人体工程学的售票机和检票闸机,方便了乘客的购票和检票过程,同时提供符合地方特色的操作方式。

② 客流导向

自动售检票系统可方便地实现乘车路径和优惠票价管理,可以通过票价设定来为乘客提供导向性服务,实现柔性的乘客自主对出行路径或时段的选择,合理调整客流分布。

③ 社会效益

一方面可通过自动售检票系统形成对区域交通客流状况的调整,对社会生活产生影响;另一方面可通过自动化的设施影响人们的行为模式,规范管理模式,克服票务工作中的舞弊行为。

④ 提供信息支持

自动售检票系统能够提供客流量、票务收入等统计信息,为轨道交通的运营、规划和管理决策提供信息支持。

⑤ 提高运行效率

轨道交通运营单位可根据自动售检票系统的客流信息及时调整运行组织,合理安排运能,提高运行效率。

❻ 强化安全管理

借助自动售检票系统付费区的封闭条件,可对乘客在车站内的行为进行管理。在紧急情况下,可通过闸机的禁行和放行措施疏导人群,实现安全管理。另外,还可通过闸机的关隘作用,协助社会治安管理。

❼ 提升形象

通过自动售检票系统,增加了轨道交通与乘客的操作交互性和乘客的主动性,良好的应用效果可以提升运营企业和所在地区的形象。

四 轨道交通自动售检票系统的内容

轨道交通自动售检票系统由中央计算机系统、车站计算机系统、终端设备、车票媒介、网络、各种接口和运作制度组成,其主要工作内容如下:

(1)实现中央系统、车站系统和终端设备之间的数据传输和处理。

(2)完成车票制作、售票、检票、票务统计分析等工作。

(3)及时、准确地进行客流、票务数据的收集、整理、汇总和分析。

(4)实现轨道交通收益方的清分结算以及与关联系统等外部接口之间的清分结算,同时可通过银行或金融机构实现账务划拨。

五 轨道交通自动售检票系统的发展方向

随着轨道交通的快速发展、相应技术的进步以及不同政策组合的灵活应用,自动售检票系统总的发展趋势是标准化、简单化、集成化和人性化。

❶ 标准化

为实现轨道交通售检票系统的简捷和大集成,必须制定标准和规范,统一系统设备和终端设备,使系统达到互联互通,采用统一车票媒介,实现不同线路之间的方便换乘。

❷ 简单化

为适应快节奏的社会生活,乘客必然选择操作简单、出行高效的交通工具。轨道交通自动售检票系统必然向操作简单化方向发展。自动售检票系统的简单化包括:

(1)将复杂的自动售检票系统通过系统集成,简化乘客的使用操作。

(2)通过人性化的设计,提高乘客的操作效率。

(3)随着认知和科技水平的不断提高,系统架构和措施也更容易实现。

③ 集成化

轨道交通路网的形成使自动售检票系统规模越来越大,同时,轨道交通与其他交通方式之间的关系也越来越密切,互相兼容、联乘优惠、跨系统结算等必然造成各种系统的关联度越来越高。建立统一、标准化、跨平台、跨系统的自动售检票系统应用平台是未来自动售检票系统发展的必然方向。

④ 人性化

自动售检票系统本来就是密切结合应用和利益的系统,从"以人为本"的理念出发,自动售检票系统的操作方式和界面也必然越来越人性化,其人性化主要包括:

(1)根据人体工程学基本原理设计终端设备的人机界面。
(2)设计符合乘客习惯的操作方式。
(3)设计合适的出入口通道,方便轮椅人士、推折叠式婴儿车的乘客。
(4)系统能向人们提供越来越多的相关信息。

总之,轨道交通自动售检票系统将随着科学技术的进步和人们对出行便捷、舒适要求的提高,其自动化程度会越来越高,对管理的支撑作用也将越来越大。

第二节 轨道交通自动售检票系统票务系统

一、轨道交通售检票系统

自世界上第一条铁路首次正式办理客运服务、进行乘客售检票以来,售检票系统就成为收费运营的轨道交通的重要子系统之一。经历了从无到有的由人工售检票、半自动售检票到自动售检票等方式,系统应用日趋完善。

目前,世界上轨道交通售检票系统采用的技术种类较多,有印制纸票人工售检票系统、印制纸票半自动售检票系统、一次性磁票自动(半自动)售检票系统、重复使用磁票自动(半自动)售检票系统、接触式智能卡自动(半自动)售检票系统、非接触式智能卡自动(半自动)

售检票系统等。同时，系统内的结算有在线的和离线的两种方式，关联系统间的联系有紧密和松散之分，但大多受到现代信息技术的影响和支付手段多样化的冲击，而需要升级换代或联网结算。

铁路由于范围广、线路长的特点，对网络有更大规模和更多接口的要求，目前还不具备应用自动售检票系统的条件，只应用了半自动售检票系统；而城市轨道交通由于范围相对较小、线路关联度高、短途高密度的客流特点，要求信息传输更及时，系统对数据处理的能力更大。目前，已成功应用了自动售检票系统，有效地提高了运营管理水平。

自动售检票系统直接面对乘客，与日常运营、票务收入、乘客的乘车费用密切相关。自动售检票系统主要是处理交易和财务数据，必须保证这些数据的完整性和可靠性。因此，自动售检票系统必须具备相应的可靠性、安全性、易用性、可扩展性和互联性。

二、轨道交通票务系统

轨道交通是承载城市客运的主干交通体系，它能有效解决大客流、远距离、快速准点等城市交通难点，提供"畅达、安全、舒适、清洁"的交通服务，具有人性化、捷运化、信息化和生态化等基本特征。其最典型的特点有：

（1）提供高效的中、远距离客运服务。

（2）适应频繁的瞬间大客流冲击。

（3）单项交易金额较小，但总交易量大，导致总交易金额巨大。

为适应轨道交通的特点，必须建立相应的票务系统。

轨道交通票务系统是轨道交通营运方为乘客提供快捷、优惠的出行，有效进行票务收入管理，合理配置营运系统（营运设备、营运模式）资源而建立的一套满足轨道交通票务管理需求的系统。

早期的票务系统仅是一套（预）付费系统，即制定营运收费价格，通过发行预付凭证（如车票）和规定必要的使用程序，根据乘客手中持有的预付凭证上所记录的信息提供相应的旅行服务。其使用程序如下：

（1）乘客花费一定的金额购买预付凭证。

（2）在出行时，出示预付凭证并通过有关设施。

（3）以预付凭证所记录的金额（票证金额）或使用次数为限，对符合使用状况的金额或使用次数进行减值操作。

（4）通过以上方法代替现金等支付手段，向乘客提供交通旅行服务。

轨道交通票务系统主要是制定票价等营运策略，对车票制作、车票出售、入站检票、出站检票和补票、罚款等营收信息进行有效管理。随着系统功能外延的不断扩展，票务系统也承担起对营运状况进行监控管理的职责。合理的票务机制能有效培育客流和提高运营效益。建立路网自动售检票系统，有利于高效实施轨道交通票务系统管理，提高票务结算的公正性、公平性，同时提高乘客的出行效率。

原则上说,不管采用何种售检票方式,票务政策都是恒定的,所以说自动售检票系统只是票务系统的一种体现或实施方法。

轨道交通线路的售检票系统对于不同车票介质,如塑质磁卡车票、纸质磁卡车票、IC 卡车票和纸票,均能进行营运收入的有效管理。不管轨道交通有何差异,都应建设一套符合自身需要的票务系统以便进行票务管理。

三 票务系统的意义

轨道交通票务系统是轨道交通票务收入和结算的基础,只有通过安全、可靠和完备的自动售检票系统,才能有效地实施票务的结算和清分。

网络票务系统的统一规划,是实现线路之间换乘的基础条件。如果没有网络票务系统的统一规划,可能导致各条线路之间票务系统不兼容、车票介质不兼容,因而无法实现互联,不能实现信息的共享,也无法进行交易数据的清分。

票务系统的统一规划,是实现轨道交通网络人性化、捷运化和信息化的必要条件。在轨道交通网络中,只有在各线路均采用了票务系统规划所统一制定的车票制式、系统接口和清分算法,才能保证整个轨道交通网络在收费区内直接换乘。

快捷、方便是轨道交通的最大优点,也是基本要素。在设计票务系统时,应本着"以人为本"的宗旨,充分考虑以下因素:

(1) 有利于提升轨道交通行业的社会形象和服务区域形象。
(2) 有利于提高运营管理水平,保障票务收益。
(3) 有利于管理责任落实,保证交易数据和票务信息的安全。
(4) 有利于简化操作,方便出行,提高乘客的出行效率。
(5) 有利于提供准确的客流及票务统计分析数据。
(6) 有利于减少现金交易、人工记账及统计工作,提高准确率和效率。

四 票务系统的业务管理

票务系统的业务管理是借助于自动售检票系统来实现的。主要内容有票卡管理、规则管理、信息管理、账务管理、模式管理、运营监督等。

五 票务系统实施

要合理、有效地实施轨道交通票务系统,必须对售检票方式、系统架构、车票媒介、票务政策等有清晰的认识,并采取相应的对策。

1 售检票方式

乘客在选用车票(如单程票、储值票或其他票种)时,会综合考虑该票种的使用成本和方便性,乘客总是希望所使用的设备界面简单、操作便捷。

售检票方式的选择直接关系到乘客的操作和系统设备的配置。采用合理的售检票方式可以提高售检票效率,减少乘客在车站的停留时间。

通常,轨道交通售检票的方式可分为3种:
(1)人工售检票,人工完成售票、检票和票务数据统计。
(2)半自动售检票,人工参与,设备辅助完成售票、检票和票务数据统计。
(3)自动售检票,售票、检票和票务数据统计均由设备自动完成。

2 系统架构

票务系统中的自动售检票系统架构,一般分为以下5种:
(1)单线路式自动售检票系统架构。
(2)分散式自动售检票系统架构。
(3)区域式自动售检票系统架构。
(4)完全集中式自动售检票系统架构。
(5)分级集中式自动售检票系统架构。

针对不同的客观需求,在选择轨道交通网络自动售检票系统总体架构时应考虑以下因素:
(1)能够适应轨道交通的战略目标和远景规划。
(2)尽量使乘客能在收费区内直接换乘。
(3)多元投资的收益分配需求。
(4)有助于网络化高效运营管理。
(5)系统接口层次清晰,扩展更新方便。
(6)车票制式简洁清晰。

3 车票媒介

票务系统中影响最大的因素之一是车票制式,它决定了系统信息的组成。其中,车票媒介是乘客使用情况的信息载体,也是系统运营数据的关键源头。一旦系统的车票制式确定后,再对其进行更改将会造成极大的影响,所以对车票制式的选择需要特别慎重。

4 票务政策

票务政策是票务系统行使工作职责的原则,包括定价原则、票款清分原则、票务管理原则等。它是投资及运营根本目标的反映,涉及政府、企业和乘客的利益,也将影响到轨道交通的发展方向。

六 轨道交通票务系统与自动售检票系统的关系

轨道交通票务系统是自动售检票系统实施的必要环境和基础;而自动售检票系统则是

票务系统的实现手段之一，它能有效提高票务系统的管理水平和效益。轨道交通票务系统是轨道交通票务收入和结算的基础，只有通过安全、可靠和完备的售检票系统才能有效地实施票务的结算和清分。

为有效行使轨道交通票务系统的管理职责，提高票务结算的公开、公平和公正性，提高乘客的出行效率，在投资许可的情况下，宜建立路网自动售检票系统。该系统的建立，可大量减少票务管理人员、提高轨道交通系统的运行效率和效益。同时，通过该系统对客流量、票务收入等综合业务信息的汇总分析，可以强化客流分析预测的能力，合理地调配车辆，提高票务系统工作效率，进而提高网络化运营管理水平。

自动售检票系统与票务策略的对应关系主要表现在客流、票制、统计与结算、票务处理等方面。

第三节 轨道交通自动售检票系统业务管理

一 轨道交通自动售检票系统业务管理概述

轨道交通自动售检票系统业务管理是运用物流、信息、财会、统计等必要的技术方法，通过该系统的网络、计算机等设备，充分发挥自动售检票系统整体功能，以满足运营管理的需求。

二 业务管理的内容及主要职责

一个较完整的轨道交通自动售检票系统业务管理通常包括票卡管理、规则管理、信息管理、账务管理、模式管理、运营监督6类主要内容。这6类业务管理工作通常赋予以下主要职责。

（1）票卡管理。票卡是旅客乘坐轨道交通的有效凭证，是自动售检票系统中不可缺少的信息载体和信息交互媒介。票卡管理就是对票卡的发行、发售、使用、票务处理和回收等全过程进行有效管理。轨道交通的正常运营离不开对票卡的有效管理，包括：车票的编码定义、初始化、赋值发售、使用管理、进/出站处理、更新、加值、退换、回收、监督管理、注销及黑名单管理等。

(2) 规则管理。票务系统涉及多部门、多环节,要确保这些部门和环节有效协作、高效联动,就必须依托一整套科学、严密的规则和流程。规则管理就是为确保系统规范运作,而制定出一系列规则和流程并加以实施,包括票价策略、收益分配、结算规则、权限管理和操作流程等。

(3) 信息管理。轨道交通自动售检票系统是一个庞大的信息系统,它涵盖了乘客进/出站、乘车费用、流向、流量等基本信息,同时为满足运营管理及相关各方的需要,必须对系统收集的基本数据进行深度挖掘、加工,开展统计分析并发布信息。信息管理就是对系统中相关的信息进行收集、传递和处理,包括信息收集、信息传输、信息存储、信息统计分析和信息发布等。

(4) 账务管理。轨道交通自动售检票系统中涉及票卡发售、票款汇缴、收入清分和资金划拨等一系列账务处理过程,账务管理就是对系统内的票务收入进行汇缴、分配、入账等过程的管理,包括账户设置、票款汇缴、登账稽核、收益清算、对账、资金划拨和对凭证进行有效管理等。

(5) 模式管理。所谓模式就是在不同状况、条件下,为达到某些特定效果所采取的方式方法。模式管理就是针对不同的运营状况、条件所做出的相应操作行为的选择和实施,包括正常运营模式、降级运营模式以及相配套的运营管理。

(6) 运营监督。系统运营涉及通信、信号、列车、运营组织以及乘客、线路、车站等方方面面。轨道交通自动售检票系统运营监督就是通过本系统的设备以及所具有的完整、严密、及时的信息流对运营状况进行实时跟踪监督,以提高运营质量和服务水平,包括信息传输状况监督、客流状况监督、车票调配监督、收款监督及收益监督等。

三 业务管理的主要技术要求

针对轨道交通客流量大、时效性强这一特点,对自动售检票系统总的技术要求是操作简单、处理快捷、计价准确、制度严密、收益清晰、资金汇缴和划拨及时。而由于业务管理内容的不同,其主要技术要求又将有所不同。

票卡管理要做到及时、安全、有效;规则管理要求清晰、合理、严密和可操作;信息管理要完整、及时、准确;账务管理要做到清晰、及时、准确;模式管理要合理、安全、高效;运营监督要做到及时、透明、有效。

四 业务管理计算机系统实施策略

业务管理计算机系统实施策略应是合理、经济、有效。

合理就是针对不同业务需求选择恰当的解决方案。不同的系统规模或社会环境,对业务的要求是不同的。社会环境比较良好时,系统选择能简则简,否则,要充分考虑各种影响系统运行的因素,对各种重大或关键影响因素都要有技术或管理的相应手段。经济是指在设备配置和方法选择时,应考虑初期的建设投入及维护成本支出,要以系统的全寿命周期成本作为核算对象,在需求难定义、系统要扩展、技术更新快的时候,以解决现实问题为主,适当留有拓展空间。有效则为在选择策略时要考虑整体效果,要从系统技术到管理措施、体系架构与制度建设结合,做到局部合理、整体最优。

五 业务处理模式

根据自动售检票系统的基本架构,业务处理的模式可分为集中处理、分级集中处理和分区域处理。

(1)集中处理。集中处理模式是中央系统负责中央的全部业务,也就是说由设置在网络的中央系统负责全部线路的业务处理,而线路仅负责车站和终端的处理,所有的线路通过各自的通信前置处理设备与路网的子系统连接。

(2)分级集中处理。分级集中模式是设置在路网的中央系统处理路网业务,如票务清分和结算、参数和票卡管理等。由设置在每条线路的中央系统负责线路业务的处理。由设置在车站计算机系统和车站终端设备负责车站业务的处理。整个中央系统的业务分布在路网和线路上,相互之间通过传输系统连接,进行分级集中管理。

(3)分区域处理。分区域处理模式是集中处理模式和分级集中处理模式的结合。这种处理模式是为对应的轨道交通的网络结构配置的。

第四节 轨道交通自动售检票系统架构与功能

轨道交通自动售检票系统的架构是多种多样的,但系统架构的选择与轨道交通网络结构、售检票方式、清分需求和车票媒介等相关联。

在封闭的环境下,自动售检票系统的设备根据地理位置分布在轨道交通各个车站;根据业务需求自动售检票系统在不同的层面处理不同的业务;根据系统架构,构建路网售检票系统的中央系统、线路中央计算机系统、车站计算机系统、车站终端设备和车票。

一 综合交通系统的售检票系统概述

售检票系统的应用范围是非常广泛的,包括从全国范围的综合交通系统到城市范围的轨道交通系统。综合交通系统是构建在区域综合交通系统之上的,而区域综合交通系统是以城市综合交通为基础的,区域之间的结算原则是宏观的;城市轨道交通是基于地铁、轻轨、城市铁路等交通方式,实现客流运输,并完成票务收费和清算。

综合交通系统的售检票系统架构包括区域综合交通系统、城市综合交通系统以及具体交通线路的售检票子系统,每一层次的售检票子系统完成对应范围的售票、检票和结算处理功能以及与上下层次子系统的信息传输。

通过综合交通系统,乘客通过选择出行方式订购票种,可采用不同的结算方式,各运营方通过不同的清分方式进行结算。

综合交通系统与区域综合交通系统的连接方式为网状连接,系统之间、交互区域之间的信息和运作模式,区域综合交通系统与城市综合交通系统之间采用星形连接方式,系统之间传送的信息是区域综合交通系统所需的基本信息;城市综合交通系统架构是星形的,各种交通方式的售检票系统是独立的。各级综合交通系统或交通方式的售检票系统在上一层次的系统发生故障时,可以独立工作。

根据综合交通系统的特点,可首先构建单一交通方式的综合交通系统,如铁路系统的售检票系统,逐步向综合交通系统过渡。

二 城市轨道交通系统的售检票系统架构

城市轨道交通系统的自动售检票系统是处理城市范围内众多轨道交通线路的售检票业务,涉及路网业务、线路业务、车站处理、终端处理和车票媒介方面的内容。根据业务和应用,自动售检票系统架构的参考模型包括五个层次,第一层是路网层,第二层是线路层,第三层是车站层,第四层是终端层,第五层是车票层(图1-1)。

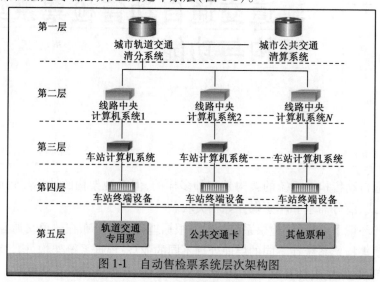

图1-1 自动售检票系统层次架构图

在自动售检票系统架构中,相邻层次是通过对应的接口和协议实现连接的,在实施过程之前必须确定各相邻层的接口方式和协议。

三、轨道交通自动售检票系统类型

1 售检票方式

售检票系统是轨道交通运输组织的一个非常重要的环节,根据售检票作业的环境分为开放式售检票作业方式和封闭式售检票作业方式。

1)开放式售检票作业方式

开放式售检票作业方式是指车站不设检票口,乘客在上车前(指进入付费区后)或在列车上进行检票,并随机查票的售检票作业方式。一般适用于客流量较小的系统,同时要求乘客有较高的素质。

2)封闭式售检票作业方式

封闭式售检票作业方式是指乘客进、出付费区都要经过检票口检票的售检票方式。这种方式能够减少或杜绝无票乘车现象,减少或避免票务流失。

在封闭式售检票的作业环境下,售检票方式可分为人工售检票、半自动售检票、自动售检票。

(1)人工售检票方式

人工售检票方式是一种完全由人工来完成售票、检票和票务数据统计的方式。这种方式的特点是需要大量的票务人员、占用车站较大的空间和乘客在售检票过程中花费的时间较长。

(2)半自动售检票方式

半自动售检票方式是一种由人工参与,设备辅助来完成售票、检票和票务数据统计的方式。这种方式相对于人工售检票方式,需要配备的票务人员相对减少,提高了系统自动化程度,并借助计算机和网络技术,在票务统计上实行了自动化管理。同时,由于有设备辅助,乘客在购票、检票等过程中花费的时间相对较少。

(3)自动售检票方式

随着计算机技术和网络技术的发展和广泛应用,自动售检票方式是一种完全由乘客自行操作售检票设备来完成售票、检票,并由设备自动完成票务数据统计的方式。智能化的售检票设备,为乘客提供人性化的操作界面,让乘客友善、方便、快捷地乘坐轨道交通。

2 计价方式

计价方式将直接影响到售检票方式和售检票系统的构成。计价方式通常有单一票价、区域票价和计程计时票价。

1)单一票价

单一票价是根据乘车次数(即完成一个完整的进、出站检票过程计为一次)进行计费,与实际乘坐的距离长短无关。自动售检票系统在处理乘客的乘车时,依据统一票价进行处理。

2)计程票价

计程票价是经进、出站检票,严格按照实际乘坐距离长短(里程或乘坐车站数)并根据票价计费标准计算乘车费用。自动售检票系统在处理乘客的乘车时,依据里程严格计价的原则进行处理。

3)区域票价

区域票价是将运营线路总长度分为若干个区域(区间),根据票价计费标准,在各区域(区间)内采用同一票价;实际运营距离跨越一个或多个区域(区间)时,根据乘车的区域(区间)数进行计费。自动售检票系统在对乘客的一次乘车进行处理时,依据不同区域不同计价的原则进行处理。

四 轨道交通自动售检票系统功能

1 系统设备组成

根据自动售检票系统架构的参考模型,自动售检票系统在对乘客一次乘车的完整处理过程中,系统的中央计算机系统、线路中央计算机系统、车站计算机系统、终端设备和车票媒介协同作业,各司其职,共同完成完整的处理。

1)路网中央计算机系统

路网计算机系统需要对整个路网进行运营管理和票务管理。

路网计算机中央数据处理系统依据收益清分管理需求确定系统是否具有跨线换乘清分的功能,保证票务交易数据的安全、不可抵赖和有效性,并决定系统的构架和组成。路网中央计算机数据处理系统的应用功能包括车票管理、车票发行、票务清分、票务结算、财务管理、运营参数管理、票务参数管理、安全管理、报表统计、运营模式管理、运营监控、票务监控监视、系统维护和接入测试以及与外部接口(如银行系统或允许在轨道交通内使用的外部卡发行商清算系统等)交换数据等。

2)线路中央计算机系统

线路中央计算机系统负责线路自动售检票系统自动运行监控和票务信息管理,包括采集汇总、转发、分类统计、客流分析、营收款统计以及与路网其他中央计算机数据处理系统的数据交易转发、对账和结算等处理;还需具有与外部卡发行商清算系统之间的通信接口,包括外部卡在本线路内的各种票务数据转发、确认双方票务交易数据的一致性、日切统计对账和财务结算等处理。

3)车站计算机系统

车站计算机系统负责把车站内的各种自动售检票系统的终端设备产生的票务交易数据、设备运行状态和维护日志等上传给线路中央计算机系统,并接收线路中央计算机系统下传的各种运行参数和命令等。车站计算机系统中的车站计算机负责与本站各类自动售检票终端设备的通信和接收自动售检票终端设备主动发送的票务交易数据和设备状态等数据，下发运行参数和相关命令等。车站计算机系统具有独立的自动售检票运营监控、票务监控和分类统计等管理功能。

4）终端设备

终端设备将根据票务规则验证车票和进行车票费用处理，收集票务信息并上传，同时接收车站计算机系统的命令和参数。

自动售检票系统中的终端设备根据用途划分主要包括：分拣编码机、自动检票机、自动售票机、半自动售/补票机、自动加值机、便携式验票机、自动验票机等类型。

5）车票媒介

车票媒介目前经常采用的有视读印刷票、机读印刷票、磁票、智能卡等。终端设备与处理的票卡相关。

由于车票媒介决定了终端设备的选型，所以车票媒介的选择是一个非常重要的环节。目前，选用非接触式 IC 卡作为轨道交通车票已是大趋势，并被广泛使用。

❷ 票务管理功能

票务管理的主要功能是发卡、售票、检票和结算功能。

1）发卡功能

票卡发行管理包括票卡编码、票卡初始化发行、储值卡处理、调配、挂失、注销、销卡等功能。

2）售票功能

乘客在车站非付费区内可以通过自动售检票系统的终端设备如自动售票机或半自动售票机购票。售票过程是终端设备根据中央计算机系统下发的运行参数和票务参数，按照乘客需求，为乘客提供乘车的有效凭证（车票）。

3）检票功能

乘客进站时，进站检票机将对乘客所持有的车票进行合法性和有效性检查，如果所持车票合法，则在车票中写入乘客的进站信息并开闸放行，允许乘客进入车站付费区。

乘客出站时，出站检票机将对乘客所持有的车票进行有效性检查，如果所持车票有效（包括车票计程、计时有效或车资足够），储值票被扣除相应票款后在车票中写入出站信息，单程票则由出站检票机自动回收，开闸放行让乘客出站。出站检票时，如发现乘客无票，或所持车票无效，或单程票金额不足等，都会提示乘客到补票亭按照有关规定进行补票处理。

4）结算

所有票务交易数据均由自动售检票系统的各类终端设备产生，经车站计算机系统上传到线路中央计算机系统或路网中央计算机数据处理系统，根据票务政策、清分规则和结算方法进行票款清分、清算和结算处理、银行划账和收益方对账等。

❸ 数据处理功能

轨道交通网络的票务管理由众多数据流程组成，包括：交易信息流、车票流、资金流、乘客流、列车流、凭据流、备件流、控制流和指令流等。

其中,交易信息流、车票流和资金流是票务处理和管理的主要输入数据源;备件流、控制流和指令流是自动售检票系统运行管理的输入源;交易信息流、车票流、乘客流和列车流是客流分析的输入源。同样,交易信息流、车票流、资金流和凭据流是财务管理的输入源。其他管理都能够在上述数据流的沉淀数据中获得相关信息。

路网中央计算机系统或线路中央计算机系统主要用于上述各种数据流的收集、生成(含下发)、统计、分析和使用,并提供联机存储和存储管理、数据备份/恢复等可靠性方面的处理。

轨道交通的数据流是整个自动售检票系统运营管理能力和效率的重要基础支持之一。它负责将自动售检票系统中由底层设备产生的各类数据上送至其上层系统,将上层的控制指令和参数信息下传至底层。同时,数据流在各层系统进行汇总、统计以产生各种用于管理的统计信息,从而完成对自动售检票系统运营管理的支持。

根据数据的来源和用途,系统数据分以下几类:

(1)运营数据设备和系统的运营状态信息,设备运行状态。

(2)交易数据设备和系统产生的交易数据信息。

(3)控制数据系统向设备等发送的控制命令信息。

(4)管理数据系统向设备发送的各种用作管理的数据。

思考题

1. 轨道交通自动售检票系统的主要工作内容是什么?
2. 简述票务管理中检票功能的实现。
3. 简述票卡管理的主要职责。

第二章

车票媒介

第一节 概述

在轨道交通售检票系统中,车票是乘客乘车的凭证。车票记载了乘客从购票开始,完成一次完整旅行所需要和产生的费用、时间、乘车区间等信息。由于车票上记载了有关乘车信息,因而也将其称为车票媒介。

不同车票媒介记载信息的方式和数量是不同的,根据信息记载方式的不同,识别方式也不相同。不同的车票媒介将对应不同的识别系统。

根据信息认读方式的不同,车票媒介可分为视读和机读两种认读方式;信息记录介质有印刷、磁记录和数字记录3种;售检票方式分为人工方式、半自动方式和自动方式,每种售检票方式都要涉及不同的车票媒介和识别技术(由不同的终端设备或人工完成)。

一、车票与识别方式

车票的有效性是通过车票媒介携带的信息识别的。识别方式可以是人工视读识别,也可以是自动识别。人工识别是通过人的眼睛获取车票的可视信息,确定车票的有效性。自动识别是通过识别装置和被识别物之间的信息交互,自动地获取被识别物的相关信息,并提供给计算机处理系统完成相关处理的一种技术。

目前常见的车票媒介有纸质、磁卡和智能卡3种。

1 纸质车票

常见的纸质车票有普通纸票和条形码纸票。

(1)普通纸票

普通纸票是将车票的所有信息都直接印制在车票上,由票务人员视读确认。

(2)条形码纸票

条形码纸票是将车票的相关信息通过条形码编码存储,由条形码扫描仪完成信息识别,标识的信息只供读取而不能改写。

2 磁卡车票

磁卡车票是在基质上设置磁记录区域,通过磁留存储存有关的信息,由磁卡读写设备获取相关信息,信息是可修改的。

③ 智能卡车票

智能卡车票是将车票的所有信息储存在车票的集成电路中,由智能卡读写设备获取相关信息。其特点是信息储存量大,且可修改。

二 售检票方式与车票媒介

不同的售检票方式需要的车票媒介是不同的,而且车票媒介的信息量及读写方式也会影响售检票系统的运作方式。不能进行机器识别的车票媒介只能采取人工售检票,对机器识别设备要求高的车票媒介会影响识别效率和系统建设投资。

另外,社会环境相关的支持体系也会对车票媒介的应用产生决定性的影响,规范诚信的环境能更好地保障媒介的安全性,使系统更加简捷方便。

第二节 印刷车票

印刷车票是事先在车票上印刷相关车票信息,然后由人工方式或自动方式售票。印刷车票包括普通印刷车票和条形码印刷车票。

一 普通印刷票

为便于识别操作,一般印刷在票面(通常是纸质的)上的信息量较少(图2-1),通过视觉方式识别速度较慢。

图 2-1 普通印刷票外观图

由于印刷票容易仿造,需要增加一些防伪措施,可在票面上印刷加密图形等安全信息,但同时也会给视读带来较大的困难。

另外,由于普通印刷票的信息是只读信息,所以普通印刷票不能作为储值票,只能作为单程票或特殊用途的车票,车票的有效性只能由加密图形保证。

普通印刷票是在人工方式下大量使用的车票,在票面上能够直观反映车票编号、出票站点、乘车日期、票款金额、乘车车次、乘车区间以及换乘等信息,对购票者有明示作用,同时便于乘务人员验证和确认。

设计普通纸票时,可根据应用环境来确定票面的形式、所需的基本信息和特殊信息。

二、条形码印刷票

1 条形码

条形码是由一组规则排列的条和空、相应的数字组成(图2-2),这种用条、空组成的数据编码可以供机器识读,而且很容易译成二进制数和十进制数。这些条和空可以有各种不同的组合方法,构成不同的图形符号,即各种符号体系,也称码制,适用于不同的应用场合。条形码系统是由条码符号设计、制作及扫描阅读组成的自动识别系统。

图2-2　条形码印刷票外观图

在条形码印刷票中,车票信息是通过条形码编码实现的,车票信息的识别是通过条形码识读机实现的(图2-3)。

2 条形码的特点

条形码技术具有数据输入快速、可靠,识别设备简单、经济和使用灵活,条形码易于制作等优点。

条形码纸票具有信息存储量较大、自动识别速度较快、读码效率较高、纠错能力较强的特点,可提高检票系统的处理速度和识别性能,有利于车票的自动化检测。但条形码纸票只能在购票时记录站名和发售时间,无法记录进站时间和闸机编号等及时统计信息,对计时制管理模式有一定的影响。

条形码的大小、长短可以任意调节,能够打印在狭小的空白空间。在纸票上增加条码会增加车票制作成本,但可提高防伪能力和检票效率。

在一些客流量不大的场合,可不采用吞吐卡设备,直接在激光扫描平台上扫描条码,其操作简单,成本较低,维护和使用也方便。

条形码的信息量有限,可以拷贝复制,在一些安全性要求不高的环境可适当应用。

对于出票系统的打印机而言,其技术要求就是打印速度要快。因此,车票打印系统设计为:将票面的一些固定信息预先印刷在车票纸上,在出票时仅打印当时的必要信息,以减少打印量,提高打印速度。

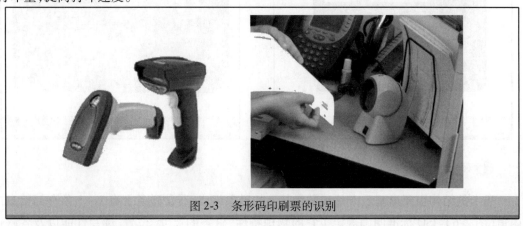

图 2-3　条形码印刷票的识别

3　条形码的应用

条形码技术作为一种先进的信息采集和输入技术,已被广泛应用于诸多信息自动处理和工业自动化生产过程的行业。

我国铁路票务系统目前采用条形码纸票、计算机半自动售票,车票为纸质车票,票面印有视图信息和条形码信息。由于铁路客运站量大面广,地理位置分散,票务信息管理系统尚不具备自动检票、信息收集和及时统计分析的功能,但正在向售票、检票、调度、结算等一体化的计算机功能体系发展。

第三节　磁卡车票

一、磁卡

磁卡是一种利用磁记录特性对有关信息进行记录交换的卡片(图2-4)。它由高强度、耐高温的塑料或纸质涂覆塑料制成,防潮、耐磨且有一定的柔韧性,携带方便,使用较为稳定可靠。通常,磁卡的一面有磁涂层(面或条),另一面则印刷有如插卡方向等说明提示性信息。为了简化设备结构,大部分系统的磁卡上还会有定位孔槽等标识。图 2-5 为磁卡读卡器。

图 2-4　磁卡外观图

图 2-5　磁卡读写器

1　磁卡的结构

磁卡的结构主要由基质卡片和贴在其上的磁条组成,通常磁条上有 2~3 条存储信息的磁道(图 2-6),ISO 标准明确规定了它的物理特性,磁条的尺寸、位置、读写性能以及各磁道的数据格式等。

如常用的 3 磁道磁卡,其卡面上有 3 条磁道。磁道 1 与磁道 2 是只读磁道,上面记录的信息在使用时只能读出而不允许改写。磁道 3 为读写磁道,在使用时可以读出,也可以写入。

磁道 1 可记录数字(0~9)、字母(A~Z)和其他一些符号(如括号、分隔符等),最多可记录 79 个数字或字母。

磁道 2 和 3 所记录的字符只能是数字(0~9)。磁道 2 最多可记录 40 个字符,磁道 3 最多可记录 107 个字符。

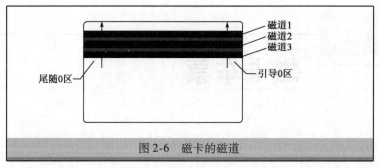
图 2-6　磁卡的磁道

2　磁道的定义

磁道的应用分配是根据使用要求而定制的,比如银行系统、证券系统、门禁控制系统、身份识别系统、驾驶执照管理系统等,都会对磁卡上的 3 条磁道提出不同的应用格式要求,磁道的一般定义如下:

（1）磁道1。它的数据标准最初是由"国际航空运输协会"IATA(international air transportation association)制定的。磁道1上的数据和字母记录了航空运输中的自动化信息,例如货物标签信息、交易信息、机票订票/订座情况等。

（2）磁道2。它的数据标准最初是由"美国银行家协会"ABA(american bankers association)制定的。该磁道上的信息已经被当今很多的银行系统所采用。它包含了一些最基本的相关信息,例如,卡的唯一识别号码、有效期等。

（3）磁道3。它的数据标准最初是由财政行业(THRIFT)制定的。其主要应用于一般的储蓄、货款和信用单位等那些需要经常对磁卡数据进行更改、重写的场合。典型的应用包括现金售货机、预付费卡(系统)、借贷卡(系统)等。这一类的应用很多都是处于"脱机"(off line)的模式,即银行(验证)系统很难实时对磁卡上的数据进行跟踪,表现为用户卡上磁道3上的数据与银行(验证)系统所记录的当前数据不同。

二 磁卡的优缺点

磁卡车票技术发展于20世纪70年代,围绕磁性车票的自动售/检票系统设备应用已久,从技术上讲还是比较成熟的,其具有以下优点:

（1）可以进行机读,提高了自动化程度。

（2）可以方便地进行票卡生产。

但是,也存在以下几个主要问题:

（1）使用成本较高,虽然可回收重复使用(如在地铁的应用),但在回收后再投入使用时,要对客票进行消毒处理,并另外提供使用的财务凭证。

（2）自动售/检票系统要频繁地对磁卡票进行接触式读/写,不可避免地要投入大量人力物力,以完成对磁头进行消磁和除尘清洗等工作。

（3）磁卡票的自动售/检票系统设备由于需要较精密的传输机构,机械结构复杂,精密度要求高,使设备造价较高,对维护人员素质要求也较高。另外,由于机构动作频繁造成机械磨损后的维护成本较大。

（4）磁条读写次数有限制,当磁卡使用到一定次数后,就会对磁条的读写产生影响。

（5）容易受强磁场干扰而改变存储内容。

（6）由于其密钥是随票携带的,容易被拷贝伪造。

三 磁卡车票的设计

磁卡车票的设计首先要满足系统的技术要求,其次车票的大小要尽可能标准化,然后根据需求设计各种图案、文字和号码,根据使用环境确定信息储存的磁道。

四 磁卡车票的应用

以磁卡作为车票的自动售检票系统,在世界各地都得到了广泛的应用,给使用者和管理部门都带来了很大的便利,但也暴露了许多问题,如记录容量小,磁条易磨损和划伤,遇到其他外部磁场时极易被磁化而造成数据出错或丢失,磁卡上记录的数据极易被伪造和仿制,磁卡的读写容易产生错误或失败,读写过程时间较长,读写设备构造复杂、故障率高、价格昂贵、维护保养成本高等。因此,随着时代的发展,在自动售检票领域的磁卡技术将会逐步被新技术替代。

第四节 智能卡车票

智能卡又名 IC 卡(smart card 或 integrated circuit card),是法国人于 1970 年发明的,同年日本发明家获得首项智能卡的专利,距今已有 40 多年的历史。这种既具有智能性又便于携带的卡片,为现代信息处理和传递提供了一种全新的手段,作为一种新的工具,智能卡已被应用到众多领域。

智能卡将具有存储、加密及数据处理能力的集成电路芯片镶嵌于塑料基片中,涉及微电子技术、计算机技术和信息安全技术等。为了进一步促进智能卡在全世界范围内的推广和使用,国际标准化组织于 1987 年专门为智能卡制定了国际标准——ISO/IEC 7816-1、2、3,对接触型智能卡的物理特性、结构尺寸及通信协议作了详细规定。

一 智能卡的分类

智能卡通常有两种分类方式:按卡中的集成电路分可为存储器卡、微处理器卡和射频卡;按读写方式可分为接触式智能卡和非接触式智能卡。

1 按集成电路分

(1)存储器卡。存储器卡(memory card)是由一个或多个集成电路芯片组成,并封装成便于人们携带的卡片,具有记忆存储功能,不带微处理器(CPU)。

存储器卡内部芯片只是一个存储器,根据需要可增加一个逻辑保护电路,应用中可能存在卡内数据被修改和伪造以及数据读写错误,为提高存储器卡的安全性,通常在存储器中集成一些安全算法。

集成电路为标准的串行 EEPROM 时为非加密存储器卡,卡中集成电路为带有加密逻辑的串行 EEPROM,可成为加密存储器卡。

数据通过卡的 I/O 口传入和传出,EEPROM 主要用于存储应用数据,对 EEPROM 数据的存取操作由安全逻辑电路控制,可以执行一些简单的加密功能,ROM 用于存储一些识别数据。

(2)微处理器卡。微处理器卡又称 CPU 卡,是由一个或多个集成电路芯片组成,并封装成便于人们携带的卡片,在集成电路中具有微电脑 CPU 和存储器,智能卡具有暂时或永久的数据存储能力,其内容可供外部读取或供内部处理和判断之用,同时还具有逻辑处理功能,用于识别和响应外部提供的信息和芯片本身判定路线和指令执行的逻辑功能。

(3)射频卡。射频卡也称非接触式智能卡 CSC(contactless smart card)或非接触式 IC 卡,卡中的集成电路除了带加密逻辑、串行 EEPROM、微处理器外,还带有射频收发及相关电路。

❷ 按读写方式分

(1)接触式 IC 卡(CPU 卡)。接触式智能卡是将智能卡的绝大部分电气部件进行封装,而将与外部连接线路做成触点外露,按一定的规则排列接触电极,在进行读写操作时卡片必须插入读卡器的卡座中,通过触点与读写设备交换信息。

(2)非接触式 IC 卡(CPU 卡)。非接触式智能卡通过智能卡的收发天线与读写设备交换信息。

智能卡具有抗磁场和抗静电破坏的功能,由于非接触式 IC 卡不存在外露接触电极,不怕潮湿和污染,因此可以有效避免这些机电系统频繁产生故障。另外,射频智能卡读写不产生机械摩擦现象,不需要与读写机具接触,读写无方向性,操作方便,一般读写距离可达 10 cm,卡片抗弯折能力强,使用寿命长。

非接触式 IC 卡由于其成本低、使用安全可靠并易于构造专用读写设备和后台管理系统,以及其固有的高安全保密性(难以复制)和大存储容量,特别是十分容易与计算机系统交换数据的优点,而被广泛应用于小额电子钱包消费、城市公共交通、轨道交通、社会医疗保障、社会补给保障、电子身份识别和电子护照等众多领域,取得良好的社会和经济效益。

❸ 智能卡的管理

智能卡芯片内的物理资源由储存在 ROM 内的芯片操作系统(COS)来进行统一管理和调度,我们可以根据具体应用要求设计卡片应用规则和规范,建立卡片应用安全结构体系,并通过芯片操作系统(COS)实现智能卡的具体应用功能。因而,智能卡具有灵活性较强的、开放式的应用设计平台。

智能卡芯片操作系统(COS)具有通信管理、文件管理、安全管理和命令管理四大功能。

(1)通信管理负责卡片和外界卡终端的通信协议处理、通信检错处理和纠错处理,保证卡片读写传输数据正确可靠。

(2)文件管理为用户提供灵活、方便、多种格式的信息存储管理,以适应多种应用要求。

(3)安全管理使得应用单位可以根据自身应用需求对卡内信息进行灵活的权限分割、权限设置和权限认证设计,建立信息防火墙,抵御外界逻辑攻击。

(4)命令管理为实现应用设计功能提供驱动管道。

以下对常用的接触式 IC 票卡和非接触式 IC 票卡进行较详细的介绍。

二、接触式 IC 卡

接触式 IC 卡是在使用时,通过有形的金属电极触点将卡的集成电路与外部接口设备直接接触连接,提供集成电路工作的电源并进行数据交换的 IC 卡(图 2-7)。其特点是在卡的表面有符合 ISO/IEC 7816 标准的多个金属触点。

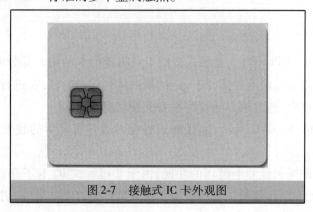

图 2-7 接触式 IC 卡外观图

① 典型结构

接触式 IC 卡由微处理器、操作系统、加密逻辑、串行 EEPROM 及相关电路组成。

在 ROM 安装卡操作系统 COS(card operation system),数据和程序代码可以在 COS 控制下从 EEPROM 中读出和写入;RAM 是微处理器的工作存储器,具有易失性;串行 I/O 接口通常只包含一个简单的寄存器,通过该寄存器将数据逐位输入或输出。

② 特性

接触式 IC 卡国际标准 ISO/IEC 7816 规定了带触点集成电路卡的基本技术要求,主要内容包括:

(1)物理特性、记录方法、物理接口要求,主要定义了该类卡的基本物理特性。

(2)电气信号和传输协议,规定了该类卡和终端间的电源、电气信号协议和信息交换协议,涉及卡的信号频率、电压值、电流值、校验操作规程和传输与通信协议。

ISO/IEC 7816 规定了接触式 IC 卡的外形尺寸为 85.60mm × 53.98mm × 0.76mm(宽 × 高 × 厚),在卡中有 8 个触点,即集成电路引脚,从 C1 到 C8,其尺寸都以卡表面的左边沿和上边沿为基准。其触点的尺寸及位置如图 2-8 所示。触点的功能如表 2-1 所示。

8个触点的定义:

I/O 为 IC 卡串行数据的输入和输出端。

V_{CC} 为电源电压输入端(由卡选用)。

GND 为地(参考电压)。

V_{PP} 为编程电压输入端(仅适用于 A 类,由卡选用)。

CLK 为时钟或定时信号输入端(由卡选用)。

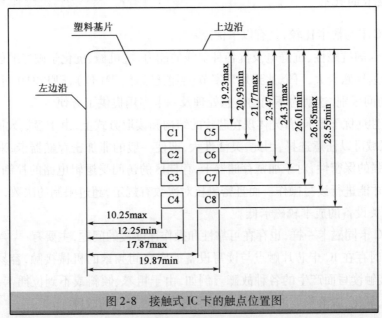

图 2-8 接触式 IC 卡的触点位置图

接触式 IC 卡的触点功能 表 2-1

触点编号	功能	触点编号	功能
C1	V_{CC}(电源电压)	C5	GND(地)
C2	RST(复位信号)	C6	V_{PP}(编程电压)
C3	CLK(时钟)	C7	I/O(数据输入/输出端)
C4	保留使用	C8	保留使用

RST 为复位信号,可由接口设备提供复位信号给 RST 触点;或由 IC 卡内部的复位控制电路在加电时产生内部复位信号。如果实现内部复位,必须提供电压到 V_{CC}端。

剩下的两个触点的用途将在相应的应用标准中规定。

❸ 分类

通过触点 V_{CC},接口设备应向卡提供电源支持,A 类卡的电源为 5V,B 类卡的电源为 3V。卡和接口设备应可以仅工作在 A 类或者 B 类,也可以同时工作在 A 类及 B 类(以 AB 类表示)。

A 类卡应能操作在 A 类和 AB 类接口设备上;AB 类卡应能操作在 A 类、B 类和 AB 类接口设备上;B 类卡应能操作在 B 类和 AB 类的接口设备上。在设计时,应保证在 A 类操作条件下他们不被损坏。

❹ 卡的安全体系结构特征

(1) 安全状态　由于安全过程的完成而得到预计的结果。
(2) 安全属性　定义了允许执行的操作,以及完成这些操作的过程。
(3) 安全机制　口令鉴别、密钥鉴别、数据鉴别和数据加密安全机制。

❺ 与磁卡的比较

接触式 IC 卡与磁卡比较,具有以下优点:
(1) 保证卡的抗磁性、抗静电及抗各种射线的能力,抗机械、抗化学破坏的能力也很强。
(2) 容量远比磁卡大,可以达到几千字节(当前已达到 2M 位),EEPROM 可以分区,且可设置不同的访问级别,这就为不同的信息处理及一卡多用提供了方便。
(3) 加密性远优于磁卡,首先体现在芯片的结构和读取方式上,由于容量大而且存储器的读取和写入区域可以任意选择,因此,灵活性大,即使一般的非加密存储器卡,采用特定的技术,也具备较强的保密性,对于加密存储器卡,存储区的访问受逻辑电路的控制,只有各密码核对无误后,才能进行读写操作。而且密码核对次数有规定,超过限制的次数,卡将被锁死。
(4) 其相关设备的成本较磁卡低。

接触式 IC 卡同磁卡一样,也存在可靠性和操作速度慢的问题,主要有:
(1) 使用时存在 IC 卡芯片触点与读写设备插座之间频繁的机械接触,容易造成两者的磨损及由于接触读写而产生的各种故障。例如,由于粗暴、倾斜或不到位插卡,非卡外物插入,以及灰尘、氧化、脱落物或油污导致接触不良等原因造成的故障。
(2) 由于集成电路芯片有一面在卡片表面裸露,容易造成芯片脱落、静电击穿、弯曲、扭曲损坏等问题。
(3) 卡片触点上产生的静电可能会破坏卡中的数据。
(4) 存在因环境腐蚀及保管使用不当,而造成卡触点损坏使 IC 卡失效的问题。
(5) 由于插拔卡的速度较慢,完成一次操作需要的时间比较长,这就严重影响其在需要快速响应场合的应用,例如地铁、公交及高速公路的收费。

❻ 接口设备

接触式 IC 卡接口设备可以是一个独立面向应用的应用机具,也可以是外部设备与主设备构成的一个 IC 卡应用机具。

三 非接触式 IC 卡

❶ 概述

非接触式 IC 卡又称射频卡,它将一个射频接口电路和感应天线集成到原有 IC 卡芯片中,并封装到塑料材质内,使芯片及天线无任何外露部分。它成功地将射频识别技术和 IC 卡技术结合起来,通过无线方式传输能量和数据,解决了无源(卡中无电源)和免接触的难题,是电子器件领域的一大突破,是世界上近几年发展起来的一项新技术。

非接触式 IC 卡在一定距离范围(通常为 5~10mm)靠近读写器表面,通过无线电波的传递来完成数据的读写操作。非接触式 IC 卡本身是无电源的,当读写器对卡进行读写操作时,读写器发出的信号由两部分叠加组成:一部分是电源信号,该信号被卡线圈接收后,通过有关电路产生一个瞬间能量来供给芯片工作;另一部分则是指令和数据信号,指挥芯片完成数据的读取、修改、储存等,并将信号返回给读写器。

非接触式智能卡内部分为系统区(CDF)、用户区(ADF)两部分。系统区是供卡片制造商、系统开发商和发卡机构使用的区域,而用户区则用于存放持卡人的有关数据信息。

由非接触式 IC 卡所形成的读写系统,无论是硬件结构,还是操作过程都得到了很大的简化,同时借助于先进的管理软件,可脱机操作方式,使得数据读写过程更为简单。

因此,非接触式 IC 卡不但具有原有 IC 卡的存储容量大、安全性高、应用范围广(一卡多用)、对网络要求低的特点,还具有可靠性更高、可并行处理、操作简单等优点。由于非接触式 IC 卡的这些优点,使得它特别适用于公路自动收费系统、公共交通自动售检票系统和电子钱包等应用环境。随着制造成本的降低,封装形式的多样化,其应用范围也越来越广。

1)分类

根据非接触式 IC 卡操作时与读写器发射表面距离的不同,定义了 3 种卡以及相应的读写器。

2)结构

非接触式 IC 卡由集成电路、天线和封装材料构成。如图 2-9 所示。

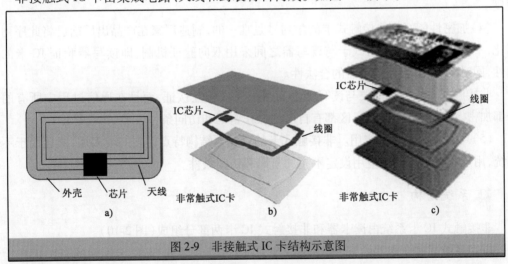

图 2-9 非接触式 IC 卡结构示意图

3)实现技术

非接触式 IC 卡的关键技术主要表现在芯片的制造和卡片的封装方面。

(1)射频技术。非接触式 IC 卡是先进的射频技术和 IC 卡技术相结合的产物,在设计上要解决电源、天线和干扰等问题。

IC 卡需无源设计,由读写器向射频卡发一组固定频率的电磁波,通过卡内电路产生芯片工作所需直流电压;卡内需埋装有经特殊设计的天线;须保证有良好的抗干扰性能,而且还要设有"防冲突"电路。

(2)低功耗技术。无论是按有源方式还是按无源方式设计的非接触式 IC 卡,一个最基本的要求都需要降低功耗,以提高卡片的寿命和扩大应用场合。可以说,降低功耗同保证一定的距离是同等重要的。因此,卡内芯片一般都采用非常苛刻的低功耗工艺和有关技术,如电路设计中采用"休眠模式"技术进行设计制造。

(3)封装技术。由于非接触式 IC 卡中需要埋装天线、芯片和其他特殊部件,为确保卡片的大小、厚度、柔韧性和高温、高压工艺中芯片电路的安全性,需要特殊的封装技术和专门设备。

(4)安全技术。除了卡的通信安全技术外,还要与卡用芯片的物理安全技术和卡片制造的安全技术相结合,以构成强大的安全体系。

4)与接触式 IC 卡相比较,非接触式卡具有的特点

(1)可靠性高。非接触式 IC 卡与读写器之间无机械接触,避免了由于接触读写而产生的各种故障。此外,非接触式卡表面无裸露芯片,无须担心芯片脱落、静电击穿、弯曲损坏等问题,既便于卡片印刷,又提高了卡片的使用可靠性。

(2)操作方便。由于非接触通信,读写器在 10cm 范围内就可以对卡片操作,所以不必插拔卡,非常方便用户使用。非接触式卡使用时没有方向性。卡片可以在任意方向掠过读写器表面而完成操作,大大提高了使用速度。

(3)防冲突。非接触式卡中有快速防冲突机制,能防止卡片之间出现数据干扰,因此,读写器可以"同时"处理多张非接触式 IC 卡,这提高了应用的并行性,无形中提高了系统工作速度。

(4)加密性能好。非接触式卡的序列号是唯一的,制造厂家在产品出厂前已将此序列号固化,不可再更改。非接触式卡与读写器之间采用双向验证机制,即读写器验证 IC 卡的合法性,同时 IC 卡也验证读写器的合法性。

非接触式卡在处理前要与读写器之间进行三次相互认证,而且在通信过程中所有的数据都加密。此外,卡中各个扇区都有自己的操作密码和访问条件。

(5)可以适合于多种应用。非接触式卡的存储器结构特点使它一卡多用,能运用于不同系统,用户可根据不同的应用设定不同的密码和访问条件。

❷ 系统结构

非接触式 IC 卡系统由读卡器和非接触式 IC 卡两部分组成(图 2-10)。

应用系统通过读卡器给 IC 卡发送指令,并通过读卡器分析 IC 卡返回的有关信息。读卡器通过射频信号同非接触式 IC 卡进行近距离通信,并给 IC 卡提供能量。非接触式 IC 卡用来响应读卡器的指令,并报告处理的结果。

非接触式 IC 卡内部结构主要由射频接口电路、数字电路、EEPROM 存储单元电路和天线四个部分组成。

射频接口电路主要有 4 个功能:一是给 IC 卡内部各部分电路提供工作时所需要的能量,通过电源产生电路完成;二是从载波中提取电路正常工作时需要的时钟,由时钟恢复电路完成;三是对进出 IC 卡的数据进行调制解调,由数据调制解调电路完成;四是上电复位,由复位电路完成。

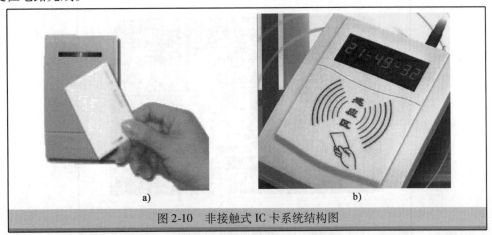

图 2-10　非接触式 IC 卡系统结构图

数字电路由主控制模块、通信模块、信息安全模块等部分组成。各模块在主控制模块的控制下,对读卡器的指令进行响应。

非接触卡的天线一般有绕线天线、蚀刻天线(或印刷天线,图 2-11)等形式。

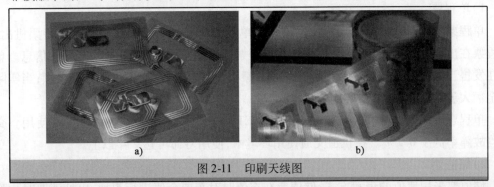

图 2-11　印刷天线图

随着微电子器材生产装备技术的发展,已经出现了采用蚀刻天线(或者印刷天线),在生产工艺上产生了不需要从载带冲切模块和碰焊的倒装连接技术,不仅可以简化模块封装过程,而且还能够实现焊区与焊区直接导连,减小了其互联产生的杂散电容、互联电阻及互联电感,提高了非接触 IC 卡的可靠性。同时由于采用芯片直连技术,也使得生产出的天线层在厚度上能够控制在 0.26mm 以内,能生产出厚度小于 0.5mm 的非接触 IC 卡。

车票种类

车票结构

四　城市轨道交通车票

沈阳地铁 1 号线 AFC 系统采用非接触式 IC 卡作为车票媒介(图 2-12),通过计程计时进行票制处理。其中,单程票、纪念票采用 Mifare ® Ultra Light 薄型非接触 IC 卡,储值票、员工票采用 Mifare Desfire 非接触式 IC 卡。所有使用车票均符合 ISO 14443 TYPE A 标准。考虑将来运营的需要,预留多达 99 种票卡类型,同时提供参数化的票卡定义方式,以满足将来票卡多样化和个性化的灵活变更需求。

图 2-12　沈阳地铁车票外观图

1 车票种类

1)单程票

单程票只限于在轨道交通一次性使用。单程票可通过自动售票机和票房售票机出售。单程票在出售时写入金额,在乘客出站时单程票被出站闸机回收,并被写上回收信息。单程票在发售当天、当站进站有效,当实际使用金额小于购票金额时,不返还车票余额;当实际使用金额大于购票金额时,乘客应补票,才能出站。

单程票采用 Mifare Ⓡ Ultra Light 芯片,PET 技术封装,方便回收,可以重复使用。交易平均故障率低于 0.1%。在轨道交通使用环境中,使用寿命可达 2 年以上。

2)储值票

储值票采用票值的表示方式,储值票在充值时对车票余值进行累加,出站消费时扣除相应的乘车金额,且系统根据参数的设定允许储值票透支及允许透支的次数。

储值票的种类还可由 AFC 系统来设置更多的种类,以满足不同的需求。使用方法为刷进刷出,不回收。

3)纪念票

定值纪念票可以在有效期内使用,每次乘车按里程计费,直至不足额为止。

计次纪念票在有效期内计次使用,每次乘车不计里程,直至无次数为止。

定期纪念票在有效期内不限次数使用。

纪念票不能充值,不挂失、不回收,其销售金额由 AFC 系统下发的参数决定。

4)员工票

员工票与个人储值票类似,只是在进出轨道交通检票设备时处理的方式不同。AFC 中心系统可设置对员工票出入站时采取扣钱方式,或采取计次方式,或采取不做任何交易记录的方式等,并根据员工工作需要,设置员工在各车站是否具有相应的特权等。特权为以下几种方式的组合。

(1)每日使用次数

在每个运营日内该员工卡可在轨道交通内使用次数。

(2)每日使用时间

对员工卡在设置的工作时间内进出站时允许使用,非工作时间不允许使用。

(3)进出站地点

限制员工卡只能在某些车站(与该员工工作相关的车站)使用。

② 车票处理流程

1)初始化

所有系统将要发售的车票都必须经过编码/分拣机对其进行初始化后才能使用,已初始化的车票可以进行再初始化。

2)售票

指已初始化的车票经过处理后以一定的方式销售给乘客使用。售票处理主要是根据车票类型和乘客要求,向车票写入有关信息的过程,如票值、使用有效期、设备号等。售票方式一般有半自动售票(通过半自动售(补)票机辅助票务员售票)、自动售票(通过自动售票机乘客自助购买单程票或储值票)两种。

3)检票

检票指乘客所持车票进出站时接受检票处理,检票又分进站检票和出站检票。

(1)进站检票

进站时,单程票和储值票将分别作如下处理。

单程票:读取单程票信息,经确认有效后,将被写上进站时间、地点、车站代码和检票机代码等信息。

储值票:将被写上进站时间、地点、车站代码和检票机代码等信息。

(2)出站检票

出站时,单程票和储值票将分别作如下处理。

单程票:如果车票有效,则通过出站检票机回收,回收后清空使用区数据;如车票无效,退还给乘客并提示乘客补票。

储值票:应标记返退回标识、应用有效期、扣除车资、历史交易记录(如记录区满,覆盖最旧的记录,记录区保留最近10次交易记录)。

4)加值

乘客使用现金等方法增加储值票卡(或乘次票)上的金额(次数),新余额(次数)及充值记录等数据写入卡中。

5）退票

在人工售票/补票机上可应乘客要求办理退卡（票）手续。系统记录卡类型、卡号、卡中余额、实退金额等信息。回收的卡应打上退卡标识，交由轨道交通票务中心统一处理。退卡业务要具有安全措施，防止欺诈行为。

符合即时退款条件的（如单程票等），人工售票/补票机完成退票处理，打印有关收据，票务员收取手续费后将相应卡内金额的现金退给乘客。退票有关信息传送到车站计算机和中心计算机。

6）验票

在验票机或人工售票/补票机上查询余额，显示车票类别、发售日期、车票金额和以往10条交易（单程票不显示该项信息）等信息。

7）回收

单程票通过出站检票机检票回收和初始化，再经过自动售票机或人工售票/补票机重新赋值（售票）后投入循环使用。

储值票在售出后可通过充值方式循环使用，亦可由退卡或折损或达到寿命而回收。回收的轨道交通储值票卡交由轨道交通票务中心统一处理，其中能再使用的卡经重新初始化赋值后投入使用。回收卡的信息上传中央计算机存储。

第五节 智能卡的安全

智能卡已被广泛应用于轨道交通自动售检票系统，为保证交易的正确、数据的可靠和操作的合法，必须采取安全措施保证数据的完整性和安全性。

一、对智能卡安全的威胁

在智能卡的生命周期中，可能会受到各种各样的攻击，有些是无意识的攻击，而有些则是蓄意的攻击，大致可归纳为以下3种。

（1）使用伪造的智能卡。伪造智能卡的个人信息进行攻击。

（2）冒用他人的智能卡。试图冒用他人的智能卡攻击系统的授权访问。

（3）主动攻击。在智能卡与外部通信时进行攻击，修改或伪造合法的数据。

在轨道交通自动售检票系统中，智能卡主要是受到第三种方式的攻击。

二 数据的安全性

　　智能卡系统的安全性措施和方法应能够有效预防：①未经授权载体读出数据，进行复制或改变数据；②未授权的载体享受授权服务；③未授权载体的伪造数据。

　　智能卡系统通过鉴别协议和加密方法来确保数据的安全性。

思考题

1. 简述非接触卡车票数据交易时，当卡接近天线从读写器到卡的读写过程是怎样的。
2. 智能卡系统的安全性措施和方法应能够有效预防哪些行为？
3. 与接触式 IC 卡相比较，非接触式卡具有哪些特点？

第三章

自动售检票系统终端设备

第一节 自动售检票系统构成

自动售检票系统(Automatic Fare Collection,AFC)是基于计算机、通信、网络、自动控制等技术,实现轨道交通售票、检票、计费、收费、统计、清分、管理等全过程的自动化系统。

AFC系统是国际化大城市轨道交通运行中普遍应用的现代化联网收费系统。

AFC系统通过乘客进、出站刷卡,可以精确记录乘客乘车的起、终点,准确掌握客流时、空分布规律,实时统计各条线路及各车站的客流量,为运营组织提供基础数据。针对客流变化,及时调整运力,缓解拥挤,同时可以实现各条线路之间的票款清分。

AFC系统使用单程票卡和储值票卡替代一次性纸质车票,车票可以循环使用,有利于资源利用和环保。目前,北京、上海、广州、天津、深圳、南京、沈阳等大城市的轨道交通站都广泛使用了AFC系统作为重要客运管理应用。更多的应用场合包括电影院、体育馆、歌剧院、火车站、机场等。

车站AFC系统主要由车站计算机系统(station computer,SC)设备和AFC终端设备组成。

车站计算机系统设备主要由交换机、票务工作站、维护工作站、车站计算机、打印机等组成,主要完成数据记录统计、数据核算、终端设备状态监控等工作。

车站计算机系统简介

AFC终端设备主要包括进站检票机、出站检票机、双通道检票机、宽通道检票机、自动售票机、半自动售票和自动验票机,主要完成售票、进站通行检测、出站通行检测、补票和验票等工作。具体系统设备构成如图3-1所示。

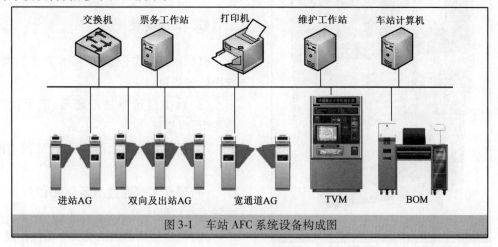

图3-1 车站AFC系统设备构成图

第二节　自动售票机

一、基本功能

自动售票机(ticket vending machine,TVM)安装在车站非付费区内,由乘客采用自助的方式使用硬币、纸币或储值票购买单程票或使用现金对储值票充值。

二、设备构成与特点

自动售票机主要由主控单元、触摸屏、乘客显示器、运营状态显示器、车票读写器及天线、纸币处理系统、硬币处理系统、票卡处理系统、银行卡系统(预留)、综合控制器、维护面板/移动维护终端接口、单据打印机、电源模块及机壳等部件组成。

自动售票机外观结构如图3-2所示。

自动售票机的主要特点如下。

1 操作简便

(1)乘客操作位置按人体工程学布局,操作位置醒目。

(2)触摸显示屏显示硬币、纸币投币口及找币、票位置。

(3)运营状态显示器显示TVM的当前运营状态。

(4)操作步骤通过显示屏用图形及文字进行明确的操作提示。

(5)可以使用单独的英文界面操作设备。

图3-2　自动售票机外观图

❷ 多种购票方式

(1) 可以先入币购票。
(2) 可以先选线路及站点再入币购票。
(3) 可以直接输入票价购票。
(4) 可以一次购买多张(可通过参数设置张数)同目的站车票。

❸ 多种支付方式

(1) 可以全部使用硬币购票,可接受 16 种硬币。
(2) 可以用纸币购票,设备提供找零。
(3) 可以用纸币、硬币混合购票。
(4) 可以用纸币为储值卡充值。

❹ 找零功能强大

(1) 可以提供 2 种硬币各多枚的循环找零功能。
(2) 可以提供 2 种硬币各多枚的后备找零。
(3) 提供"原币奉还"功能(未完成交易时如取消购票业务,可返还乘客投入的钱币)。

❺ 管理方便

(1) 设备具有前后两个维护门,正常使用和维护只需开后门。
(2) 门的开启角度超过 120°。
(3) 设备内的部件安装轨道可以方便地拉出设备。
(4) 设备具有照明及备用电源插座。

❻ 高安全性

(1) 设有现金安全区,日常操作不会接触到钱币。
(2) 设备的部件具有离位报警功能。
(3) 进入现金区需要特制的钥匙。
(4) 钱箱、票箱从设备上取下时需使用专用钥匙。
(5) 设备的外部无直角,防止行人碰撞受伤。

三 功能说明

自动售票机具有以下功能:

(1)接受 SC 下发的轨道交通网络图、系统运行参数、运营模式及黑名单等信息。

(2)向 SC 上传原始交易数据和设备状态信息。

(3)具有引导乘客购票的相关操作说明和提示。

(4)配备触摸屏、乘客显示器及运行状态显示器,用于显示轨道交通线路、票价、投入钱币金额及设备运行状态等信息。

(5)接受硬币、纸币付费方式,具有一次性出售多张同一票价车票的功能。其上限应可通过参数进行设置。

(6)具有硬币找零功能,并显示找零信息。

(7)具有钱箱、票箱管理功能。

(8)当自检失效或使用不正当手段开机时,报警并记录。

(9)自动售票机的外形、乘客触摸屏、显示器、运营状态显示器、投币口及出票/找零口布置和位置应满足人体工程学的要求,方便乘客操作;自动售票机采用后开门维护方式,其内部结构应便于设备维护。

(10)当与 SC 通信中断时,具有单机工作和数据保存能力。在通信恢复时,应能将保存的交易数据及时上传给 SC。

(11)乘客显示器的第一屏应显示轨道交通已投入运营的轨道交通线路示意图供乘客任意选择目的地车站所在线路或直接选择票价。

售票机的工作模式主要有以下几种:正常运行模式、无找零模式、只收硬币模式、只收纸币模式、维修模式、维护模式、只充值模式、只售票模式、暂停服务模式、关闭。

四 设备工作原理

更换纸币钱箱

更换硬币钱箱

钱币清点

自动售票机将安装在非付费区内,用于乘客自助式购买单程票。可接受人民币硬币、纸币并出售票,同时具备硬币找零功能。

自动售票机具备触摸屏及乘客显示器,可以显示轨道交通线路及票价、操作提示等信息。乘客操作面板标有操作流程,在纸币入口、硬币入口、取票口、退币口有明显提示。自动售票机暂停使用时也有明确的提示。

设备能够自动检测重要部件的工作状况;记录设备在运行过程中的各个相关状态,记录设备的运行情况等。自动售票机的主控制模块与设备内部的各功能模块采用 RS-232 串行通信端口连接,协调运作实现其所有功能。自动售票机通过以太网与车站计算机相连进行数据交换。

自动售票机整体功能通过多个执行部件协调配合来实现,将执行相关功能的部件组合在一起形成模块,既在功能上实现了模块的划分,在结构上也便于进行模块化处理,提高设备的可靠性、稳定性,缩短设备的生产周期以及设备的维护时间,简化了设备的维护管理、维护操作。

第三节 自动检票机

一、自动检票机分类及基本功能

自动检票机又称闸机（Automatic Gate Machine，AGM），位于车站的站厅层，安装在车站的付费区和非付费区之间，用于实现自动的进出站检票，同时也将车站的站台围成一个封闭的区域。

自动检票机根据阻挡装置的类型可以分为：

(1) 三杆式检票机（三辊闸），见图3-3a）。

(2) 拍打门式检票机（摆闸），见图3-3b）。

(3) 隐藏门式检票机（剪式门式检票机），见图3-3c）。

图3-3 自动检票机根据阻挡装置分类

自动检票机根据功能可以划分为：

(1) 进站检票机，见图3-4a）。

(2) 出站检票机，见图3-4b）。

(3) 双向检票机，见图3-4c）。

(4) 双向宽通道检票机。

闸机的单侧或双侧安装非接触 IC 卡读写卡器,用于检测乘客所持票卡的有效性;同时,通过闸机机芯的通行检测模块,检查乘客通行的规范性。当票卡有效与通行规范均满足要求时,闸机将允许乘客进出车站。

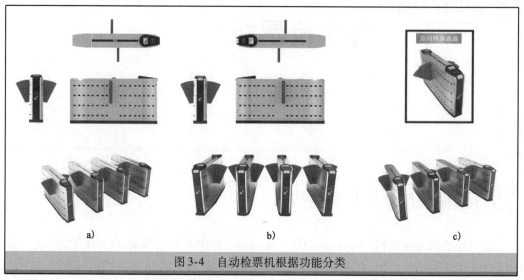

图 3-4　自动检票机根据功能分类

票卡的有效性检测内容为车票的有效期、超时、进出次序及超乘等方面,并通过自动检票机乘客显示器显示相关信息,引导乘客操作;对于无效的车票,自动检票机在显示器上显示禁止通过信息的同时进行声光报警。

闸机对于单程票和储值卡的处理方式并不相同,使用单程票卡的乘客在出站时,需要将票卡投入票卡回收口,保证单程车票卡的回收。

自动检票机可以通过网络与 SC 之间进行信息交互,将交易数据即时上传给 SC,同时执行 SC 下发的命令改变自动检票机的工作方式或状态。

图 3-5　剪式门式检票机外观图

二、设备构成与特点

自动检票机主要包括主控制单元、通道阻挡装置(闸门)、乘客显示器、读写器、票回收机构、票箱、废票箱、方向指示器、警示灯、警示灯、维护面板、电源、空气开关、综合控制器。

沈阳地铁采用剪式门式检票机,其外形如图 3-5 所示。

自动检票机的主要特点如下:

(1)自动检票机外形美观大方,具有鲜明的时代特征,采用国际流行的布局及造型风格设计,各类检测传感器位置隐蔽,与设备风格融为一体,外壳采用全不锈钢制作,表面发纹处理,经久耐用。

(2)稳定可靠。乘客显示器采用大塑胶外壳,减少金属对读写器的干扰,提高了读写距离及读写器的稳定性。

核心部件(如主控制器、扇门、显示器、电源、导轨、接插件、空气开关等)均采用世界知名厂家的成熟产品,并且在轨道交通均有大量成功应用案例。

(3)安全性高。使用安全传感器检测阻挡门附近的物体,保证乘客不会被夹伤;阻挡门端部采用软性复合橡胶保证夹住人员不受损伤;内装漏电保护器,并良好接地,防止乘客触电;牢固固定在地面上,不易倾倒而对乘客造成伤害。

(4)可维护性好。壳体采用骨架设计,使检票机顶部上盖及侧门均可打开,使设备维护及其方便;采用模块化设计,当维修人员维修某部件时无需拆除其他部件;具备自我状态监测,自动完成设备的故障侦测,显示当前故障代码。

(5)操作方便。乘客显示器清晰、明亮,车票读写及回收口位置醒目;车票读写位置及车票回收口位置醒目;采用大屏幕高亮度TFT显示器,能够一次显示所有中、英文信息。

(6)性能优异。运行模式、票价方案、票种类区分及软件更新均可联网自动完成;独特的通行检测可有效检测行人的各种通行状态;通行速率高。

三 功能说明

自动检票机的基本功能包括设备运营功能、设备审计功能、设备控制功能和设备维护功能。

设备运营功能包括:刷卡检测、有效性检查、车票处理、信息提示、异常检测、回收处理、参数下载、黑名单、上传状态、交易数据。

设备审计功能包括:审计数据上传、审计数据。

设备控制功能包括:接受各种命令、工作模式切换。

设备维护功能包括:系统自检、参数设置、设备部件自检。

在进站检票机的进站端、出站检票机的出站端、双向检票机以及宽通道检票机的两端都装有乘客显示器。部件采用塑胶外壳,外形依据人体工程学设计,与检票机的整体设计相协调并符合乘客右手持票的使用习惯。内部还留有安装车票读写器及天线的位置。

乘客显示器与闸机的外形设计风格保持一致,安装在自动检票机上表面,其安装位置不会妨碍乘客及其携带行李的通过。乘客显示器外观如图3-6所示。

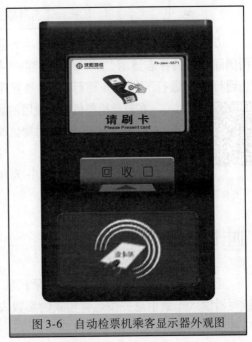

图3-6 自动检票机乘客显示器外观图

乘客显示器通过图形及文字显示的引导信息,向乘客及票务员提供运行状态和车票处理结果。

显示屏可显示中、英文及数字组成的信息。

在正常模式下,以中、英文同时显示允许通行的信息,按不同的车票类型,显示车票类型、车票余额、扣除金额等信息。

检票机处于设备故障模式、暂停服务模式、维修模式时,以代码或中文显示相应模式的发生原因、检票机状态、模式。

方向指示器用于检票机允许或禁止通行的远距离提示(图3-7)。显示标志能在30m外的距离明显辨识其显示信息。

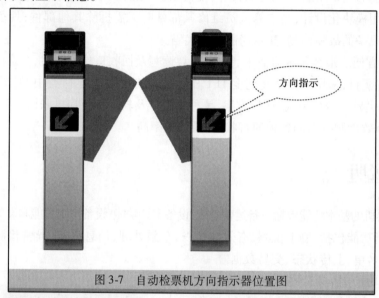

图3-7 自动检票机方向指示器位置图

方向指示器分别安装在检票机两端的前面板上,指示该通道允许/禁止通行。其信息采用国际通用的标志显示,如用绿色45°箭头指向通行通道表示"通行",用红色横线表示"禁止通行"。"通行"及"禁止通行"信息是互斥的,两种信息标志不能同时显示。

在自动检票机停止使用的状态下,两端的方向指示器均显示"禁止通行"标志。

在紧急状态下,在付费区端所有的方向显示器显示"通行"标志,以指示乘客离开付费区。

设备工作模式大致分为联网运行模式、单机运行模式、暂停模式、故障模式、维护模式等。

自动检票机更换票箱

四 设备工作原理

正常模式下,乘客在进入自动检票机前,把车票放到车票读写器上,主控单元控制车票读写器读入车票信息并按运营模式的参数表对信息进行处理,若车票有效,主控单元通过串口控制闸门打开,允许乘客通过检票机。

因为检票机在使用时直接面对乘客,要求有较高的实时性和稳定性。所以,选用高可靠性的工业控制计算机组成主控制器控制检票机的运行。设备通过以太网与车站 AFC 系统或中心 AFC 系统相连,进行数据交换。主控制器通过 RS232 串口对设备内的底层控制单元(包括读写器、I/O 控制单元、机芯控制单元)进行控制。

自动检票机
卡票故障

五 自动检票机通行流程

正常模式下,乘客在进入自动检票机前需要将非接触 IC 卡票放到指定位置进行刷卡,主控单元控制车票读写器读入车票信息,并按运营模式的参数表对信息进行处理。若车票有效,主控单元通过串口控制闸门打开,允许乘客通过检票机。在乘客正确通过自动检票机后,闸门会自动关闭。

自动检票机的通行控制模块是由主控制器(EMM)、机芯控制器(PCM)、通行传感器、通行安全传感器、闸门驱动/控制电路、通行信息显示等组成。其中,机芯控制器(PCM)中包含通行物识别算法和闸门开关控制算法。通行控制模块对通道内的通行情况进行合法性监测,合理地控制乘客进出通道,保护乘客的通行安全。

通行控制模块中的机芯控制器(PCM)接受主控单元(EMM)的命令,并采集通道中的通行传感器,经过通行物识别算法处理后,识别通道内乘客、行李等,结合安全传感器,利用闸门开关控制算法,通过闸门驱动/控制电路对闸门实现开/关控制,PCM 将通行信息反馈至EMM,并显示必要的通行信息(图 3-8)。

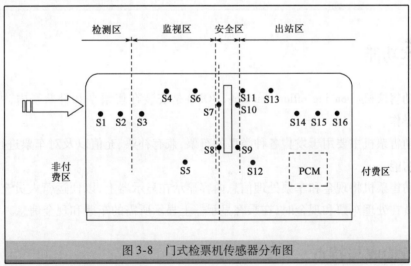

图 3-8　门式检票机传感器分布图

对乘客通行行为的识别有下面几种:
(1)单独乘客的识别。
(2)连续多个乘客的识别。
(3)乘客携带物品或行李的识别。
(4)儿童乘客的识别并分析处理非正常通过的情况。

(5)无票乘客的识别。

(6)乘客尾随通行的识别。

(7)乘客跳跃通行的识别。

(8)乘客下钻通行的识别。

(9)乘客通道内滞留的识别。

(10)乘客反向进入的识别。

(11)乘客逆向退出的识别。

对于乘客不正常使用的情况,主要分为持无效票刷卡和恶意逃票两类。在这两类情况发生的时候,闸门均不会打开,在通过网络上报检控中心的同时设备本身会进行声光报警。

第四节 半自动售/补票机

一 基本功能

半自动售票机(booking office machine,BOM)是安装在售票亭和补票亭内,由轨道交通工作人员操作。

半自动售票机主要用于发售各种类型的车票,兼有补票、充值以及对车票进行查验和票据打印的功能。

半自动售票机将现金和车票处理信息内容显示在显示器上,以便运营人员充分阅览,并且运营人员在处理车票和现金时,在乘客显示器上显示所需的车票和现金信息。

二 设备构成与特点

半自动售票机主要由综合控制器、乘客显示屏、操作显示器、读写器与天线、票据打印机、键盘、鼠标及电源模块等构成(图3-9)。

票卡读写器外观见图3-10。

半自动售票机的主要特点如下:

半自动售票机总体设计上依据人体工程学原理,对操作者采用了便于操作的外观设计、人性化的操作画面等。

对于乘客信息显示的人性化方面采用15英寸标准液晶显示器,提高了乘客信息的多样化以及直观性,同时乘客显示器分别设在付费区和非付费区,不同的业务信息在不同的乘客显示器显示。半自动售票机设有对讲装置,便于票务员与乘客进行交流。

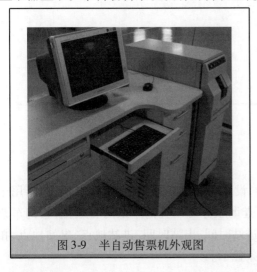

图3-9　半自动售票机外观图

图3-10　票卡读写器外观图

三 功能说明

BOM 票箱更换　　BOM 票卡异常处理　　丢失 BOM 部分数据

半自动售票机的主要功能有售票、补票、验票、充值、更新、替换、退款、车票查询、注销等。

半自动售票机是 AFC 系统中除 SC 外仅有的、需要人工参与的终端设备,同时半自动售票机也是工作量最大、需要处理异常票卡最重要的终端设备。

半自动售票机的工作模式主要分为售票模式、补票模式、售补票模式。

四 设备工作原理

半自动售票机安装在非付费区与付费区之间,人工处理乘客购买单程票、储值票,单程票补票、验票,储值票充值等业务。

半自动售票机的读写卡器模块与工控机采用 RS-232 串行通信端口连接,票据打印机采用并口与工控机连接。当读卡器模块轮循到有单程票卡或储值票卡后,将数据读出,并根据图形界面的操作业务处理完成相应的功能后将数据写入到票卡上,并打印收据,完成一次业务操作。

半自动售票机通过以太网与车站计算机相连进行数据交换。

第五节 自动验票机

一 基本功能

自动验票机(ticket checking machine,TCM),设置于车站非付费区,采用联网方式,用于乘客自助式查询车票内记录的历史交易信息。查询服务可以查询车票的有效性,查询车票内记录的使用历史。信息包括票种、购票时间、进站时间、出站时间、进站地点、出站地点、扣费金额、剩余金额、有效期等。每笔交易信息逐条显示。

自动验票机还能显示乘客服务信息,包括 AFC 系统介绍、AFC 系统使用指南和其他公告信息等,该信息可作为系统参数由 SC 下载到设备中。

二 设备构成与特点

自动验票机主要由工控机、操作平台、显示设备、读写卡模块、网卡、开关电源、机柜等构成,其外形见图 3-11。

自动验票机的主要特点如下:

自动验票机采用大屏幕彩色液晶显示器(LCD),造型优美,体积小巧,满足各种专业的自助服务特点,整机符合人体工程学的外观设计以及其坚固的结构设计使设备不受外部冲击或振动的影响。

造型高雅,机身小巧,超薄设计,适用于高档场所。

配有红外防暴触摸屏,防止恶意破坏,保护液晶显示器。

图 3-11 自动验票机外观图

采用专用触摸液晶显示器，符合人体工程学原理，长时间使用不易疲劳。
内部模块化设计，维护方便。

三 功能说明

自动验票机主要功能有车票查询、车票分析、车站及乘客信息查询、系统介绍、使用指南、公告信息。

四 设备工作原理

乘客把车票放到验票机的车票读写器上，主控单元控制车票读写器读入车票信息并按参数表对信息进行处理，若车票有效，则在乘客显示屏幕上显示该票的信息，如果是储值票还会显示最后 10 次的交易信息。

自动验票机在使用时直接面对乘客，要求有较高的实时性和稳定性。所以，选用高可靠性的工业控制计算机主控板。设备通过以太网与车站计算机相连，进行数据更新。

第六节 自动售检票系统的运行管理

一 运行管理的任务和内容

1 运行管理的任务

AFC 系统是城市轨道交通机电设备中承担客运组织的重要环节。对 AFC 设备的运行进行有效的管理，是城市轨道交通客运及票务组织有序、高效运作的前提保证。

（1）必须制定合理的设备运营管理方案，规范车站票务人员的操作。通过制定和完善 AFC 设备的操作手册、指引及流程，使得车站操作人员可以安全可靠地控制和科学管理车站设备，最大限度地利用 AFC 系统的功能为城市轨道交通运行服务。

（2）需要建立专门的 AFC 设备维护及维护队伍，加强对 AFC 设备故障的处理的组织及研究，明确故障类型及等级的划分，保证系统设备良好的技术及经济性能。

（3）要加强对 AFC 系统的高科技含量的应用，利用系统提供的各种原始数据（数据库）、日志、审核、报警信息来提高城市轨道交通对安全事件的反应处理能力,保证乘客的人身安全和系统的收益安全。

(4)要加强对乘客使用设备的教育和宣传,让乘客了解票务政策和票价政策;熟悉设备的使用特性,爱护设备,维护设备的完整性。

② 运行管理的内容

AFC 设备按功能权限大致可以分为中央系统维护人员、制票人员、票务审查及核对人员、车站督导员、车站售票员、车站维护人员等几个级别。其中,中央系统维护人员负责中央计算机系统各种设备的日常管理及维护;票务制票人员利用编码/分拣机对车票进行编码、赋值、分拣、注销等操作;票务审查及核对人员利用中央计算机系统的各个功能进行工作站票务收益的审查及核对工作;车站督导员及售票员负责车站设备的日常使用及管理;票务稽查人员会定期和不定期地对车站票务的运作情况进行抽检,根据公司的票务政策对票务违章或违规行为进行处理;车站维护人员负责车站设备的维护,确保车站设备的正常使用。

另外,财务部门、营销部门、车务部门和稽查部门也可以通过中央计算机的工作站进行客流统计、票价分析、营收统计、客流断面分析、员工票使用分析等工作。

二、运行管理组织及职责

(1)票务管理和维护部门负责 AFC 系统设备的运营维护,确保系统设备的正常运行;对系统设备的使用提供功能及技术上的支持;负责为票务相关的部门提供相应的设备运营数据;为公司在制定票务相关的政策和决策时,提供技术支持和专业建议;配合相关部门开展与"一卡通"管理中心的技术协调工作;负责制定 AFC 系统的操作手册、维护规程;负责对票务相关部门进行 AFC 系统新功能的操作培训。

负责车票的初始化、编码、赋值、注销等工作;负责售检票机的日常清洁维护工作和简单的故障处理;负责运营相关收益数据的核对、分析,产生每日的营收日报;负责依据 AFC 系统的功能,制定票务规章制度、作业程序;参与票务政策的制定工作。

负责 AFC 系统现场设备(包括 BOM、TVM、AGM、SC、TCM)的日常运作管理;负责车站 AFC 设备的表面清洁维护,以及简单设备故障的处理。

(2)票务稽查部门负责从收益安全的角度审核整个 AFC 系统票务运作的程序,以及 AFC 设备使用的稽查工作;负责 AFC 系统密钥的管理,AFC 系统参数的管理,黑名单车票的管理。

(3)营销调控部门根据市场的调研及 AFC 系统的实际运营数据,制定并完善公司的票务政策;利用 AFC 系统的功能,适时推出针对票种、票价、优惠时段等方面的优惠促销活动。

(4)财务部门根据 AFC(包括城市轨道交通一卡通)系统的收益数据报表进行票款的结算,以及相应的收益分析工作。

三、运行管理的有关规定

AFC 系统的参数管理主要包括票价参数、设备运作参数、设备控制参数等几大类。其中的部分参数是由公司的票务政策决定的,对于这部分参数的调整是由运营总部或公司各职能部门在经过充分论证的前提下,再对票务政策进行调整,最后由票务管理部门在系统中实现。另外一部分参数会根据公司的乘客服务、市场营销、安全稽查等方面的工作需要,在 AFC 系统中进行调整。

① 黑名单的管理

城市轨道交通黑名单的管理,主要是对城市轨道交通储值票、员工票进行黑名单设置及取消等工作(一卡通的黑名单管理由一卡通公司负责,城市轨道交通系统只提供一个实现的接口)。对城市轨道交通储值票设置黑名单的原因主要有两个:

(1)车票在使用过程中发生问题,例如余额突然发生巨额跳变。

(2)由于种种原因导致需要回收某一批车票,例如车票存在问题、由于行政管理需要而规定对某些车票要停止使用等。

对员工票进行黑名单设置的原因主要有车票丢失或在系统中发现车票存在违规使用的问题等。

② 密钥的管理

密钥的管理主要是利用密钥管理系统(KMS)对设备安全认证模块(SAM)的制作管理。KMS 是中央计算机系统的一个子模块,在设备的运营过程中,常会发生 SAM 卡损坏的情况,此时就需要利用密钥管理系统制作新 SAM 卡,或者是当系统的密钥需要进行更换时,也需要用 KMS 对所有设备的 SAM 卡进行密钥更新。每次制作设备 SAM 卡时都必须有主密钥卡的参与才能完成,主密钥卡须由专人负责保管。

③ 车站 AFC 设备的运行管理

1)正常情况下车站的运行管理

车站设备的运作是通过系统的运作参数进行控制的,AFC 系统可以针对每个车站的每类设备设置开启、关闭的时间。同时,根据车站运作的需要,也可以通过车站计算机临时关闭某些设备。

每日运营开始前,车站人员对 TVM 进行补币、补票,然后 TVM 开始运营服务。在运营过程中,值班员通过车站计算机监视 TVM 内车票和现金的状况,并及时安排补票、补币。售票员也通过 BOM 进行售票、充值、乘客事务处理等工作。

在运营过程中,某一班次售票员下班后,应与下一班次售票员进行交接班,包括半自动售票机结算,车票、备用金交接;交接结束后,到票务部门(或收益部门)进行售票员本班次结算,票款上交的等工作。运营结束后,车站人员进行设备盘点,回收车票及票款,将其上交至票务部门,售票员到票务部门(或收益部门)进行上交车票、备用金、票款及进行售票员本班次结算结算工作。

当设备发生故障时,车站人员通过 AFC 轮值人员通知 AFC 维护人员进行抢修。AFC 维护人员修理完工后将故障处理情况反馈给轮值人员,由后者对故障及处理情况、故障处理的人员、修复故障消耗的材料和备件、故障发生时间、故障修理完毕时间等进行登记,便于日后的维护统计。

2) 特殊情况下车站的运行管理

当车站出现突发客流、火灾等情况,或出现列车晚点、列车运行中断等等情况时,车站可以将 AFC 系统设为以下几种降级运营模式中的一种或几种的组合来满足客运服务工作的需要。这些降级模式是:列车故障模式、紧急模式、进出免检模式、时间免检模式、日期免检模式、车费免检模式。

当车站 AFC 设备部分或全部发生故障,影响车站的正常运作时,车站人员需按照提前制定好的应急预案开展工作;同时维护人员根据相应的 AFC 系统重大故障处理预案进行故障抢修,保证车站 AFC 系统在尽可能短的时间内恢复运作。

3) 设备的维护保障

AFC 系统的维护是通过 AFC 轮值来进行维护的调度,可以第一时间将系统内发生的情况通报给票务主任及相应的设备工程师,同时轮值又代表票务主任行使维护调度的权利,这样就可以保证维护工作有序、高效地进行。

AFC 轮值通过 AFC 故障管理系统可以随时跟踪现场设备的故障情况和故障处理情况,保证了维护信息的快速、准确传递。AFC 故障管理系统记录了大量的维护数据,通过对这些数据的分析,可以掌握各种设备以及设备内的各个部件的运作性能,从而为科学、合理地安排设备及其部件的定期维护检修流程提供了有益的参考,保证了对设备的科学维护。

票务管理部门应制定检修工的岗位职责和维护规程,并通过对员工进行维护技能、技巧以及设备重大故障应急预案的培训,来提高检修工的故障判断能力和故障处理能力。

第七节 自动售检票系统设备的巡视与运行

一 巡视的一般要求

1 巡视目的

AFC 系统车站级设备的巡视由 AFC 车站检修工完成,目的是了解车站自动售检票系统设备当前的现场运行状况,以便及时进行相应的维护工作。

❷ 巡视要求

(1)巡视过程中发现故障时,如故障设备量少且对车站运营没有太大的影响,AFC车站检修工可继续巡视而暂不处理故障;如故障设备多或对车站运营造成影响,则必须立即处理,具体按照相应的自动售检票分部事故和故障管理规则处理。

(2)车站巡检工班每天至少巡视各自管辖的车站两次,早班在到达指定的车站后即开始对段内的设备状况进行巡视,巡视结果必须进行记录。巡视结束后与日班的同事一起对发现的故障进行处理;晚班在运营结束之前也要对管辖段内的设备进行巡视,并统计所有当日遗留未处理的故障数量上报轮值。

(3)中央计算机和编码分拣机的巡视一般以 2~3h 为一个周期对设备的运行状况、通信状况、数据传输状况等进行记录,发现问题或存在隐患时须及时上报、处理。

二 巡视内容

❶ 车站计算机的运行情况

(1)查看车站计算机应用程序的运行状况。
(2)检查车站计算机与中央计算机的通信。
(3)检查车站计算机与车站级设备的通信。
(4)检查车站计算机数据备份完成情况。
(5)通过车站计算机查看车站级设备的当前状况。

❷ 进/出闸机的运行情况

(1)查看进/出闸机的当前运行状况,包括故障设备的数量、性质、分布等。
(2)查看进/出闸机的外部状况,包括乘客显示屏、指示灯的工作状况。
(3)询问车站相关人员设备的使用情况。
(4)随机选 1~2 台进/出闸机,用员工票做过闸测试。

❸ 自动售票机的运行情况

(1)查看自动售票机的当前运行状况,包括故障设备的数量、性质、分布等。
(2)询问车站相关人员设备的使用情况。
(3)查看自动售票机的乘客显示模块和触摸屏模块。

❹ 票房售票机的运行情况

(1)查看票房售票机的当前运行状况,包括故障设备的数量、性质、分布等。
(2)询问车站相关人员设备的使用情况。

(3) 查看各售票员操作显示模块和乘客显示模块。

❺ 自动验票机的运行情况

(1) 查看自动验票机的当前运行状况, 包括故障设备的数量、性质、分布等。
(2) 查看显示模块。

❻ 中央计算机的运行情况

(1) 查看中央计算机主机、交换机、防火墙、路由器、UPS、各功能工作站的工作指示灯, 大体判断设备的工作情况。
(2) 查看设备运行日志, 进一步查看设备是否存在故障或故障隐患。

第八节 自动售检票系统设备的维护

一、维护管理的任务和原则

❶ 系统设备维护管理的任务

(1) 系统设备的维护主要是对设备、部件、线路板进行故障性维护和计划性维护。
(2) 对自动售检票系统网络及设备软件运行进行必要的监控和调优。
(3) 对所有维护、维护工作进行监控, 对修复的部件进行测试和质量检测。
(4) 对所有自动售检票系统设备零部件、备品备件、工器具、仪器仪表和材料进行管理, 以确保维护组织的正常开展。

❷ 系统设备维护的原则

(1) 对车站现场发生的一般设备故障, 响应故障的时间不超过 5min, 从故障接报到故障处理完毕平均时间不大于 60min。
(2) 处理一般的设备故障要满足运营服务质量要求, 实现 AFC 系统设备安全、稳定、高效、良好运行,实现 AFC 系统设备故障停用时间最小化、运营服务时间最大化。

(3)对现场无法修复的,或者根据设备修程的规定已到达大修时间的机械、电子零部件,应进行工厂级维护、维护。

(4)对没有资源、能力维护的项目进行委外维护,目前主要包括:

①中央计算机的主机硬件维护。

②工业控制计算机、个人计算机以及相应的外设等通用设备的维护。

③其他如属工艺复杂且社会上有专业的维护力量,而运营单位又不具备维护能力的设备的维护。

二 维护管理的组织及有关人员的职责

1 车站级维护管理的组织

车站巡视应根据城市轨道交通线路的地理位置划分多个巡检工班,每个工班设工班长一名、工班长助理一名,并设有相应的材料员、考勤员、资料员等兼职岗位。

自动售检票管理部门按照线路划分,设有负责巡检的工程师,分别负责具体线路的巡视管理工作。巡检工程师作为维护作业计划实施结果的检查负责人,需对维护作业的完成质量做评估,反馈到工班长进行相应的整改。

2 综合维护管理的组织

综合维护工作属于设备零部件的大修,由维护工厂的维护人员进行。这一级别的维护任务主要是:根据各类设备的修程,对大修范围内的设备部件进行周期性的回厂修理、调校;对在车站由于发生故障被替换下来的电源、电路板进行维护。工厂级维护由于技术含量较高,所以对维护人员的维护技能要求也较高,同时要求维护人员熟悉各类参考技术标准及元器件指标性能。

为了实现对设备零部件大修的有效管理,应成立综合维护工班。该工班在业务上接受专业维护工程师的指导和管理。

综合维护工班宜分为机械维护组、电气维护组、质量控制组、综合组,工班各组职责如下。

(1)机械维护组:负责 AFC 设备的机械部件(包括闸机转杆模块、闸机闸门、自动售票机纸/硬币模块、自动售票机找零模块等等)的维护以及相应的年检、大修。

(2)电气维护组:负责 AFC 设备的电子部件的维护及维护,主要包括:各类电子线路板和电器模块的维护等。

(3)质量控制组:主要根据维护工厂的各项维护流程和质量控制的标准,对进行了工厂级维护及维护后的 AFC 设备零部件进行质量控制及检查。

(4)综合组:主要负责车间二级仓库的管理,包括系统备品备件的出入库管理,维护用工器具、材料的管理,而且还负责工班员工的考勤、故障部件、备品备件和材料的运送和发放,各类维护数据的整理和统计汇总。

❸ 中央计算机系统维护管理的组织

AFC 系统中央计算机系统的维护工作由中央计算机工班完成。中央计算机工班主要负责 AFC 中央计算机系统的主机、网络设备、数据库、UPS,以及编码分拣机的维护工作。工班由负责操作系统、网络、数据库方面的维护人员构成,其特点如下:

(1)工班采用 4 人 2 班交替运作的方式,与 AFC 轮值合署办公。

(2)工班负责中央计算机系统(包括主机、工作站、UPS、交换机、路由器)和编码分拣机的巡视和简单故障处理。

(3)工班在业务上受主管系统工程师、软件工程师、网络工程师的指导,对中央计算机系统和编码分拣机的主机、数据库、网络通信、业务应用程序的运行状况进行定期的巡视。

(4)工班负责 AFC 系统设备搬迁的注册、系统通信测试,以及在非运营时间系统施工的配合。

三 维护管理的有关规程和要求

车站 AFC 系统设备采取的维护模式,根据不同的控制设备、运行方式而不尽相同。其维护工作按性质分为故障性维护及计划性维护。计划性维护按维护内容可分为日常维护(一级)、二级维护、小修(三级维护)、中修(四级维护);按维护周期可分为月检、季度检、半年检、年检。

❶ 日常维护

车站 AFC 系统日常维护以设备的清洁为主,由设备使用部门完成,如车站操作人员、车票编码员等。其内容包括:

(1)检查设备及其显示屏外观是否良好,是否异常。

(2)检查设备周围环境是否良好,设备表面是否清洁,并进行清洁维护。

(3)从车站计算机上检查设备是否正常运行,监控功能是否正常,通信情况是否正常。

此外,车站 AFC 维护人员应对所管辖设备进行巡视、检查,检查故障报警记录,监视设备运行状态;每月对设备运行状态、指示、表示进行监测、记录;检查指示及记录是否正常,发现异常及时调校、排除。

❷ 二级维护

二级维护的基本要求:

(1)对设备定期进行设备内部清洁,检查并理顺设备线缆和接线端子的牢固情况。

(2)进行设备的电压、电流、绝缘检查或测试。

(3)对设备关键、主要部件进行测试、调整。

③ 小修（三级维护）

小修（三级维护）基本要求：
（1）对设备的机械特性与电气特性进行全面测试，注意引入线对地绝缘的测量。
（2）对系统主要功能进行全面测试，确保系统功能完整。
（3）对曾发生故障的设备进行重点诊断、分析，消除故障隐患。
（4）对设备基础、机体进行平整、调整、稳固。

④ 中修（四级维护）

中修（四级维护）基本要求：
（1）对现场可拆卸、替换的设备中修可采用运回维护工厂进行中修；对不易拆卸、替换的设备中修可采用现场集中维护的方法进行。中修要对设备进行全面分解、整修、补强、调整。
（2）对系统进行全面测试、调整，以保证设备的机械特性与电气特性符合维护标准，达到原设计的技术标准与要求。

⑤ 试验（预防性测试与试验）

对 AFC 系统设备进行定期测试与试验是维护工作的重要内容，车站 AFC 系统设备的综合测试划入年度维护。

车站 AFC 系统每年度应根据系统设计功能对所有功能进行测试，尤其紧急模式、降级模式等涉及运营或收益安全，平常又较少使用的功能。

对设备电气及机械特性的测试应使用规定级别的仪器仪表与测试工具，仪器仪表要定期接受计量器具核定单位的检定与校验，测试设备要使用供货商提供的设备。

对设备的测试应尽可能在设备停用后，采用集中测试的方法进行，以带负荷测试为宜，保证测试工作的安全与运营安全。

各级测试、试验应认真做好测试记录和统计分析报告，并建立、积累完整的测试分析资料，妥善保存。

对测试中的出现的重要技术问题，定期召开疑难故障、多发故障技术研讨会，集思广益，查找出疑难故障原因，解决疑难故障与多发故障的技术问题。

⑥ 故障维护

当车站 AFC 系统发生故障后，应尽快组织对故障设备进行测试、诊断、分析，找出故障原因，排除故障，恢复设备使用功能。在故障排除时应详细记录故障现象及排除修复过程，以备分析故障及在其他修程开展时做出进一步的处理与修复。

在故障排除后，应能保证设备恢复使用功能，正常投入运行；如系统设备无法达到正常使用状态时，应根据车站实际情况对 AFC 系统采取降级使用，限制故障范围，防止设备带病运行导致故障扩大化。

思考题

1. 自动售票机的主要特点是什么?
2. 自动检票机能实现哪些功能?

第四章

自动售检票系统安全与容灾

第一节 自动售检票系统安全

一、信息安全的概念

计算机系统安全是一个涉及计算机科学、网络技术、通信技术、密码技术、信息安全技术、应用数学、数论和信息论等多种学科的边缘性综合学科。

1. 信息系统的元素构成

通常,信息系统的元素构成为:
(1) 信道　数据的传输载体。
(2) 网络　提供信道和路由。
(3) 传输协议　信息传输交换的特定"格式"。
(4) 主机系统　数据到信息的转换、发送/接收、处理和存储。
(5) 数据库系统　信息的存储管理系统。
(6) 应用系统　由计算机技术实现的业务管理自动化。

2. 在信息系统中,受到安全问题影响的资源

(1) 硬件　CPU、电路板、键盘、终端、工作站、个人计算机、打印机、磁盘驱动器、通信线、通信控制器、终端服务器、网络连接设备等。
(2) 软件　源程序、目标程序、开发工具、诊断程序、操作系统、通信程序等。
(3) 数据　执行过程中的数据、存储数据、存档数据、预算记录、数据库、通信媒体的传输数据等。
(4) 人员　用户,需要运行系统的人等。
(5) 文档　程序、存储介质上和存储器内存储的格式化数据等。
(6) 耗材　纸、色带、磁带等。

ISO对计算机安全定义是:"为数据处理系统建立和采取的技术和管理的安全保护,保护计算机硬件、软件、数据不因偶然和恶意的原因而遭到破坏、更改和泄露。"

另一种定义是:"计算机的硬件、软件和数据受到保护,不因偶然和恶意的原因而遭到破坏、更改和泄露,系统连续正常运行。"

无论哪种定义,都可以从三个方面理解计算机安全的本质:①从用户角度看,是保护利益、隐私,保证存储、传输安全;②从运行管理角度看,是确保系统运行正常、可靠,连续运行;③从国家、社会角度看,是为系统过滤掉有害信息。

信息安全主要涉及信息的机密性、完整性、可用性、不可否认性。美国由军方到社会全面推出了"信息安全保障体系"概念,并概括了网络安全的全过程,即边界防卫、入侵检测、安全反应和破坏恢复。

"信息保障体系"不能仅从技术的角度思考,还有一个涉及社会管理层面更高层次的问题:

①全社会的综合集成安全体系。它建筑在安全技术的平台上,以各部门形成合力为特征,不是各部门功能的简单叠加,而是在统一领导下的有机组合。

②安全策略的制定。

③法律、制度、管理、技术。

二 安全保护的内容

对于轨道交通自动售检票这样的大型信息系统来说,安全保护应包括以下内容:

(1)物理安全 包括环境安全、设备安全和媒体安全。

(2)运行安全 包括风险分析、审计跟踪、备份与恢复、应急响应。

(3)信息安全 包括操作系统安全、数据库安全、网络安全、处理软件安全、防病毒、访问控制、加密与鉴别等八个方面。

(4)管理安全 包括安全制度、安全措施和方式方法。

(5)人员安全 包括有关人员的可信度和安全意识。

(6)辐射安全 包括有关设备信号辐射的安全控制。

三 自动售检票系统安全

轨道交通自动售检票系统安全主要应解决好以下5个问题。

(1)物理链路的安全,通过采用链路加密、专网技术和通信线路管制的手段,提高通信线路的安全防护能力。

(2)系统的安全,通过采用技术手段和防护设备提高系统对攻击者的抵御能力。

(3)信息的安全,通过采用加密手段,确保计算机系统中存储、处理、传输的信息不被非法访问、截收、更改、复制、破坏、删除。

(4)设备环境的安全,通过一定的技术手段,确保信息设备的电磁泄漏辐射符合保密标准,安放设备的房间安全可靠等。

(5)技术手段与管理相结合,通过健全法律、规章制度和加强思想教育,杜绝管理上的漏洞和思想认识上的漏洞。

轨道交通自动售检票系统作为大型计算机综合信息管理系统,其安全性主要体现在计算机硬件与环境安全、计算机网络安全、通信安全、数据安全、数据库系统安全、应用软件系统安全、操作安全、应急响应和灾难恢复等诸方面。

其中,应用软件系统安全主要针对所有计算机程序和文档资料,保证它们免遭破坏和非法复制,软件安全技术包括掌握提高安全产品的质量标准,对于自己开发使用的软件建立严格的开发、控制、质量保障机制,保证软件满足安全保密技术标准要求,确保系统安全运行。应用软件在被投入实际使用前,要经过严格的测试,如果有条件,白盒测试可以采用阅读和理解程序代码的方式进行,以检查程序代码中是否存在无意或有意留下的"时间炸弹"、"条件循环陷阱",或因调试程序临时开设的"后门"未被封堵的情况。

1 硬件与环境安全

实体硬件安全是指系统设备及相关设施运行正常,系统服务适时。即保证计算机设备、通信线路及设施、建筑物等的安全;预防地震、水灾、火灾、飓风、雷击;满足设备正常运行环境的要求,包括电源供电系统,保证机房的温度、湿度、清洁度、电磁屏蔽要求;采取监控、报警和维护技术及相应高可靠、高技术、高安全的产品;防止电子辐射、泄漏的高屏蔽、低辐射设备,安全管理技术等。

物理安全很容易被忽略,尤其在信息化系统建设中。使计算机设备远离人群,将非授权用户阻止在外,保护所使用的计算机设备,一般可遵循的原则如下。

1)计算机设备与无关人员隔离

在轨道交通自动售检票中央计算机系统,应实行对计算机设备的物理隔离安全措施,主要体现在:

(1)车站计算机系统:①计算机和网络通信设备存放于机柜中,统一安置在管理严密的空间内,以保证存放地的封闭性;②流转票卡存放的独立性;③流转的票箱和钱箱存放的封闭性;④TVM、BOM和进出站检票机中的计算机、票箱和钱箱的封闭性。

(2)中央计算机系统:①计算机、通信设备主机房的封闭性;②分拣编码系统所在机房的独立性;③白卡、成品票卡库房的封闭性。

自动售检票系统应严格控制有权进入其计算机系统机房的人员。这些被授权人员使用钥匙卡或个人密码由系统进行身份认证,由系统确定其对系统资源、系统管理、应用软件、数据访问、数据更改和故障维护等操作的授权,并自动记录操作行为。严格限制未经授权人员的任何操作和访问,高级别的访问、操作管理权限的设置及其使用应授权于对企业忠诚度和信誉表现最佳的员工。考虑安全授权操作时,同样需要考虑硬件环境的要求。例如,把一台服务器锁在密室里自然可以防止恶意用户接触,但房间的通风不佳,计算机将会因过热而出现故障，从而使得对安全问题的考虑变得毫无意义。

2）把非授权用户阻挡在外

这是限制物理接触和限制潜在破坏的一个好主意，但是某些人还是能够使用欺骗手段获得授权的账户名和密码，系统安全人员不可能完全把每个非授权人员阻挡在计算资源外。

限制非授权人员接触计算机，可以避免对计算机资源的直接物理伤害，而阻挡非授权人员共享计算资源，通常通过内建于计算机的系统安全特性实现。几种阻挡非授权人员接触计算机资源的方法如下：

（1）锁住安放 CPU 的机箱。许多台式机机箱和塔式机柜都有锁装置，可以用来阻止窃贼打开机箱。

（2）使用电缆式安全锁来防止别人窃取整台计算机。

（3）配置 BIOS 使计算机不从软驱启动。这使得入侵者更难于从系统盘中删除密码或账户数据。

（4）考虑是否值得花一些费用在存放计算机的房间里安装活动探测报警器。

（5）使用加密文件系统（Encrypting File System，EFS）对计算机设备上的敏感文件夹进行加密。

3）保护所使用的计算机设备

网络电缆连接、集线器，甚至外部网络接口都是网络中非常易于受到攻击的地方。能够连接到计算机系统网络中的攻击者可以窃取正在传送的数据，或者对所在网络或其他网络中的计算机发动攻击。如果可能，将集线器和交换机放在有人看管的房间里，或者放在上锁的机柜中，沿着墙和天花板分布电缆，使其不容易接触到，此外还要确保外部数据连接点处于锁定状态。

❷ 应急响应与灾难恢复

自动售检票系统中各层次的应用系统（设备系统、车站计算机系统和中央计算机处理系统）在应急响应与故障恢复方面具有不同要求。

一般而言，在发生网络通信故障时，TVM、BOM 或进出站检票设备应用系统具备独立运行能力，可以照常运行服务；而如果这些设备中单机发生故障时，则需要检查硬件部件故障或应用系统故障的原因，在短时间内使之处于故障状态，退出服务运行。

如果是车站系统或中央系统出现故障，则在保证所有交易数据完整性、正确性的前提下，停止这些系统的对外服务，由技术维护人员进行故障解决。

通常在车站系统、中央系统中采用磁盘镜像和磁盘阵列技术保证数据的冗余性和系统运行的稳定性。在数据库故障时，可以把最近的磁带备份资料和当前的归档日志资料用于数据库故障恢复。类似，整个运行平台配置和应用软件系统经测试在正式投入运行前需首先对整个系统作磁带备份，这种备份每当运行平台系统设置或应用软件更改后必须重新备份，系统备份可用于系统故障时整个应用系统的及时恢复。

第二节 自动售检票系统容灾

一、容灾概念

容灾系统是通过在异地另行建立和维护一套独立的应用系统,利用地理上的分离来保证信息系统和数据对灾难性事件的抵御能力,以实现整个应用系统和业务数据的完整备份。

根据容灾系统对灾难的抵抗程度,可分为数据容灾和应用容灾两个层次。数据容灾是指建立一个异地的数据存储系统,该数据存储系统可对本地系统中关键应用数据进行实时复制。当出现本地系统中数据丢失的灾难时,可由异地系统中存储的数据进行恢复来保证本地系统业务的连续性、数据的完整性。应用容灾比数据容灾层次更高,即在异地建立一套完整的、与本地应用系统相当的备份应用系统。容灾系统可以同本地应用系统互为备份,也可与本地应用系统共同工作。在灾难出现后,远程容灾系统迅速接管或承担本地应用系统的业务运行。

衡量容灾备份系统有两个技术指标:RPO(recovery point objective)和 RTO(recovery time objective)。

RPO:数据恢复目标,指业务系统所能容忍的数据丢失量。

RTO:时间恢复目标,指所能容忍的业务停止服务的最长时间,也就是从灾难发生到业务系统恢复服务功能所需要的最短时间。

RPO 针对的是数据丢失,而 RTO 针对的是服务丢失,二者没有必然的关联性。RTO 和 RPO 的确定必须在进行风险分析和业务影响分析后根据不同的业务需求确定。针对不同企业、不同业务,RTO 和 RPO 的需求也有所不同。

设计一个容灾备份系统,应充分考虑多方面的因素,如备份/恢复数据量大小、应用系统和容灾系统之间的距离和数据传输方式、灾难发生时所要求的恢复速度、容灾系统的管理及投入资金等。根据这些因素和不同的应用场合,通常将容灾备份分为 4 个等级。

第 0 级没有容灾备份系统。

这一级容灾备份,实际上没有灾难恢复能力,它只在本地进行数据备份,并且被备份的数据只在本地保存,没有送往异地。

第 1 级本地磁带备份，异地保存。

在本地将关键数据备份，然后送到异地保存。灾难发生后，按预定数据恢复程序恢复系统和数据。这种方案成本低、易于配置。但当数据量增大时，存在存储介质难管理的问题，并且当灾难发生时存在大量数据难以及时恢复的问题。为了解决此问题，灾难发生时，先恢复关键数据，后恢复非关键数据。

第 2 级热备份站点备份。

在异地建立一个热备份站点，通过网络进行数据备份。也就是通过网络以同步或异步方式，把主站点的数据备份到备份站点，备份站点一般只备份数据，不承担业务。当出现灾难时，备份站点接替主站点的业务，从而维护业务运行的连续性。

第 3 级活动容灾备份系统。

在相隔较远的地方分别建立两个数据中心（一般称为主应用系统和容灾备份系统），它们都处于工作状态，并进行相互数据备份。当主应用系统发生灾难时，容灾备份系统立即接替其工作任务。这种级别的备份根据实际情况，又可分为两种：①两个数据中心之间只限于关键数据的相互备份；②两个数据中心之间互为镜像，即零数据丢失等。零数据丢失是目前要求最高的一种容灾备份方式，它要求不管什么灾难发生，系统都能保证数据的安全。所以，它需要配置复杂的管理软件和专用的硬件设备，需要的投资相对而言是最大的，但恢复速度也是最快的。

二、容灾目标

广义而言，容灾目标是在各种不可抗力事件与自然灾害发生时，能保证业务的可持续运行。灾难备份的目的不仅是防止数据丢失，还需要保证业务的连续性。

一般而言，没有一个统一的容灾方案可适合所有组织。因此，各个组织必须根据各自的业务性质、信息系统架构、数据类型、需应对不可抗力事件与自然灾害的种类，综合评估投资成本与灾害损失之间的关系等，建立一个量身定制的、可操作的容灾系统。

根据城市轨道交通自动售检票系统的业务性质，它需应对的不可抗力事件与自然灾害主要为：存储系统失效、应用系统失效、网络失效、电力故障、环境失效、火灾、水灾、恐怖事件、公共安全事件等。在综合考虑容灾技术和投资效益等诸多因素后，必要的容灾目标如下：

（1）区域容灾目标——同城容灾。

（2）网络容灾目标——网络设计采用冗余设计技术，要求当生产网络发生故障时，能自动启用备份网络，启用过程中应用数据不丢失。

（3）数据容灾目标——当主应用系统的数据失效时，能自动启用容灾备份系统的备份数据，保证数据不丢失（即 RPO =0），启用过程对应用透明（即 RTO =0）。

（4）系统容灾目标——当中央应用系统（即主应用系统）失效时，就是无法进行业务转接时，自动/人工启用容灾备份系统进行业务转接，切换时间尽可能短，以保证数据不丢失。

容灾的三大特性可以用3R来表示：
(1) Redundancy——冗余性。
(2) Remoteness——远隔性。
(3) Recoverability——恢复性。

在轨道交通自动售检票系统中，要求生产系统与容灾备份系统具备：
(1) 确保系统 7×24 h 运行。
(2) 一台机器出现故障时，在可忍受的时间（如 10 min）范围内切换到另一台机器。
(3) 整个容灾备份系统接管生产系统的过程应在 10 min 内完成。
(4) 系统能够防止关键业务数据的丢失。

三、自动售检票系统容灾策略

自动售检票中央系统是以信息处理为核心的应用系统，承担着对票务交易数据的处理和售检票系统的运行管理，并支持票务收入的清分结算，是自动售检票系统的核心环节。

就该应用系统而言，数据的安全和业务的可持续性是其生命。所以，在中央系统的建设初期，就必须建立一个可靠的容灾备份系统，并制订完善的容灾备份方案。在制订方案时，应充分考虑应用的重要性级别、最大允许停顿时间、数据传输量、最大数据丢失度、数据相关性、应用相关性等因素。

自动售检票中央系统重要内容的容灾备份系统宜建设在同城异地，其作用是在中央系统发生故障时接管运行，以保证每日交易数据的处理、账务结算和资金划拨等工作的正常进行，以及对轨道交通运营模式、客流与车票调配等正常与否的监控。

自动售检票中央系统完善的容灾备份方案应包括如下5个方面：
(1) 灾难恢复计划（disaster recovery plan）——描述在灾难发生前、灾难过程中、灾难恢复后，针对信息系统构架应采取的一系列措施和方法，也是容灾备份的重点内容。
(2) 业务恢复计划（business recovery plan）——从业务处理角度出发，描述灾难发生过程中的人员调度、人员职责和工作内容。
(3) 业务再续计划（business resumption plan）——从业务中断开始到业务再续，逐步描述业务恢复流程。
(4) 突发事件处理计划（contingency plan）——预设想在灾难发生时所有的外部事件，并详细描述应对措施，例如关键供应商、关键人员等无效时，应采取何种措施。
(5) 危机管理计划（crisis management plan）——全面描述在灾难发生时的事件管理，如人员的救援、事件发布方式、发布范围及内容、向重要合作伙伴客户的解释方式和内容等。

按照轨道交通自动售检票系统的特点，容灾备份系统主要分为通信网络容灾、存储网络容灾，以及数据备份和应用备份等内容。

第三节 自动售检票系统保障

要确保自动售检票系统的正常运行,就必须建立一套完善的保障体系。系统保障就是通过建立必要的系统环境、技术体系、管理体系以及系统扩展更新制度等来保障系统的有效运行。

一、系统环境保障

系统环境是指为保障系统正常运行所必须具备的物理环境。通常意义上是指:电源环境、机房空调环境、网络环境、计算机主机与存储环境、应用环境,以及检验测试等。

1. 电源环境

1)不间断电源(UPS)

轨道交通自动售检票系统对应用电源的基本要求是要具有比较稳定的电流和电压,如果电流和电压波动太大,将会影响网络信息系统设备的正常运行。因此,不间断电源应具备以下要素:

(1)宽输入电压范围。

(2)防雷功能。

2)计算机中心机房能源

除了采用自身的变电系统对市电进行变压、频率调整和在 UPS 设备前端对电网污染进行隔离之外,在计算机中心机房供电网络里所使用的所有电气设备都会对机房能源供给的高可靠性产生负面影响,而 UPS 设备本身处于机房外部市电与机房内部系统的交叉点上,做好其自身的安全保护和故障防范就显得格外重要。主要应关注以下两点:

(1)UPS 设备本身的污染控制问题,大功率的 UPS 设备本身既是电源供给设备,同时又是耗电负载,因此应有效控制 UPS 设备自身的污染,使其对市电公网以及对计算机主机房的负面影响降至最低乃至完全隔离。

(2)在轨道交通计算机中心机房内运行着较多的计算机服务器及网络设备,而这些设备大多是纯阻性负载,它们的运行会对能源的供应网络产生较大的污染,尤其在设备同时启动或关闭时,其产生的污染往往会对整个供电系统造成极大的破坏,因此,在选择 UPS 设备时,应充分考虑消除用户负载设备对能源供给设备的污染问题。

3）电池管理的必要性

UPS 设备在不配备电池时,只能起到稳压、稳频、净化电网污染的作用,而停电后根本不能正常工作。蓄电池(也称电池组)相当于 UPS 的心脏,其重要性是不言而喻的。在初期投资中,蓄电池所占比例也相当大,如后备 4 h 的 UPS,蓄电池投资与主机投资持平。

4）集中监控网络管理

轨道交通多个站点的分布,要求能对所有工作在网络中的智能 UPS 进行统一的管理和监控,以便进行整个体系的管理和维护。

5）后备延时工作时间

在重要的数据中心或中心机房内,如发生市电断电,UPS 应具备一定的后备工作时间,以保证重要信息的存储和应急处理。根据轨道交通的应用环境,至少应配备 1h 以上的后备延时时间,并选配质量可靠的蓄电池,方能确保市电断电后 UPS 的正常工作。

② 机房空调环境

生产中心主机房空调环境应定期进行检查与维护,以保证机房温度与湿度控制在适当范围内,确保计算机主机、网络设备等的正常运行。

通常,计算机机房空调普遍存在两个问题:一是室内空气品质,空气洁净度不能满足国家规范;二是气流组织状态差,甚至无组织送风。所以,计算机机房空调的成功与否关键是解决好这两个问题。

③ 网络环境

网络环境在建设时应通过线路、设备的冗余设计来保证运行的稳定、连续。一旦某通信线路或某台设备发生故障,就可启动冗余线路或设备,以确保运行的稳定、连续。

④ 主机与存储环境

计算机主机与存储环境的稳定和正常运行,将直接影响自动售检票系统的正常运行。

⑤ 应用环境

生产系统与容灾备份系统在正常运行期间,应定期进行计划性切换,以保证在灾难降临时容灾备份系统及时有效地启动,包括:

(1)系统日常维护人员的操作流程与运作规范保证。

(2)数据文件、数据库控制文件等的完整备份,在需要时进行数据恢复。

二 技术保障

① 系统连续运行保障

自动售检票系统的生命周期较长,而中央系统是其核心系统,必须确保中央系统安全、可靠和稳定地不间断运行。为了使中央计算机系统始终处于 7×24h 的连续运行状态之下，中央系统采用了多种可靠性技术手段来建立整个系统的备份，保障发生故障后能够及时恢复。技术保障工作分为两个阶段：一是设计建设阶段实施的技术保障；二是在运行周期中的运行监护。

1) 设计建设阶段实施的技术保障

该阶段主要针对通信网络、主机系统、业务数据等，充分考虑它们的安全性、可靠性和稳定性。技术保障措施包括通信网络的冗余、业务数据的定期备份、主处理系统双机热备与负载平衡。

2) 运行周期中的运行监护

(1) 中央系统是集网络通信、数据存储、数据处理、信息安全、电源供给等为一体的综合信息系统。该系统的核心是庞大的账务数据存储、业务处理过程和数据传输。由于系统所涉及的设备众多，系统的数据存储及管理高度集中，从而使得系统的风险也高度集中。这些风险存在于系统硬件设备、系统软件、系统工作负荷、应用软件系统之中，还来自于外界的恶意攻击和病毒感染等。其中，任何环节出现问题都将影响系统正常工作甚至导致系统崩溃。因此，必须采用必要的技术保障来维持系统的不间断运行。

(2) 技术保障。技术保障主要分为两个层面：一是单纯地依靠技术人员对系统进行保障，二是建立有效的运行网络监护系统。

网络监护系统包含实时监控、故障处理、预警提示3个方面。

①实时监控。监视设备的运行状态，了解设备运行性能，发现运行中出现的问题，对系统运行进行有效的维护。

②故障处理。在一定的范围内主动修复故障，对于不能主动修复的故障，提供处理预案和技术支持链，以保证故障的顺利解决。

③预警提示。预测系统可能会发生的问题，给出解决问题的建议和优化方案。

3) 故障处理

(1) 轨道交通线路运行中的故障

当某条线路、某个区间或车站发生故障时，需要及时进行故障处理，最大限度地保证中央系统的正常运行。

当某一线路发生故障时，其线路中央系统和车站系统将进入降级运行模式并发出通知，该通知逐级上传后，再及时转发给其他线路中央系统以及它们下辖的所有车站系统。这样，一旦某线路、某车站的运行模式发生改变，除了该车站执行运行模式相关动作之外，整个轨道交通网的所有其他线路与车站系统都会收到通知，并可根据该运行模式变化的情况进行相应的处理。

对于中央系统而言，在接收到下属线路、车站系统上送的降级模式通知后，除向其他线路中央系统转发外，自身也将对相关交易的处理规则做出调整。调整的模式视降级模式的情况而定，基本上可以分为如下几类：

①时间忽略模式。当由于运营方原因而造成乘客延误出站并超出系统设定时间的，中

央系统将对指定站点、指定时间范围内的出站交易进行时间忽略,即不再对该笔交易的时间合理性进行判定。

②扣款忽略模式。由于列车故障导致乘客无法乘坐,在乘客出本站时不扣款,且车票可以继续使用。当乘客再次正常使用该车票时,按正常清分处理。

③日期忽略模式。由于运营方的原因,允许乘客车票可以隔日使用时,中央系统对于指定线路、指定交易日的出站交易不再清分,待乘客隔日使用并产生出站交易时再行清分。

④超程忽略模式。由于运营方的原因,中央系统将对指定线路上的出站交易不进行超程情况判定,而直接进行清分,但清分时依据的清分票款应按照出站交易中的交易金额(即售票金额)清分。

⑤出站忽略模式。在车站发生紧急情况时,所有乘客不经检票全部放行,无出站交易,此类车票的使用情况通常与列车故障模式类似。

⑥进站忽略模式。在此种模式下,当全路网只有一个车站进入进站忽略模式时,由于出站闸机已经接收到中央系统下发的降级运行通知,因此出站闸机将进入进站忽略模式的车站记录为进站站点,中央系统进行正常清分即可。而如果同时有多个车站进入进站忽略模式,则按到达出站车站的最低票价扣款,清分时所有票款都分配给出站车站所在线路。

以上描述的六类故障,对自动售检票系统没有实质性的影响。针对线路在运营过程中可能出现的各类故障,中央系统应进行分类定义,并制订相应的紧急运营模式,对各类运营模式进行分类并设定级别;中央系统将这些设定模式下发给各线路,当某一线路出现故障时,各线路按中央系统设定的模式进行运营,而一旦出现多故障时,各线路有权选择更高级别的处理模式进行处理,同时,向中央计算机系统上报。

中央计算机系统接收上报的故障信息后,首先判断故障是否需要通知相关线路,如果需要即进行通知;其次判断故障是否影响清分,如不影响清分,中央系统将不作任何调整,若影响清分,比如由于某线发生故障,导致路网拓扑结构发生了变化,并需要较长时间进行恢复,这时中央系统就需要作出相应的处理。

(2)中央系统运行中的故障

中央系统运行中可能出现故障的设施有:供电、网络、主机或存储设备,以及生产系统中的应用系统等。针对不同的故障,技术维护人员应在故障分析的同时,启动处理预案,同时联系设备供应厂商或集成商,采取有效措施,尽快解除故障。

最高等级的故障就是生产系统必须切换至容灾备份系统,以保障轨道交通日常运行的需要,继续完成相应的各类交易数据通信、清分、结算和资金划拨等工作。待生产系统故障解除后,再切换回生产系统。

2 性能管理

中央系统通过运营监护系统对系统的整体运行状况做出性能上的监控和管理,为管理人员对中央系统的设备、功能进行调整提供决策依据。中央系统的各项性能指标能够通过图形化界面直观、生动地展现在监控人员面前,其具体指标如下:

(1)中央系统当前联机交易处理速度。

(2)中央系统对需要及时处理交易的响应时间。

(3)中央系统待处理数据量。

(4)中央系统数据库数据空间容量。

(5)中央系统数据库服务响应率。

(6)中央系统处理系统的CPU负载。

(7)中央系统处理系统的内存负载。

(8)中央系统处理系统的磁盘读写率。

(9)中央系统的磁盘容量。

(10)中央系统的网络流量。

此外,除了对以上各项性能进行监控之外,中央系统还应设定相应的阈值,当其中的某项性能指标高于上限阈值或是低于下限阈值时,监控窗口能够立即做出警示,以提醒管理人员。

3 应用管理

中央系统在日常运营中处于全自动状态,操作人员只需对系统中的一些参数信息进行调整、对运营数据的报表进行信息查询即可。

中央系统所提供的应用管理功能如下:

(1)费率表的维护:包括费率表的查询、下发,并能自动根据系统接入线路和车站的变化自动生成新的二维费率表,经过批准后启用。

(2)清分规则的维护:可以随时查询清分规则,并根据某些特定情况通过一定程序后对清分规则作出适当的调整。

(3)黑名单管理:查询、修改、下发单程票黑名单,接收来自公共交通卡清算中心的黑名单并及时下发。

(4)其他参数的维护:提供查询、编辑或修改中央系统中所使用的各类参数,并按需要及时下发。

(5)信息查询:支持中央系统中各类实时信息的查询。

(6)报表功能:能够根据用户所制定的报表格式,定时自动生成、打印各类运营数据报表。

(7)系统监控:通过直观、形象的图形界面,展示中央系统的当前系统信息,包括系统性能、系统资源、下属各线路站点的运营情况。

4 资源管理

资源管理通过对整个中央系统中各种设备资源情况的监控,适时对资源的利用率、消耗趋势做出分析,直观、清晰地展示系统资源的使用情况,管理人员据以调整中央系统的资源分配,使中央系统性能达到最优化。

1)资源管理监控的主要范围

(1)服务器的CPU使用率。

(2)服务器的内存使用率。

(3)服务器的本地磁盘使用率。

(4) 磁盘阵列的使用情况。
(5) 磁盘缓存命中情况。
(6) 中央系统骨干网络数据流量。
(7) 中央系统对外接口数据流量。
(8) 数据库数据空间使用情况。
(9) 数据库缓存命中情况。
(10) UPS 电源负载。

2) 资源管理监控的其他内容

除了对以上的系统资源使用情况进行监控之外，资源管理模块还具有以下资源数据统计分析功能：

(1) 各项系统资源在不同时段的使用情况。这一功能为管理人员提供了中央系统在各个运营时段的系统资源利用情况，从而使得管理人员对于运营低谷、高峰时段资源情况有一个直观的认识。

(2) 各项系统资源在不同负载下的使用情况。这一功能提供了中央系统各项资源在负载逐渐上升时的使用变化状况，从而使得管理人员能够准确地获得不同负载下的资源消耗情况，并能够对更高或更低负载下的资源消耗状况做出准确的估算。

(3) 中央系统中的应用对于各项系统资源的请求使用情况。这一功能提供了在一定时间范围内，有多少应用向系统资源提出了使用请求，有多少请求获得了响应。而管理人员据以调整应用程序的使用请求，或通过增加相应的系统资源来提高系统运行的效率。

为实现日常数据备份(主要指数据库核心数据)，充分利用资源，灾备系统完成日常数据在线备份，生产系统只保留应急备份。

三 管理保障

为保证自动售检票系统的稳定、正常运行，就必须建立一支稳定、规范的日常维护保障队伍，并对其进行相应的培训。自动售检票系统的管理保障由运营管理、维护管理和培训管理组成。

1 运营管理

运营管理包括自动售检票中央系统、车站系统和终端设备三个层面的运营管理。中央系统负责整个自动售检票系统票务信息汇总和分析，实时监视与控制自动售检票系统的运营情况，向车站系统发送相关业务信息；车站系统负责车站各终端设备的正常运营，收集各种基本数据和信息，向中央系统发送车站系统收集的交易数据和信息，并接受中央系统发送的运营参数和指令。

在系统运营管理过程中，必须建立一套适合各层次管理需要的规章制度，以确保自动售检票系统正常、稳定、可靠地运营。

在轨道交通运营管理中,进一步强化"地铁运营无小事"的观念,做到"责任层层分解,目标人人明确"。严格执行运营值班制,真实记录自动售检票系统中出现的问题、故障表现、解决方法以及所采取的相应的技术措施。

建立安全管理制度体系,做到安全管理制度化,通过各项制度规范系统和人员的工作流程,对系统进行安全高效的管理。

在中央系统、车站系统以及其他重要区域(如敏感数据和票款),应有专人负责系统的安全工作,根据具体情况建立健全信息系统安全管理制度,包括:人员管理、密码口令、机房安全、设备安全、系统运行、网络通信、数据管理等,明确责任,将安全管理工作落实到人。

应该明确轨道交通自动售检票系统相关层次的工作责任,各方要本着"职责清、情况明、素质高、数字准"的原则开展工作,以做好自动售检票系统的运营管理和运营维护工作。

对中央系统运营工作的数据要划分安全等级,确保核心数据和核心系统安全。本着从小到大,以实用为主的原则进行安全制度建设。对核心系统中的操作要严格控制工作人员的操作权限,实行必要的安全管制。

强化安全监管,主要包括:人员管理、设备管理、软件管理、介质管理、密钥管理、口令管理、文档管理等。

② 维护管理

自动售检票系统的维修维护部门负责维护自动售检票系统软件和硬件设备的正常运转,包括计算机系统和终端设备两方面的维护工作,以及票卡编码/分拣设备的正常运转。

1)备品备件管理

对自动售检票系统中需要的终端设备及其关键部件,应确保有相应的备品备件,以便设备出现故障时用于维修替换。

2)应急基地管理

为及时解决轨道交通运营中出现的各类故障、问题,应在适当地点设置若干应急抢修基地,配备抢修车辆和训练有素的专业抢修队伍,在运营期间处于待命状态,确保车辆、物资、人员三到位。

为保证自动售检票系统的正常运转,在应急基地设立自动售检票维修和检修部门,并负责新设备、新车站系统的接入测试工作。

在中央系统所在地设立计算机检修工区,负责自动售检票计算机系统的硬件维护和软件维护与升级,以及再开发工作。

3)技术支撑平台

由系统集成商、开发商和设备供应商组成技术支撑平台,提供全方位的技术更新支持、故障消除支持以及相应的经营指导。

③ 培训管理

对自动售检票系统中的工作人员应进行相关层次的专业培训。为了落实各类技术与管理人员的培训,应建立相应的教育培训基地。

对自动售检票系统的运营管理人员,应进行多种形式的培训,以便使他们在最短的时间内进入最佳的工作状态,担负起各自的工作职责。

思考题

1. 对于轨道交通自动售检票这样的大型信息系统来说,安全保护应包括哪些内容?
2. 自动售检票中央系统容灾备份方案应包括哪5个方面?
3. 中央系统的各项性能指标是什么?
4. 轨道交通自动售检票系统中,要求生产系统与容灾备份系统具备哪些功能?

第五章

低压配电及照明系统设备管理

第一节 城市轨道交通供电系统概述

供电系统是城市轨道交通的动力能源,负责为列车和动力照明负荷提供电源。它不仅要保证为电力用户提供安全、可靠、经济的电能,还要保证城市轨道交通的安全、正常运营,防止各类电气事故和灾害的发生。城市轨道交通供电系统从供电方式上看,有集中供电分散供电和混合供电方式,从系统组成上一般包括电源系统、牵引供电系统、动力照明系统和电力监控系统等。

一、城市轨道交通供电系统的供电方式

城市轨道交通供电系统由外部供电系统(城市电网)和内部供电系统两大部分组成。轨道交通作为城市电网的一个用户,一般都直接从城市电网取得电能,无需单独建设电厂;城市电网也把轨道交通看成一个重要用户。城市电网对轨道交通的供电方式有如下3种。

1. 集中供电方式

沿城市轨道交通线路,根据用电容量和线路的长短,建设专用的主变电所。主变电所电压一般为 AC110kV,由发电厂或区域变电所(电网)对其供电,再由主变电所降压为内部供电系统所需的电压级(AC35kV 或 AC10kV)。由主变电所构成的供电方案,称为集中供电,各主变电所具有两路独立的 AC110kV 电源。集中供电方式有利于轨道交通公司的运营和管理,各牵引变电所和降压变电所由环网电缆供电,具有很高的可靠性。广州、深圳、上海和香港地铁即为此种供电方式。

2. 分散供电方式

根据供电系统的需要,在轨道交通沿线直接从城市电网引入多路电源,由区域变电所直接对牵引变电所和降压变电所供电,称为分散供电。这种供电方式多为 AC10kV 电压级,因为我国各大城市的电网在逐渐取消或改造 AC35kV 这一电压级,要想在 10~30km 的范围内引入多路 AC35kV 电源是不现实的。分散供电方式要保证每座牵引变电所和降压变电所都能获得双路电源。沈阳地铁、北京地铁5号线即为此种供电方式。

3. 混合供电方式

即前两种供电方式的结合,以集中供电方式为主,个别地段引入城市电网电源作为集中

供电方式的补充,使供电系统更加完善和可靠。武汉轨道交通、北京地铁1号线和环线即为此种供电方式。

二 城市轨道交通供电系统的组成

城市轨道交通内部供电系统包括:电源系统(主变电所)、牵引供电系统、动力照明供电系统(降压变电所)和电力监控系统。其中,牵引供电系统包括牵引变电所和牵引网两大部分,动力照明供电系统包括降压变电所与动力照明配电系统。

1 电源系统(主变电所)

1)城市轨道交通供电系统对电源的基本要求

一般工厂企业用电多集中在一个地方,而城市轨道交通用电则在沿线路几十公里的范围内,这是轨道交通与其他用户不同的地方。轨道交通作为城市电网的重要用户,属于1级负荷。城市轨道交通供电系统需要获得两路电源,其基本要求是:

(1)两路电源要求来自不同的变电所或同一变电所的不同母线。

(2)每个进线电源的容量应满足变电所全部1、2级负荷的要求。

(3)两路电源应分列运行,互为备用,当一路电源发生故障时,由另一路电源恢复供电。

为便于运营管理和减少损耗,要求集中式供电的主变电所的站位和分散式供电的电源点,要尽量靠近轨道交通线路,减少引入轨道交通电缆通道的长度。

2)城市轨道交通供电系统的电压等级

城市轨道交通供电系统电压等级主要有如下几种:

(1)AC110kV、AC63kV 为主变电所的电源电压,其中,AC63kV 电压级为东北电网所特有。

(2)AC35kV,为主变电所电源电压或牵引供电系统电源电压,如北京、青岛地铁的主变电所电源电压和上海、广州、深圳、香港的牵引供电系统电源电压属于 AC35kV 等级。AC35kV 这一电压级在各大城市电网中将逐渐消失,而由 AC110kV 取代。作为轨道交通内部和环网供电专用,AC35kV 电压级还将继续存在下去。环网供电的电压如果不采用 AC35kV,则可采用 AC10kV。

(3)AC10kV。牵引供电系统和动力照明供电系统和电力监控系统适用这一电压级。

(4)AC380/220V,为轨道交通动力照明等低压负荷用电的电源电压。

(5)AC36V,为安全照明电源电压。

(6)DC1500V 或 DC750V,为接触网(轨)电源电压。

(7)DC220V 或 DC110V,为变电所直流操作电源电压和事故照明电压。

2 牵引供电系统

1)牵引供电系统的组成

城市轨道交通牵引供电系统由牵引变电所或牵引降压混合变电所(牵引变电所和降压

变电所建在一起的混合所)和接触网系统构成,共同完成向列车输送电能的任务。

牵引变电所是牵引供电系统的核心,其主要功能是将中压环网的 AC35kV 或 AC10kV 电源经变压变流单元转换为列车所需的电能并分配到上下行区间供列车牵引用。在城市轨道交通工程中,由于地下土建工程造价较高,所以在地面有条件时最好将牵引变电所建于地面,但降压变电所由于压损的要求仍应设在车站内,这样可以有效地节约工程造价。

接触网系统负责将牵引变电所馈出的电能输送到列车上。

2)牵引供电方式的选择

第三轨接触网结构

目前,牵引网对机车的供电方式主要有两种,即第三轨供电方式和架空接触网供电方式。第三轨采用的供电电压为 DC750V,架空接触网采用的供电电压为 DC1500V,有柔性接触和刚性接触两种。

影响牵引供电方式的选择因素很多,如轨道交通系统的安全性、轨道交通的投资、维修工作量、杂散电流的影响及电磁干扰等。有资料显示,通过比较两种供电方式,大多数情况下,综合结果显示架空接触网供电方式在安全性和经济效益方面优于第三轨的供电方式。这与世界上目前约70%的城市轨道交通采用架空接触网供电,约30%采用第三轨供电的情况是一致的。最终采用何种供电方式,仍需依据各城市具体的情况综合比较确定。

柔性架空式接触网结构

DC1500V 接触网制式与 DC750V 接触轨形式相比,由于 DC1500V 电压等级高,可以节省沿线牵引变电所的数量,并且由于接触网是架空悬挂,其安全性较好。但采用接触网形式对城市景观影响较大,运营后的维护工作量也较大。在具体的工程中可从一次投资、城市景观、安全因素和维护工作量等方面进行综合比较来确定受流方式。

在接触轨材料的选择上,国内已运行的轨道交通线路采用低碳钢,在国外,有些轨道交通采用钢铝复合轨。与低碳钢相比,钢铝复合轨载流量大,可以减少牵引变电所的数量,降低运营维修费用,减少运行损耗。现在,国内武汉轻轨和天津地铁也拟采用该材料。

❸ 动力照明系统

动力照明系统为除轨道交通列车以外的其他所有用电负荷提供电能,其中包括通信、信号、事故照明和计算机系统等许多一级负荷。这些一级负荷均与轨道交通正常运营密不可分,所以在设计、设备选型和施工过程中都应对动力照明系统给予足够的重视。

轨道交通降压变电所与城网 10kV 变电所一样,都是将中压电经变压器变为 380V/220V 电源供动力照明负荷用电。

在引入电源方面,每座降压变电所均从中压环网引入两路电源,有条件时还应从相邻变电所或市电引一路备用电源,对于特别重要的负荷如控制系统计算机设备等负荷还应设蓄电池作为备用电源。

❹ 电力监控系统(supervisory control and data acquisition,SCADA 系统)

电力监控系统是贯穿于整个供电系统的监视控制部分,是控制技术在电力系统中的应用。电力监控系统由控制中心、通信通道和被控站系统组成,对全线变电所及沿线供电设备实行集中监视、控制和测量。

三 负荷等级

1 负荷分类

根据各用电设备对供电可靠性(按其重要性)的不同要求分为三级。

一级负荷:通信、信号、电力监控系统、防灾报警、消防用电、消防泵、事故风机、售检票机、排烟风机、防淹门、防护门、应急照明、诱导照明、疏散照明指示系统、全新风机等。

二级负荷:站台(站厅)工作照明、站台(站厅)节电照明、自动扶梯、排水泵、污水泵、电梯、普通风机、区间照明、区间维修动力等。

三级负荷:冷水机组、冷冻水泵、冷却水泵、电热设备、空调机、广告照明、商品零售电源、清洁设备等。

2 供电要求

一级负荷由车站降压变电所两端母线各提供一路专用电源以实现不间断供电,一主一备末端切换,两路电源为热备状态供电。

二级负荷一般由车站降压变电所一段或二段母线提供一路专用电源,较重要的二级负荷(站台、站厅照明)由车站降压变电所两段母线各提供一路专用电源。在变电所处切换,必要时可以切除,如污水泵、雨水泵、自动扶梯、直升电梯、正常照明等。

三级负荷由车站降压变电所三级负荷母线提供一路专用电源,故障状态下可根据实际情况予以停止对三级负荷的供电(当变电所只有一路电源时必须切除,如广告照明、冷水机组、环控电控室三段母线等)。

四 配电原则及控制方式

1 配电原则

(1)在满足计量及各功能的情况下,动力、照明负荷分开配电,自成系统,动力设备采用放射式配电方式。

(2)地下车站在车站两端(尽量靠近负荷中心)各设一空调通风电控室,除冷水机组等个别较大的用电负荷由车站降压变电所直配供电外,其余环控设备均由该电控室统一配电,并且该电控室作为车站环控设备的供电末端,一级负荷的两路电源在此切换后向其供电。

(3)除车站环控设备外的其他车站用电负荷,一级负荷(如通信、信号等)由车站降压变电所直配供电,在用电设备间进行末端切换,其余负荷均在照明配电室设动力配电箱,较大用电设备(如自动扶梯等)采用专用回路供电,其余小型用电设备由就近配电箱供电。

(4)区间内一级负荷(如射流风机等)由车站降压变电所直配供电,在区间用电设备间进行末端切换,以保证供电可靠性。区间维修动力由设在车站照明配电室内的动力配电箱配电。

② 控制方式

(1)车站内所有环控设备采用集中控制方式,在空调通风电控室内设综合自动控制装置,并为车站综合控制系统(中控室)预留接口条件。车站内的其他用电设备在照明配电室或设备间(如 AFC)及用电设备自带的控制箱(如自动扶梯)内控制,并为车站综合控制预留接口条件。该种控制方式,专业间接口明确,控制方式灵活,可根据设备专业工艺要求进行灵活控制,较好实现系统的整体控制要求。

(2)区间通风(如射流风机等)及排水等用电设备,在区间用电设备间进行就地控制,并为车站综合控制预留接口条件,较好实现了就地与远方(车站控制室)控制的要求。

第二节 低压配电及照明系统的组成及功能

一、低压配电及照明系统的组成

低压配电及照明系统可分为照明和低压配电两个子系统。

① 照明系统

1)系统组成

车站照明系统采用 380V 三相五线制、220V 单相三线制方式供电。系统范围为车站降压所变压器后的照明设备、设施及线路。大致包括站台、站厅公共区的一般照明、节电照明(包括站名牌标示照明)、事故照明(包括疏散诱导指示照明)、广告照明和设备及管理用房的一般照明、事故照明;出入口的疏散诱导指示照明、一般照明与事故照明;电缆廊道的一般照明及区间隧道的一般照明、事故照明。

根据各场所照明负荷的重要性,照明负荷可分为三个等级:节电照明、事故照明、疏散诱导指示照明为一级负荷;一般照明及各类指示牌为二级负荷;广告照明为三级负荷。

原则上在车站站台、站厅的两端各设置一照明配电室,室内集中安装各类照明配电控制箱。在站台两端各设置一事故照明装置室,室内安装一套事故照明装置。一般照明、节电照明、设备及管理用房照明的电源,分别在降压所的低压柜两段母线上各馈出一路电源,与照明配电室的两个配电箱连接,以交叉供电方式,向站台、站厅、设备及管理用房供电。事故照明电源是由低压所的低压柜两段母线上各馈出一路电源,经事故照明装置再馈出至各照明配电室的事故照明配电箱后配出。站台、站厅及人行通道的疏散诱导指示照明由事故照明配电箱配出单独回路供电。广告照明及其他各类照明(区间隧道一般照明除外)也均由照明配电室配电箱配出。区间隧道一般照明由设在站台两端隧道入口处区间隧道一般照明箱配出。

事故照明及疏散诱导指示照明,正常时采用380V/220V交流电源供电,由两路380V/220V交流电源自降压所的低压配电柜两段母线上,各馈出一路电源至事故照明装置后配出。事故照明装置带有蓄电池,当进线电源交流失压后,装置电源切换柜自动切换为蓄电池220V直流电源向外供电,当进线恢复供电后,又自动切换为交流向外供电。

2)控制位置及控制方法

车站照明系统可分为三级控制。

(1)就地级控制

各设备及管理用房进门处设有就地开关箱或盒,可控制相应设备及管理用房的一般照明。

区间隧道一般照明受设于隧道两端入口处的区间隧道一般照明配电箱控制。

(2)照明配电室集中控制

照明配电室内设有相应照明场所的照明配电箱,可在室内集中控制相应场所的一般照明、节电照明、事故照明及广告照明。

正常情况下,配电箱所有开关均应全部合上,以便通过就地级控制和站控室集中控制相应场所照明。

(3)站控室集中控制

站控室内设有一照明控制柜,通过柜面上的转换开关和按钮,可实现对站台、站厅公共区的一般照明、节电照明、广告照明的手动/自动控制转换和人工控制(手动控制指通过照明控制柜上按钮或照明配电室照明配电箱上按钮开/关控制;自动控制指通过机电设备监控系统EMCS实现控制)及区间隧道一般照明手动控制。

在机电设备监控系统EMCS上可监控站台、站厅公共区一般照明、节电照明、广告照明的工作状态(手动/停/自动)。

此外,根据需要,事故照明也可在蓄电池室交直流切换柜上进行控制。

2 低压配电系统

1)系统组成

车站低压配电系统采用380V三相五线制、220V单相三线制方式供电。它为站台、站厅和设备及管理用房的环控、排水、消防、电梯、自动扶梯、自动售检票及通信、信号、站控室等系统设备供配电和车站环控室内供配电设备的电控控制。

根据用电设备的不同用途和重要性,车站用电负荷分为三级:

(1)一级负荷,包括通信系统、信号系统、火灾报警系统、气体灭火系统、机电设备监控系统、屏蔽门、消防泵、废水泵、雨水泵、防淹门、站控室、事故风机及其风阀等;

(2)二级负荷,包括非事故类风机及风阀、污水泵、集水泵、扶梯、电梯、轮椅牵引机、自动售检票设备、民用通信电源、维护电源及冷水机组油加热器等;

(3)三级负荷,包括冷水机组、冷冻水泵、冷却水泵、冷却塔风机、电开水器、清扫电源等。

系统所供配电设备可分为由车站降压所直接供配电的设备和由环控电控室供配电的设备。

对降压所直接供配电的一级负荷设备(如通信系统、信号系统、站控室、废水泵等),系统由降压所低压柜两段母线各馈出一路电源至设备附近的电源切换箱,经电源切换箱实现双电源末端切换后再馈出给设备,两路电源正常时一路工作,一路备用,并可互作备用。

对降压所直接供配电的二级负荷设备(如自动扶梯、工作人员电梯、污水泵、集水泵等),系统由降压所低压柜其中一段母线馈出一路电源至设备附近的电源配电箱后再馈出给设备,当该段母线失压后,母线分段断路器(母联断路器)自动合闸,可由另一段母线继续供电。

对降压所直接供配电的三级负荷设备(如环控三类负荷,包括活塞式冷水机组、离心式冷水机组、空调机、空调新风机等),系统由降压所低压柜其中一段母线馈出一路电源至设备附近的电源配电箱后再馈出给设备,当降压所低压柜任一段母线失压或故障时,均联跳中断所有三级负荷设备供电。

对环控电控室直接供配电的环控一、二类负荷设备(如区间隧道风机、送排风机、回排风机、防火阀、风阀、EMCS 配电箱等),系统采用单母线断路器分段接线形式供电,并设有电源自动切换装置,通过母联断路器(连接两段母线)的备用电源自动投切装置,实现两路电源互备供电。

对环控电控室供配电(直接或间接)的环控三类负荷设备(如电动蝶阀、冷却水泵等),系统采用单母线接线形式供电,当该母线失压或故障时,中断供电;当电网只有一路电源供电时,也联跳中断供电。

2)控制位置及控制方式

(1)对通信、信号、站控室、废水泵、电梯、自动扶梯等由降压所直接供配电的各系统设备,低压配电系统提供电源至各设备附近的配电箱或电源切换箱,工作人员可在降压所或设备附近的配电箱或电源切换箱上对各设备作电源通断或切换操作控制。

(2)对冷水机组及 FAS 系统相关设备(如风阀、防火阀、防火卷帘门、挡烟垂幕、1301 系统、CO_2 系统等)及 EMCS 系统、AFC 系统等由环控电控室直接供配电的设备,低压配电系统提供电源至各设备附近的配电箱或电源切换箱,工作人员可在环控电控室或设备附近的配电箱或电源切换箱上对该设备作电源通断或切换操作控制。

(3)对环控电控室直接控制的环控设备(如空调机、风机等),采用三地控制方式,即就地控制(设备附近)、环控电控室控制及站控室控制(通过 EMCS 系统控制)。

(4)自动扶梯正常时由现场控制,事故状态下可在站控室内按动应急停机按钮停止所有自动扶梯运行。

二 系统主要设备配置及功能

(1)环控电控柜(开关柜、控制柜、继电器柜):安装于车站环控电控室内,提供环控电控室直接供配电设备所需的电源,实现环控设备的电气控制及距离操作控制。

(2)环控设备就地控制箱:安装于车站各环控设备附近,用于维护调试各环控设备时的就地控制操作。

(3)防淹门控制柜:安装于过江隧道两端防淹门控制室及车站站控室,用于防淹门的操作控制。

(4)雨水泵控制柜:安装于地下隧道入口处雨水泵控制室内,用于地下隧道入口处雨水泵运行控制。

(5)废水泵、污水泵、集水泵控制箱:安装于车站废水泵、污水泵、集水泵用电设备附近,用于废水泵、污水泵、集水泵运行控制。

(6)区间隧道维护电源箱:安装于正线区间隧道内,约 80m 设 1 台,提供隧道内设备维护作业时所需的电源。

(7)电源配电箱、电源切换箱:安装于车站各动力用电设备(如自动扶梯、水泵、信号设备、通信设备、自动售检票设备)附近,提供设备所需电源。

(8)防火阀(DC24V)电源配电箱:安装于车站防火阀相对集中处附近,将 AC220V 整流为 DC24V 电源,提供给防火阀关闭电磁阀动作所需电源。

(9)自动扶梯应急停机按钮:安装于车站站控室内,用于在发生紧急状况(如火灾)时自动扶梯应急停机控制。

(10)灯具(白炽灯、荧光灯,包括灯架):照明电光源,安装于车站各照明场所,用于车站各照明场所照明、疏散指示。

(11)灯塔:安装于车辆段内,用于车辆段内空旷区域照明。

(12)一般照明控制就地开关(翘板开关)盒:安装于各设备及管理用房门口处,用于各设备及管理用房一般照明就地控制。

(13)照明配电箱、照明控制盘:安装于各车站照明配电室、站控室和部分设备房,用于集中控制相应场所的一般照明、节电照明、事故照明及广告照明,实现照明配电室集中控制和站控室集中控制操作。

(14)事故照明电源装置:包括充电柜、交直流电源切换柜和蓄电池,安装于车站站台蓄电池室,实现蓄电池充电和事故照明电源交直流切换,为车站提供事故状态下的应急照明电源。

第三节 低压配电及照明系统的运行管理

一、运行管理的任务和内容

① 运行管理的任务

通过对车站和车辆段低压配电及照明系统各设备的正确操作和管理,保障设备处于安全受控状态,使设备达到优质、高效的运行工况,实现系统的设计功能,为车站正常运营提供必要的基础条件。

② 运行管理的内容

(1)故障应急处理:设备发生故障时,为不造成更大范围影响,由车站工作人员依照"先通后复"原则及有关规则暂作技术处理,并按手续报专业维护人员处理的工作。

(2)日常维护作业:设备日常运行期间发生故障时,专业维护人员接报之后进行的抢修工作。

(3)巡视作业:通过观察设备(有代表性的)运行状态,与标准常态比较,及早发现异常运行状态,及时将故障解决于发生的初期,尽量避免故障后维护的工作。

(4)计划维护作业:维护作业是一种主动的预防性维护,作业内容较巡视深入,是根据低压配电及照明系统设备的构成、运行和使用特点等因素,周期性地纠正系统各设备(部件)运行后可能积累的误差、磨损,或零部件使用寿命后的更换,调整设备达到良好的运行状态。

(5)设备运行记录:定期记录低压配电及照明系统运行数据,用于必要的运行历史追溯、故障分析。

(6)备品备件采购:根据设备运行使用的损耗需求,结合备品备件仓储数量、零部件的使用寿命,计划定期补充采购。

二、运行管理组织及有关人员的职责

低压配电及照明系统是车站机电设备的一部分,其日常操作、管理由车站工作人员负

责,其设备维护由专业维护工班负责。技术人员负责制订各种作业计划,为专业维护工班提供生产、技术支持。专业维护工班执行各种计划作业、故障抢修、临时任务,并必要地反馈各种作业情况。

专业维护工班的维护作业工作分为日常巡视工作、计划性维护保养和非计划性(即故障应急处理)维护工作。每项工作都必须遵守各类设备的维护手册和操作使用手册要求。

三 运行管理的有关规程和制度

① 日常巡视工作流程

技术人员根据维护手册和操作使用手册要求,给专业维护工班制订相应的巡视制度,其中应明确巡视目的、组织、巡视方式、巡视内容、巡视周期、巡视记录要求等。专业维护工班按日常巡视工作流程定期巡视所辖各主要设备,发现问题及时处理,做好记录并报告相关部门。

② 计划性维护工作流程

技术人员根据维护手册和操作使用手册编制设备维护计划。专业维护工班根据已审批的维护计划及相关部门核发的作业令开展维护工作,作业完毕后做好记录并报告相关部门。

③ 非计划性(即故障应急处理)维护工作流程

专业维护工班根据相关部门调度的报告或通知,处理各类低压电器设备的一般故障,并负责填写"故障报告登记表"。故障处理完毕回报相关部门。

④ 环控电控室设备维护安全制度

(1)维护人员应定期维护环控电控设备。
(2)维护人员维护设备时,必须按安全操作规程和设备使用说明书的要求进行操作。
(3)维护环控电控柜进线柜断路器下桩母线设备时,应停止该段母线供电,并在其两端正确挂接保护接地线,悬挂维护警示牌。
(4)维护人员停电维护环控电控室开关柜所控设备时,应将相应开关柜抽屉抽出在锁定位置,用挂锁将操作手柄锁定,并悬挂维护警示牌。
(5)维护人员停电维护环控电控室继电器柜所控设备时,应将相应控制回路保险管拔出,并悬挂维护警示牌。
(6)维护人员维护设备后,恢复设备原始供电状态,摘除悬挂维护警示牌,并填写设备维护记录。

⑤ 环控电控室设备管理制度

(1)环控电控室禁止无关人员擅自进入。
(2)环控电控室开关柜、继电器柜只容许经过培训的车站值班人员按调度命令进行操作和专业维护人员进行维护操作。

（3）操作及维护人员均应持有上岗证，并应按设备操作手册指示及设备面板标示进行操作、维护。

（4）操作人员操作设备，应填写设备运行记录表；对故障设备，应及时报请维护人员维护。

四 应备的记录、技术资料和工具

1 应备的记录

（1）设备台账：记录设备的主要器部件规格、厂商、数量、安装分布地点等。

（2）备品备件台账：记录备品备件的消耗、补充、经办者、日期等。

（3）设备履历：记录设备的型号规格、主要配置器部件的型号规格、生产厂商、生产日期、安装地点、目前性能现状、大中修的内容记录（包括主要配置器部件更换、调整、替换、技改、作业者及作业日期等）。

（4）日常巡视记录。

（5）日常故障（事故）处理记录：记录故障（事故）的发生现象、报警信息、处理过程、时间及地址。

2 主要技术资料

（1）《低压配电及照明设备操作手册》。

（2）计划维护手册及部件更换指引手册。

（3）各种低压电器用户手册。

（4）电气原理图、电气竣工图。

3 工器具

1）常用电工工具

电磁式万用表、数字式万用表、数字式绝缘电阻表、接地电阻仪、电流钳表、剪线钳、剥线钳、压线钳、平口钳、尖嘴钳、电工刀、手电筒、电工锤、尖嘴镊子、平口镊子、电工铁剪、电烙铁、电工标号笔、仪器专用微型螺丝刀、各种螺丝批等。

2）常用钳工工具

梅花扳手组合、活动扳手、套筒扳手、内六角扳手、三角刮刀、平锉刀、半圆锉刀、什锦锉刀、砂纸、扭矩扳手、八角锤、钢丝钳、钢锯等。

3）专用工具

红外线测温仪、小型汽油发电机、碘钨灯、安全行灯、应急灯、汽油喷灯等。

第四节 低压配电及照明系统的巡视与运行

一、巡视的一般要求

1. 巡视目的

巡视就是要及时发现系统设备运行异常现象,并在安全、不影响正常运营情况下及时进行维护,以确保系统正常运营。

2. 巡视方式

巡视以"望、闻、问、切、嗅"为主要手段,必要时使用仪器进行检查。

(1)望:以眼观察各类照明灯具工作是否正常、指示灯指示是否正常、电流表和电压表指示是否正常、转换开关及空气开关位置是否正确、接触器和继电器及开关触点是否有电弧灼痕、水位及水位指示是否正常等。

(2)闻:以耳聆听接触器和继电器线圈及灯具镇流器交流声是否正常、接触器和继电器吸合声是否正常、各类电机及相关机械工作声音是否正常等。

(3)问:询问车站值班人员及其他工作人员是否存在设备故障及故障现象等。

(4)切:以手转动各开关和按动各按钮检查其功能是否正常,触摸蓄电池侧表面检查其温升是否正常,触摸各开关及电缆和电线绝缘表面检查其温升是否正常,触摸各电机外表面检查其温升是否正常等。

(5)嗅:以鼻嗅吸检查是否有电气烧焦臭味、机械摩擦产生异味等。

3. 注意事项

(1)为确保维护人员安全,每组巡视人员应不少于2人。在区间隧道巡视时,应按有关规定办理工作票。

(2)为确保运营安全,巡视中如需改变有关设备工作状态时,巡视人员应报知相关部门及相关人员。

(3) 巡视人员应按要求填写相应巡视记录。

二、巡视内容

按照系统所供配电的设备巡视要求进行。

三、系统设备的运行

系统设备运行应根据系统所供配电设备和系统所控制设备的工艺要求进行，具体由车站工作人员根据相关调度命令及现场设备实际情况进行控制或通过自控系统进行控制。系统设备的具体操作使用见设备的维护手册和操作使用手册及相关系统的操作使用手册。

思考题

1. 城市电网对轨道交通的供电方式有几种？各自的含义是什么？
2. 低压配电及照明系统运行管理的内容有哪些？
3. 低压配电及照明系统运行管理组织及有关人员的职责是什么？

第六章

消防系统设备管理

第一节 消防系统的组成及功能

一、消防基础知识

1 火灾概述

人们通常所说的"火",其实是物质燃烧的一种现象。燃烧是指可燃物与氧化剂作用发生的放热反应,通常伴有火焰、发光或发烟现象。

燃烧需要可燃物、助燃物、引火源,我们称之为燃烧的三要素。这三要素同时存在时才能发生燃烧。缺少其中的任何一个,均不能引起燃烧。

(1)可燃物:是指能与空气中的氧或其他氧化剂起燃烧化学反应的物质,如汽油、木材等。

(2)助燃物:主要指能帮助和支持燃烧的物质,如空气、氧气。此外,还有氧化剂(氯酸盐、过氧化物)等易释放氧的物质也是助燃物。

(3)引火源:指供给可燃物与助燃物发生燃烧反应的能量来源。除烟火外,电火花、摩擦、撞击产生的火花及发热,造成自然起火的氧化热等许多物理或化学现象都能成为引火源。

火灾是指在时间和空间上失去控制的燃烧所造成的灾害。

2 火灾中的燃烧产物

1)燃烧产物

由燃烧或热解作用产生的全部的物质,称为燃烧产物。通常指燃烧生成的气体、热量、可见烟等。

(1)气体

燃烧生成的气体,一般指一氧化碳、氰化氢、二氧化碳、氯化氢、二氧化硫等。

(2)热量

大多数物质的燃烧是一种放热的化学氧化过程。从这种过程放出的能量以热量的形式表现,形成热气的对流与辐射。热量对人体具有明显的物理伤害。

(3)烟

由燃烧或热解作用所产生的悬浮在大气中可见的固体和(或)液体颗粒总称为烟。其颗粒直径一般在 $0.01\sim10\mu m$。这种含碳物质中大多数物质是在火灾中不完全燃烧所生成的。

燃烧产物的数量、组成等,随着物质的化学组成以及温度、空气的供给情况等的变化而不同。

2)几种典型的燃烧产物及其毒性

统计资料表明,火灾中死亡人数大约80%是由于吸入毒性气体而致死的。火灾产生的烟气中含有大量的有毒成分,如 CO、CO_2、SO_2、NO_2 等。这些气体均对人体有不同程度的危害,如 CO_2,它是主要的燃烧产物之一,在有些火场中浓度可达15%。它最主要的生理作用是刺激人的呼吸中枢,导致呼吸急促、烟气吸入量增加,并且还会引起头痛、神志不清等症状。而 CO 是火灾中致死的主要燃烧产物之一,其毒性在于对血液中血红蛋白的高亲和性,其对血红蛋白的亲和力比氧气高出250倍,因而,它能够阻碍人体血液中氧气的输送,引起头痛、虚脱、神志不清等症状和肌肉调节障碍等。

3 火灾的分类

1)按燃烧物分类

国家标准《火灾分类》(GB/T 4968—2008)将火灾分为 A、B、C、D、E、F 六类。

(1)A 类火灾:指固体物质火灾。固体物质往往具有有机物性质,一般在燃烧时产生灼热的余烬,如木材、棉、毛、麻、纸张等。

(2)B 类火灾:指液体火灾和可熔化的固体物质火灾,如汽油、煤油、乙醇、沥青、石蜡等。

(3)C 类火灾:指气体火灾,如煤气、天然气、液化气、石油气等。

(4)D 类火灾:指金属火灾,如钾、镁、钛、镁铝合金等。

(5)E 类火灾:指带电火灾,如物体带电燃烧的火灾。

(6)F 类火灾:指烹饪器具内的烹饪物火灾,如动植物油脂等。

2)按火灾损失分类:

分为特大、重大、一般火灾三类。

(1)特大火灾:死亡10人以上(含10人),重伤20人以上,受灾户50户以上,烧毁财物损失100万元以上。

(2)重大火灾:死亡3人以上,受伤10人以上,受灾户30户以上,烧毁财物损失30万元以上。

(3)一般火灾:不具备以上条件的火灾。

4 灭火原理

根据燃烧的基本条件要求,任何可燃物质产生燃烧或持续燃烧必须具备燃烧三要素。因此,所谓灭火就是破坏燃烧条件,使燃烧反应终止的过程。

灭火的基本原理可以归纳为四个方面，即：冷却、窒息、隔离和化学抑制。

1）冷却灭火

对一般可燃物而言，之所以能够燃烧是因为其在火焰或热的作用下，达到了各自的着火温度。因此，将温度降低到着火温度以下，燃烧就会终止。用水扑灭一般固体物质火灾正是利用了这一特点。水能够大量吸收热量，使燃烧物的温度迅速降低，最后导致燃烧终止。

2）窒息灭火

各种可燃物的燃烧都需要在其最低氧浓度以上进行，低于此浓度时，燃烧不能持续。一般碳氢化合物的气体或蒸气通常在氧浓度低于15%时不能维持燃烧。用于降低氧浓度的气体有二氧化碳、氮气、水蒸气等。通过稀释氧浓度来灭火的方法，多用于密闭或半密闭空间。

3）隔离灭火

可燃物是燃烧条件中的主要因素，若把可燃物与引火源以及氧隔离开，燃烧反应就会终止。火灾中，关闭有关阀门，切断流向着火区的可燃气体和液体通道；打开有关阀门，使已经发生燃烧的容器或受到火势威胁的容器中的液体可燃物通过管道引导至安全区域，都是隔离灭火的措施。这样，残余可燃物烧烬后，或也就熄灭了。此外，用喷洒灭火剂的方法，把可燃物同氧和热隔离开来，也是通常采用的一种灭火方法。

4）化学抑制灭火

物质在有焰燃烧中的氧化反应，都是通过链式反应进行的。碳氢化合物的气体或蒸气在热和光的作用下，分子被活化，分裂出活泼自由基。自由基的浓度和反应的压力决定了燃烧的速度。因此，如果能够有效地抑制自由基的产生或者能过迅速降低火焰中自由基的浓度，燃烧就会中止。许多灭火剂都能起到这样的作用，如干粉灭火剂，能够使自由基浓度急剧下降，导致燃烧的中止。

二 消防系统的组成

涉及消防方面的系统有：火灾报警系统、自动灭火系统、卷帘门控制、防排烟系统、火灾应急广播、其他消防设备。

1 火灾报警系统

城市轨道交通中涉及消防方面的系统有火灾报警系统，简称 FAS（Fire Alarm System）。

在火灾发生初期，FAS 系统通过设置在现场的感烟、感温和感光火灾探测器等火灾触发器件自动接收火灾燃烧所产生的烟雾、温度变化和热辐射等物理量信号，并将其变换成电信号输入火灾报警控制器；也可以通过手动报警按钮以手动的方式向火灾报警控制器通报火警。火灾报警控制器对输入的报警信号进行处理、分析，经判断为火灾时，立即以声、光信号等火灾警报装置向人发出火灾警报，并记录、显示火灾发生的时间和位置，同时向防烟排烟系统、自动喷水灭火系统、室内消火栓系统、管网气体灭火系统、泡沫灭火系统、干粉灭火系统以及防火门、防火卷帘、挡烟垂壁等防烟防火设施发出控制命令,启动各种消防装置,指挥人员疏散,控制火灾蔓延、发展。

FAS 系统的探测点分布在站厅、站台、一般设备用房和管理用房等处所,对保护区域进行火灾监视,达到早发现,通报并发送火灾联动指令的作用。

FAS 系统由中央级设备、车站级设备及现场设备组成。

❷ 自动灭火系统

常见的自动灭火系统有:气体自动灭火系统、水喷淋灭火系统、水喷雾灭火系统。

1)气体自动灭火系统

气体自动灭火系统布置在重要的设备房,如变电所高低压室、通信设备室、环控电控室、信号设备室等,实现对这些房间全天候的火灾监视及自动喷气灭火的功能。

气体灭火系统一般由火灾探测报警、灭火控制和灭火气体三部分组成。其工作原理是把气体以液态形式储存在耐高压的储罐中,发生火灾时,火灾探测报警部分通过探测传感器采集现场火灾信息,经判断确定火灾后,发出告警信息、指令打开气动阀,通过管道喷头释放不同的灭火气体和水雾,淹没整个保护区,从而达到灭火目的。

灭火过程一般为:当保护区发生火灾时,根据烟感探测器和温感探测器所采集的信息,经控制器分析确认,系统发出声、光报警并向防灾报警系统发出报警信息;同时发出各种联动信号,关闭保护区内的所有其他泄漏口(包括风阀、门、挡烟垂臂等挡烟设备),打开事故照明灯、疏散指示灯、警示牌等,并对人员逃生通道的关闭给予一定的延时时间(让保护区内人员疏散);然后发出指令,打开气动阀释放气体灭火。当气体释放时和完成后,将相关信号反馈到防灾报警系统控制器,让值班人员掌握气体灭火情况,以便进行后续处理。

城市轨道交通采用的气体自动灭火系统,主要有二氧化碳灭火系统、卤代烷灭火系统及惰性气体灭火系统等。

(1)1301 卤代烷气体灭火系统

卤代烷灭火系统主要有 1211 灭火系统和 1301 灭火系统两种。城市轨道交通采用的主要是后者。1301 灭火剂的化学名称为三氟一溴甲烷,分子式为 CF_3Br,因其中碳原子(C)的数量为 1、氟原子(F)的数量为 3、氯原子(Cl)的数量为 0、溴原子(Br)的数量为 1,故简称为卤代烷 1301,也称为"哈龙气体"。

1301 卤代烷气体灭火系统由于具有灭火效率高、无水渍、无腐蚀、不污染、毒性低、绝缘性强等优点,早年被广泛使用,以往上海地铁、广州地铁、香港地铁等均无一例外地选用 1301 灭火系统。

由于卤代烷破坏臭氧层对人类的大气环境造成极大的破坏,故而在近年遭到世界各国(包括中国)一致的禁止。

(2)二氧化碳自动灭火系统

二氧化碳自动灭火系统在 20 世纪初就得到了广泛地应用,也是一种至今仍在一些特定的场合大量使用的气体灭火系统,包括高压二氧化碳灭火系统和低压二氧化碳灭火系统。它主要是依靠高浓度的二氧化碳喷放至所保护的区域,使其中的氧气浓度急速下降(稀释)至一定程度,并产生窒息作用,使燃烧无法再继续进行下去。但此种灭火机理会严重影响停留在保护区域中的人员生命安全及健康。

工业发达国家应用二氧化碳灭火系统时间较长。二氧化碳来源广泛、价格低廉。二氧化碳以物理作用灭火,其中窒息作用为主,冷却作用其次。

可扑救的火灾类型包括:

①液体或可熔化的固体(如石蜡、沥青)火灾;

②固体表面火灾及部分固体(如棉花、纸张)深位火灾;

③电气火灾;

④气体火灾(灭火时不能切断气源的除外)等。

二氧化碳灭火系统的防护区大多是重点要害部位或无人值守场所。根据保护对象空间是否封闭,二氧化碳灭火系统分为全淹没系统与局部施用系统两种类型。全淹没灭火系统使用的二氧化碳设计浓度为34%或更高,对人是致命浓度。所以在设有自动控制的防护区外,需设置喷射指示灯和自动手动转换开关及专用的呼吸器,以避免对人可能产生的危害。

(3)惰性气体灭火系统(烟烙尽)

"烟烙尽",INERGEN,是由惰性(INERT)和氮气(NITROGEN)两个英文名称缩写而成的。它是由几种特定的惰性气体经过简单的物理方式混合而成。这些特定的惰性气体包括氮气、氩气和二氧化碳,其中氮气占52%、氩气占40%、其余8%为二氧化碳。当组成烟烙尽气体的三种气体喷放到着火区域时,在短时间内会使着火区域内的氧气浓度降低至不能够支持燃烧的12.5%以下,同时使着火区域中的二氧化碳浓度仅上升至2%~5%,对燃烧产生窒息作用,使燃烧迅速终止。另一方面,医学试验证明,人体在12.5%的氧气浓度和2%~5%的二氧化碳浓度的环境下呼吸,人脑所获得的氧量与在正常的大气环境(21%的氧气浓度和0.03%的二氧化碳浓度)所获得的氧量是一致的。因此,烟烙尽气体不会对人体造成直接伤害。

烟烙尽自动气体灭火系统的优点是:灭火药剂由大气中的气体组成,符合环保要求;保障现场工作人员的生命安全;不会产生任何酸性化学分解物,对精密贵重的设备无任何腐蚀作用。因此,该系统成为目前世界上最流行的气体灭火系统。

这种灭火系统是作为1301灭火系统的替代品出现的,它具有卤代烷1301灭火剂的全部优点,同时又对环境无害。FM2000灭火系统使用的设备、管道及配置方式与1301几乎完全相同。

2)水喷淋灭火系统

水喷淋灭火系统是利用发生火灾后,所产生的热量气体(例如二氧化碳和未燃尽的一氧化碳气体)接触到附近水喷淋系统的可熔控制部件,当部件受热后就会自动断开,水喷淋系统就会喷出一定压力的水流来,完成扑灭所保护区域的火灾。

水喷淋灭火系统一般用于商场、办公楼、宾馆、轨道交通车站公共区等人员较密集的场所。

3）水喷雾灭火系统

水喷雾灭火系统是在传统的水喷淋灭火系统的基础上发展起来的一种新型消防技术。由于气体灭火系统在安装和使用成本、维护、防止火灾复燃和环保等方面存在着一定的缺陷,多年来国际上一直在积极开发水雾灭火系统,以便取代气体灭火技术。

近年来,国内外正在研究开发用于多种场所的细水雾灭火系统。所谓"细水雾"(water mist)是相对于"水喷雾"(waterspray)的概念而提出的,是使用特殊喷嘴,通过高压喷水产生水微粒。细水雾灭火主要是通过高效率的冷却与缺氧窒息的双重作用来工作的。水微粒子化以后,即使同样体积的水,也可使总表面积增大,而表面积的增大,更容易进行热吸收,冷却燃烧反应。吸收热的水微粒容易汽化,体积增大约 1 700 倍。由于水蒸气的产生,既稀释了火焰附近氧气的浓度,窒息了燃烧反应,又有效地控制了热辐射。

由于细水雾灭火具有无污染,灭火效果好,耗水量小,电绝缘性好,适用于扑灭 A、B、C 三类火灾,使用方便等特点,有望取代气体灭火系统,在很多领域推广使用。

❸ 卷帘门控制

当防火通道上的卷帘门两边的感烟探测器报警时,系统控制卷帘门下降到距地面 1.8m 处,挡烟并让人员疏散。当卷帘门两边的感温探测器报警时,则系统控制卷帘门下降到地面,以完成防火区的分隔。卷帘门两边还设有卷帘门控制升降的按钮,并设有保持延时(1～30s 可调)后卷帘门自动放下的功能。

❹ 防排烟系统

当系统确认楼宇设施发生火灾后,立即开启着火层及其上、下层的正压送风阀(口),同时自动打开顶层相应加压风机,使楼梯前室通道为正压,防止烟气侵入,保证人员疏散逃生时的环境安全。在各层走廊、地下室及无窗房间设有常闭防火排烟阀(口),火灾时,可自动或手动打开火灾区域的防火排烟阀(口),同时联动相应的排烟风机启动;当顶层排烟风机前的防火排烟口温度达到 280℃ 时,阀门关闭,联动排风机亦同时关闭。

❺ 火灾应急广播

当系统确认发生火灾后,系统可自动切断背景音乐广播,或在消防值班室控制柜上手动控制,接通着火层及其上、下层的扬声器进行紧急广播,指导楼内人员疏散。

❻ 其他消防设备

当确认发生火灾后,系统会手动或自动将着火层及其上下层的报警闪灯或声光报警器启动,提醒楼内人员及时疏散,并由消防值班室手动切断着火层及其上、下层的非消防电源。

消防设备
的使用

第二节 消防系统的运行管理

一、消防系统运行管理的任务和内容

消防系统是 24h 不间断工作的,其作用是在发生火灾的初期能及早发现,并将火灾扑灭于初始状态,使损失降到最低。因此,必须保证消防设备良好的运行及其功能的充分发挥。

1 消防系统运行管理的任务

(1)能正确熟练地使用各种消防设备进行火灾监测及控制。
(2)确保消防设备处于正常的运行状态。
(3)确保消防设备的安全,不被人为或环境破坏。

2 消防系统运行管理的内容

(1)对系统的操作进行管理。要求所有操作人员都必须经过上岗培训,并在培训合格后才能上岗。此外,消防系统应设置密码操作等级,平时处在低等级,以避免人为误操作,当发生火灾时,进入高等级操作。

(2)对系统日常运行进行管理。应制订值班人员的巡视制度及记录表格,确保消防设备正常及安全。

(3)对突发事件的应急处理进行管理。

二、运行管理组织及有关人员的职责

消防系统的运行管理组织是针对城市轨道交通的特点而制订的,分为中央级和车站级。车站级为每个站点均设置消防控制中心,对整个站点的消防设备进行操作和管理。中央级则设置消防系统中央调度对全线进行集中管理,且具有最高的指挥权。

1 中央级调度人员职责

消防系统中央级设在 OCC 控制中心,由环控调度人员兼任消防系统中央调度。其使用

的消防设备包括一主一备两台 OCC(图形命令中心)、全线车站广播、全线车站闭路电视、调度电话等。其主要职责是负责管理全线的消防设备,监视全线的火灾报警。具体做法是通过闭路电视确认火灾灾情,或者通过有线或无线调度电话,通知车站值班人员到达现场确认火灾灾情,然后根据火灾发生的实际情况选择预定的处理方案,并向车站控制室发出消防救灾指令和安全疏散命令,指挥救灾工作的开展。与此同时,应立即直拨 119 向消防局通报火灾灾情。

② 站级消防值班人员职责

在车站,站长是消防主要责任人;值班站长及站务人员兼任消防值班员。除车站之外的其他建筑物,保安人员兼任消防值班员。消防值班员主要职责是监视本站的火灾报警,确认火灾灾情,组织本站工作人员进行救灾以及乘客疏散,同时向控制中心及有关领导报告火灾灾情,并执行其下达的救灾指令。消防值班员日常工作包括对消防设备设施的监护和巡视,确保消防设备设施不被挪用、破坏,在发生火灾灾情时,使用消防设备设施进行报警、救灾以及乘客疏散。

三 运行管理的有关规程和制度

为确保消防系统正常运行,城市轨道交通应根据消防法和有关消防规定,并结合消防设备安装的地理环境、气候条件、设备性能等,制订系统运行管理的有关规程和制度。

1) 系统操作管理规程和制度

(1) 消防值班人员是消防系统设备的使用者,有责任和义务对消防系统的所有设备进行监护和管理。严禁擅自切断 FAS 控制盘、气体灭火系统控制盘、消防联动盘、OCC 电脑等消防设备的使用电源。

(2) 消防值班员是发生火警并进行处理的第一责任人。

(3) 在收到火灾报警时,值班人员在 FAS 控制盘或 OCC 电脑确认后,应立即携带对讲机、插孔电话等通信工具,迅速到达报警点确认,然后根据"FAS 系统火灾报警处理流程"或"气体灭火系统火灾报警处理流程"进行处理。

(4) 严禁未授权人员操作或越权操作 FAS 系统设备;严禁利用 FAS 系统工作站做与FAS 无关的事(如用 OCC 玩游戏、用打印机作与 FAS 无关的打印等)。

(5) 严禁任何人员在非紧急情况下,操作气体灭火系统的手拉启动器、钢瓶上的手动启动器和消防联动盘上的任何开关或按钮。

(6) FAS 电话系统是发生火警时的专用通信工具,平时不得挪作他用。

2) 消防控制室值班人员管理规程和制度

(1) 消防控制室必须昼夜 24h 设专人值班,值班人员应坚守岗位,严禁脱岗;未经专业培训的无证人员不得上岗。

(2) 值班人员要认真学习消防法律、法规,学习消防专业知识,熟练掌握消防设备的性能及操作规程,提高消防技能。

(3)值班时间严禁睡觉、喝酒,不得聊天、打私人电话、不准在控制室内会客,严禁无关人员触动、使用室内设备。
　　(4)严密监视设备运行情况,每天对消防系统巡检1~2次,遇有报警要按规定程序迅速、准确处理,做好各种记录,遇有重大情况要及时上报。
　　(5)未经公安消防机构同意不得擅自关闭火灾自动报警、自动灭火系统。
　　3)火灾突发事件应急处理流程及规定
　　处理过程如下所述。
　　(1)接到报警信号后,应立即携带对讲机、插孔电话等通信工具,迅速到达报警现场确认。
　　(2)如未发生火情,应查明报警原因,采取相应措施,并认真做好记录。
　　(3)如确有火灾发生,应立即用通信工具向消防控制室反馈信息,利用现场灭火器材进行扑救。
　　(4)消防控制室值班人员根据火灾情况启动有关消防设备,通知有关人员到场灭火,报告单位值班领导,并应拨打119向消防队报警。
　　(5)情况处理完毕后,恢复各种消防设备正常运行状态。

四 应备的记录、技术资料

　　(1)系统运行管理应具备的资料有。
　　①有关消防设备的竣工图纸。
　　②系统操作手册。
　　③故障手册。
　　(2)消防系统的运行记录包括。
　　①系统日常运行记录。
　　②系统日常巡视记录。
　　③系统报警及处理记录。

第三节　消防系统的巡视

一 巡视的一般要求

　　设备定期巡视是确保消防系统正常运行的重要手段。通过定期巡视可及时发现、及时处理系统中存在的问题,从而确保系统安全、正常运行。

二 巡视的人员组织及规定

(1)消防值班人员负责巡视消防系统设备的工作。
(2)巡视时至少保证有消防值班人员在消防控制室值班。
(3)巡视过程中,巡视人员须认真、仔细、全面,及时发现问题所在。
(4)巡视人员每天巡视 1~2 次,每次巡视都应进行详细的记录。
(5)发现设备故障须立即通报相关维护人员进行故障维护。
(6)若发现有人为破坏消防设备,须立即进行制止。

三 巡视内容

消防系统的巡视内容包括消防自动报警系统主机及工作站、消防自动报警系统外围设备、气体灭火系统报警系统、气体灭火系统管网的巡视。

1 消防自动报警系统主机及工作站的巡视

1)系统主机运行情况

系统主机电源是否正常;系统主机显示是否正常;系统主机消防电话情况;系统主机火警报警情况;系统主机监视报警情况;系统主机故障报警情况;系统主机历史记录检查等。

2)系统工作站运行情况

(1)OCC 图形命令中心工作是否正常。
(2)OCC 图形命令中心的键盘、鼠标、打印机、UPS 工作是否正常。
(3)OCC 图形命令中心的火灾报警实时软件运行是否正常。

3)消防联动盘运行情况

(1)消防联动盘电源是否正常。
(2)消防联动盘指示灯是否正常。
(3)消防联动盘手动/自动转换开关是否正常。
(4)消防联动盘的按钮是否有被非法操作。

4)系统网络运行情况

(1)通过 OCC 图形命令中心查看该工作站是否与本站的系统主机相连。
(2)通过 OCC 图形命令中心查看系统网络各节点是否连接正常。

❷ 消防自动报警系统外围设备巡视

1）点型烟感探测器、点型温感探测器巡视
（1）观察探测器外观是否良好、完整。
（2）观察探测器状态指示灯是否正常。

2）手动报警器巡视
（1）观察手动报警器外观是否良好、完整。
（2）观察手动报警器状态是否正常。

3）功能模块巡视
（1）观察模块箱或模块盒外观是否良好、完整。
（2）观察各种功能模块外观是否良好、完整。
（3）观察各种功能模块状态指示灯是否正常。

4）消防电话巡视
（1）观察电话插孔、挂箱电话的外观是否良好、完整。
（2）观察电话插孔、挂箱电话状态是否正常。

❸ 气体灭火系统报警系统巡视

1）警示标志巡视
（1）观察防护区的警示标志牌是否良好、牢固并能阅读。
（2）观察防护区的疏散指示灯是否良好、完整。

2）控制盘及附属设备巡视
（1）检查控制盘的电源是否正常。
（2）检查控制盘是否正常工作。
（3）检查手拉启动器，紧急停止开关，手动、自动转换开关是否在原位并处于正常工作状态。
（4）观察保护区范围内的警铃、警笛是否良好、完整。

3）保护区内探测器巡视
（1）观察保护区内烟感探测器、温感探测器是否正常工作。
（2）观察保护区内消防管线是否良好。

❹ 气体灭火系统管网的巡视

（1）观察保护区内的管道及喷嘴是否良好、畅通。
（2）观察气体管道是否良好，有无凹凸或损伤。
（3）检查钢瓶是否良好，钢瓶上的压力指示表的指针是否在绿色区域。
（4）检查瓶头阀、高压软管、集流管、电磁阀、选择阀等设备是否良好。
（5）检查气瓶间的各种铭牌、指示标志是否在原位，并且完整、能够阅读。

第四节 消防系统设备的维护

一、维护管理任务和原则

1. 消防系统维护管理的任务

消防系统设备作为运营安全的重要设施,具有防灾、救灾的重要作用。通过对系统进行良好、有效的定期检查和故障维护,使系统处于良好的工作状态,是对轨道交通财产和人身生命安全的有力保障。

2. 消防系统维护管理的原则

1) 安全第一,遵章守律

安全是城市轨道交通的生命线,任何一部分出现问题都可能牵一发而动全身,都有可能造成对乘客的生命和财产损害。因此,在消防系统的维护过程中,要真正贯彻"安全第一"的思想,严格遵守各项安全制度。

2) 精修细检,确保质量

精修细检对于延长设备使用年限,降低成本消耗,提高设备质量,满足运营生产需要,起到了保证作用。消防系统的设备维护主要体现在以下三方面。

(1) 实行计划维护。当设备运行使用到规定的维护周期时,按级进行大修、中修或更新改造。维护人员要严格执行维护计划,认真按照规程要求办理。在设备大修和更新改造后,须按设备验收标准验收,合格后方可投入使用。

(2) 坚持预防为主的方针,严格执行各类设备巡检和保养维护计划。维护人员须认真执行日常维护计划,细心巡检,发现问题及时处理,准确填写记录,使设备保持良好的工作状态。

(3) 出现故障,先通后复,确保系统运行完好。出现重大故障,必须马上进行抢修;一般故障,24h 内恢复,保证消防系统无故障运行。

3) 优质服务

在维护设备时要注意文明施工,减少对乘客的影响,施工完毕后要清理好现场。

二 维护管理的组织及有关人员的职责

消防系统的维护管理工作主要由消防维护工班和消防专业工程师负责。

消防维护工班设一名工班长及数名维护工,主要负责轨道交通全线火灾自动报警系统及气体灭火系统设备的维护工作。

日常的工班管理工作由工班长承担,而工班的生产管理工作则由工班长指定的各兼职管理员来协助完成。

三 维护管理的有关规程和要求

维护管理的有关规程和要求主要包括系统维护周期及工作内容、系统维护作业管理和系统维护安全管理三部分。

1 消防系统设备的维护周期及工作内容

消防系统设备的维护工作,根据维护周期的不同可分为双周检、月检、季度检、半年检、年检;根据工作内容的不同可分为日常保养(一级)、二级保养、小修(三级)、中修四级。

1) 日常保养工作内容

消防系统的日常保养工作主要有设备的外观检查、设备的清洁、设备的运行状态检查等,目的是保持系统的工作环境和及时发现系统的异常情况。

2) 二级保养工作内容

消防系统的二级保养工作除了包括日常保养的内容之外,还应有设备的功能测试、设备的线路检查等,目的是测试系统的正常功能是否符合要求。

3) 小修

消防系统的小修工作除了包括二级保养的内容外,还应有设备的机械特性与电气特性测试、设备的零部件的保养或更换等,目的是确保系统的可靠性。

4) 中修

消防系统的中修工作除了包括全部小修内容之外,还应对现场的设备进行全面分解、整修、补强、调整或更换及对现场的设备进行全面测试,目的是保证设备的机械特性与电气特性达到原设计的技术标准与要求。

2 消防设备的维护作业管理

消防设备的维护作业,由于涉及乘客和列车运营,因此需要进行规范管理。其中,施工进场作业令制度和请、销点制度是维护作业两种主要管理手段。

3 维护安全管理

消防系统设备的维护安全管理除要遵循城市轨道交通通用安全制度外,由于涉及高空作业,还需遵循高空作业安全的有关规定。

四 消防系统事故(故障)分类与处理

消防系统是城市轨道交通重要的安全设施,它对轨道交通火灾的监控起到至关重要的作用。对系统出现的故障进行及时处理和排除方能有效地保证系统的实时性及可靠性。

1 故障分类

1)严重故障
凡属以下故障之一,均为消防系统严重故障:
(1)FAS 系统的站级功能全部丧失。
(2)FAS 系统有一个以上的探测回路丧失工作能力,导致车站有大片区域失去火灾监视功能。
(3)FAS 系统车站级计算机和控制盘显示 LCD 同时失效。
(4)气体灭火系统完全失去监视功能。
(5)气体灭火系统经常误报火警。

2)一般故障
凡属以下情况均属消防系统一般故障:
(1)FAS 系统丧失中央级监控功能,但车站级功能完好。
(2)FAS 系统线路故障,但不影响回路的监测功能,如接地等。
(3)个别烟感探测器脏污,或个别模块损坏。
(4)消防电话故障。
(5)主机部分板卡故障,但不影响整体的监视和控制功能。
(6)气体灭火系统部分辅助设备故障,如警铃等。

2 故障处理时限

当消防系统发生严重故障时,必须组织维护人员立即到现场进行抢修,并本着先通后复的原则,尽快恢复系统的基本功能。若当班维护人员在本班内完成不了故障处理,则应报生产调度,并做好现场防护措施,以便尽快安排接续的维护。对离线设备,在离线前应做好代换措施,代换后经复查、检验正常后,方可离开现场。离线设备的维护应有计划的维护期限。

3 故障处理要求

故障处理要按故障处理程序进行。了解故障情况要做到三清楚,即时间清楚,原因清楚,地点清楚。处理要遵循三不放过的原则,即事故原因分析不清不放过,没有防范措施不放过,事故责任者和相关人员没有受到教育不放过。

4 事故(故障)抢修组织

对于事故(故障)抢修组织主要涉及抢修流程组织,抢修人员组织,材料、工器具组织三方面。

1）抢修流程组织

（1）中央级在 OCC 设置维护调度，负责全线所有系统的故障抢修调度。

（2）当消防系统发生故障后，维护调度用电话通知维护部门生产调度并做好故障记录。若为重大故障，由维护调度统一指挥、组织抢修。

（3）生产调度接到故障报告后，通知消防工班长，并做好故障记录。

（4）若为一般故障，消防工班长根据实际情况，派遣维护人员进行故障维护。若维护人员不能解决，工班长或技术人员必须到场协助解决。

（5）若为重大故障，生产调度通知就近消防系统维护人员第一时间赶赴事故现场。同时通知工班长、专业工程师参与抢修。

原则上消防系统专业工程师或工班长为现场抢修负责人，抢修人员人必须服从现场总指挥的命令，不得各自为政。

（6）抢险作业完成后，由现场抢修负责人报告抢修情况，同时向维护调度及生产调度报告抢修结束。

2）抢修人员组织

（1）消防系统在维护组织上以日班为主，在条件允许的情况下，上班人员尽可能覆盖运营时段。

（2）节假日期间应尽可能安排维护人员在运营时段内值班。

（3）非节假日及晚上采取维护人员在家待命的方式响应故障抢修。

（4）在工班设置上，尽可能将工班设置在轨道交通线路中间站，同时在维护组织上以分段维护为宜，每段设分段责任人，确保故障处理人员能在尽可能短的时间内到达现场。

3）材料、工器具组织

（1）工班内应保存一定数量的备品备件、材料、仪器仪表等，并建立相应的管理制度。

（2）事故抢修工具、备品应分门别类集中存放，最好集中存放在几个抢险箱中，并有明显标志，便于发生事故抢修时迅速、准确地提取。

（3）抢修工具、备品应状况良好，完好无损。

（4）抢修工具、备品应由专人保管负责，并定期进行清查、保养，发现问题及时整改，短缺的物品及时补齐。所有物品必须建立账卡、清单。

（5）抢修设备应包括有主要控制设备的备品备件、个人电气检修套装工具、对讲机、常用电工仪器仪表（如万用表、电流钳表等）、必要的材料、物资等。

思考题

1. 火灾按燃烧物分类，分为哪六类？各自的含义是什么？

2. 烟烙尽自动气体灭火系统的优点是什么？

3. 消防系统设备维护主要体现在哪三方面？具体内容是什么？

第七章

火灾报警监控系统

第一节 火灾报警监控系统概述

一 轨道交通防灾报警系统由来

轨道交通是一个由站点建筑连接区间隧道形成的大型运输通道,作为日常公共的大容量交通工具,每天都要运送成千上万名旅客,在城市公共交通中占有重要的位置。

但自从有了轨道交通,安全运营、确保旅客和工作人员的生命安全,就处于整个运营服务的首要位置。

近年来,世界一些国家、地区相继发生轨道交通火灾、爆炸事故,几乎每年都有数起危害严重的轨道交通安全的火灾事故发生,造成了巨大的人员伤亡和经济损失。

1995年10月28日,阿塞拜疆巴库乌尔杜斯地铁火灾事故,造成558人死亡。

2003年2月18日,韩国大邱地铁火灾事故造成198人死亡,近200人受伤。

2005年7月8日,英国伦敦地铁爆炸案造成了45人死亡,千余人受伤。

上述轨道交通火灾、爆炸事故的案例再次警示我们:轨道交通消防安全不容忽视,加强轨道交通消防安全管理、完善其消防系统设施刻不容缓。目前,我国轨道交通建设规模越来越大,线路越来越多,系统综合应用越来越复杂,有的车站各条轨道交通交叉重叠,一旦发生火灾,极易酿成事故,这将对人民的生命财产带来极大的威胁,造成重大经济损失并产生严重的社会政治影响。

轨道交通的防灾报警在轨道交通自动化系统中占有特殊的地位,一方面它是轨道交通运营防灾救灾工作的关键环节,另一方面系统的建立必须满足国家和地方的消防规范,对轨道交通的防灾报警系统与其他系统的集成,必须满足有关规范的制约。

轨道交通的防灾报警系统是基于火灾报警系统(fire alarm system,FAS)而建立的以火灾报警为主,并辅以水灾、地震等其他灾害的报警。因此,在轨道交通中的防灾报警系统仍沿用了火灾报警系统的英文简称FAS。

防灾报警系统产业在我国系统性的形成是在20世纪80年代中期,由于经济发展,新的建筑物日见增多,并且社会各方面对预防和消除火情十分重视,这样就产生了功能需求和市场需求。

国际上发达的国家，一般将防灾报警系统与楼宇自控系统(BAS)集成，共同完成对楼宇进行监视和控制，而在我国，由于宏观政策与行业管理的各种原因，在轨道交通中，防灾报警系统根据轨道交通的特点，其基本需求如下：

(1) 为了保证轨道交通的运行安全以及正常运营，每个轨道交通线路都应配备具备火灾、水灾、地震等自动监测及自动报警功能的防灾报警系统，并同时具有火灾状况时必要的防火、灭火手段和措施。

(2) 系统保护的具体对象是全线所有的建筑物，包括控制中心大楼、车站、主变电所、区间变电所、车辆段(停车场)内的建筑物及区间隧道等。

(3) 基于轨道交通设施和管理机构的设置特点，轨道交通的防灾报警系统必须是一个高度可靠的系统，且组网灵活，接线简单，维修快捷和扩展容易。

(4) 在轨道交通线(特别是地下线)，系统更关注火灾初期的浓烈烟雾，最大限度地降低因烟雾窒息导致人员死亡的危害。

(5) 防灾报警系统采用两级管理，一级设在控制中心的中央控制室，一级设在车站、车辆段、通信信号楼等的建筑物内。

(6) 针对不同的火灾区域，按照规范要求设置自动灭火系统，采取水喷淋或气体喷放两种自动灭火措施。自动灭火系统的探测装置可纳入防灾报警系统，由防灾报警系统根据探测器采集的现场信息，在火灾发生时，由其控制灭火装置完成灭火过程。也可以将探测装置与灭火装置组成完整的系统，完全由本系统完成探测和灭火的全过程控制，并通过通信通道与防灾报警系统交换信息，由防灾报警系统对其进行监视。

(7) 在车站和隧道里需要设有专门的机械排烟装置，一旦发生火灾，隧道内的事故风机系统和车站的排烟系统启动，在最短时间内排出有毒烟雾和送入新风，保障人员安全。

(8) 为保证出现灾害时各系统的联动控制，防灾报警系统需通过各种接口完成对不同系统或设备的联动控制，例如屏蔽门(安全门)、电梯、自动扶梯、门禁等。

(9) "预防为主"是轨道交通安全正常运营的原则，所有设施必须有必要的技术防范措施，并在运营管理模式中制订相应的应急预案。

火灾报警系统的核心思想是对建筑物中发生的任何火情进行及时的感知，并根据级别给出火警信号或联动处理。即火灾发生第一时间，通过火灾探测器，探测火灾的发生并发出警报，以便疏散人员、呼叫消防队、操作防火门、防火卷帘、防烟、排烟风机、启动灭火系统等，采取相应的救灾措施。

根据现场需求，火情传感器主要是感烟传感器和感温传感器，从物理作用上区分，可分为离子型、光电型；从信号方式区分，可分为开关型、模拟型及智能型。所有这些传感器对现场的火情加以监测，及时将现场数据经过控制网络向控制器传送并汇总。获得火情后，火灾控制器将对系统采取必要的措施。

按照消防规范，在建筑物的地下车库设感温探测器、手动报警器及火警紧急广播；在裙房商场、银行、娱乐场所等处设感烟探测器、手动报警器，并设置扬声器用于平时背景音乐，火灾时紧急广播。在高层住宅部分的电梯前室、公共走廊等公众场所布置感烟探测器、手动报警器、紧急广播装置，在各层楼梯间门上设报警闪灯(或声光报警)，在高级住宅的卧室、书房及客厅等处设感烟探测器。在所有公共场所的消火栓箱内均设有消火栓紧急启泵按钮。

二 火灾自动报警系统设备

火灾自动报警系统一般由火灾触发器件、火灾报警控制装置、火灾警报装置以及火灾联动控制装置组成。

1 火灾触发器件

消防规范规定,火灾自动报警系统应设置自动和手动两种触发装置。因此触发器件常划分为自动报警和手动报警两大类。

1) 自动报警装置

自动报警装置通常是指火灾探测器。火灾探测器是组成火灾自动报警系统的重要组件,它是火灾自动报警系统的感觉器官,其作用是监视环境中有没有火灾发生。一旦有火情发生,它自动将火灾燃烧所产生的特征物理量如烟雾浓度、温度、气体、核辐射光强等转换成电信号,并向火灾报警控制器发送及报警。根据被监测环境的火灾特性不同,可选择不同种类的火灾探测器。

火灾探测器的主要技术性能要求有可靠性、工作电压和温差、响应阈值和灵敏度、监视电流、允许的最大报警电流、报警电流、保护范围、工作环境条件等。点型火灾探测器的探测区域内的每个房间至少应设一只探测器。探测器的保护面积和保护半径应按《火灾自动报警系统设计规范》(GB 50116—98)的规定执行。

(1) 按火灾探测器的结构造型分类,可以分成线型和点型两大类。

线型火灾探测器:这是一种响应某一连续线路周围的火灾参数的火灾探测器,其连续线路可以是"硬"的,也可以是"软"的。如空气管线型差温火灾探测器,是由一条细长的铜管或不锈钢管构成"硬"的连续线路。又如红外光束线型感烟火灾探测器,是由发射器和接收器二者中间的红外光束构成"软"的连续线路。

点型火灾探测器:这是一种响应某一点周围的火灾参数的火灾探测器。大多数火灾探测器,都属于点型火灾探测器。

(2) 根据火灾探测器探测火灾参数的不同,可以划分为感温、感烟、感光、气体和复合式等几大类。

①感温火灾探测器:这是一种响应异常温度、温升速率和温差的火灾探测器,主要通过感应辐射热来探知火灾的发生。又可分为定温火灾探测器(温度达到或超过预定值时响应的火灾探测器)、差温火灾探测器(升温速率超过预定值时响应的感温火灾探测器)、差定温火灾探测器(兼有差温、定温两种功能的感温火灾探测器)。感温火灾探测器,由于采用不同的敏感元件,如热敏电阻、热电偶、双金属片、易熔金属、膜盒和半导体等,又可派生出各种感温火灾探测器。

此类探测器包括很多形式,但其应用原理只有两个,要么是利用热膨胀,要么是利用熔点低的金属受热熔化。这类探测器工作可靠,不易发生误报。它所探测的是火灾的火焰阶段并且当辐射热达一定能量时探测器才动作。它的缺点是探测火灾比较晚,也可以说其灵敏度不高。比较而言,差温式(或称温度速升式)的灵敏度要高一点。

②感烟火灾探测器:这是一种响应燃烧或热解产生的固体或液体微粒的火灾探测器。由于它能探测物质燃烧初期所产生的气溶胶或烟雾粒子浓度,因此,有的国家称感烟火灾探测器为"早期发现"探测器。

气溶胶或烟雾粒子可以改变光强,减小电离室的离子电流以及改变空气电容器的解电常数半导体的某些性质。由此,感烟火灾探测器又可分为离子型、光电型、电容式和半导体型等几种。其中,光电感烟火灾探测器按其动作原理的不同,还可以分为减光型(应用烟雾粒子对光路遮挡原理)和散光型(应用烟雾粒子对光散射原理)两种。

比如常用的离子室式探测器其原理是当有悬浮微粒或烟雾进入离子室时,离子流通阻力加大,因此电流表的电流就大大降低,电流的变化预示着火灾的发生。其他形式的感烟探测器其核心部件通常是由光敏电阻或光敏电池组成的平衡电桥。当有悬浮微粒和烟雾存在时,要么一个光电阻被遮挡,要么一个光电池由于烟粒子的折射发散而得到光照,因此电桥失去平衡,电路中就有电流产生,电流的产生预示着火灾的发生。

感烟探测器探测的是火灾的初期阶段和发烟阶段,它的优点是比较早地探知火灾的发生,灵敏度高。其缺点是容易发生误报,而且对环境条件要求较高,一般其探头必须设在室内。它适宜探测纤维素火灾及其他产生大量烟雾的火灾。离子室式探测器可探测火灾的初期阶段,预报最早,所以在居住区目前使用离子室式的最多。

③感光火灾探测器:感光火灾探测器又称为火焰探测器。这是一种响应火焰辐射出的红外、紫外、可见光的火灾探测器,主要有红外火焰型和紫外火焰型两种。

感光类探测器是利用光电原理制成的。也就是说,设法把光信号变为电信号,电信号经处理后就能推动报警。现阶段在平台上常用的是紫外线、红外线探测器,它们所感应的是频率较低的火光中的紫外线和红外线,而不感应阳光中的紫外线和红外线,常安装延时器以防止电闪引起的假警报。它的特点是比较可靠,不受风雨等环境的影响,适宜室外安装和探测气体火灾。但对浓烟滚滚的火灾不易探测。

感光类和感热类探测器虽然感应的都是火陷阶段,但感光类探测器比感热的要灵敏,也就是说探测得比较快、比较早。

④气体火灾探测器:这是一种响应燃烧或热解产生的气体的火灾探测器。在易燃易爆场合中主要探测气体(粉尘)的浓度,一般调整在爆炸下限浓度的1/6～1/5时动作报警。用作气体火灾探测器探测气体(粉尘)浓度的传感元件主要有铂丝、钴钯(黑白元件)和金属氧化物半导体(如金属氧化物、钙钛晶体和尖晶石)等几种。

⑤复合式火灾探测器:这是一种响应两种以上火灾参数的火灾探测器,主要有感温感烟火灾探测器、感光感烟火灾探测器、感光感温火灾探测器等。图7-1为防爆光电感烟火灾探测器外形。

从上述探测器的特点中可知,能够提早预报的探测器往往可靠性差,而可靠性好的探测器常常不能及时预报。复合式探测器试图解决这一问题。

目前见到有介绍的是一种感烟感热联合探测器,这种探测器主要由发光体和接收器两部分组织。当有烟气存在二者之间时,减少了接受器的接受强度;当有热流干扰存在时,使光折射导致接受器光强度减少,而预示着火灾的发生,这种探测器既能探测发烟阶段,又能探测火焰阶段。

2)手动报警装置

手动报警装置有手拉报警器和破玻报警器,它们分布在站厅站台公共区、设备区的过道、设备用房等位置,提供人工报警的手段。

手动报警装置是火灾自动报警系统的重要组

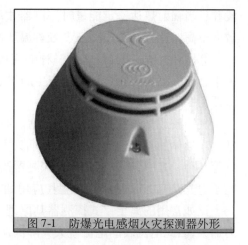

图7-1 防爆光电感烟火灾探测器外形

件。如果被监视现场人为发现火情,可以通过手动报警装置快捷准确地向火灾报警控制器通报火警。

破玻报警器是设置在公共活动场所的手动报警装置,当发生火灾时,可通过报警装置上的破玻工具将保护层(有机玻璃)击碎,按压报警按钮。报警控制器就可以根据报警信号,判断出报警的位置,进而发出报警。

每个防火分区至少设置一个手动火灾报警按钮。从一个防火分区内的任何位置到最邻近的一个手动火灾报警钮的距离不大于30m。手动火灾报警按钮设置在公共活动场所的出入口处,而且设置在明显和便于操作的部位。当安装在墙上时,其底边距地高度为1.3~1.5m,且有明显的标志。

② 火灾报警控制装置

火灾报警控制器是火灾自动报警系统的心脏,是系统运行的指挥中心,主要担负着整个系统监视、报警、控制、显示、信息记录和档案存储等功能。正常运行时,自动监视系统的运行状态和故障诊断报警;有火灾时,接收探测器、手动报警按钮的报警信号,并将其转换成声光报警信号,指示报警部位,记录报警信息,通过自动灭火控制装置启动自动灭火设备和消防联动控制设备。同时火灾报警控制器还是系统供电转换中心,负责现场设备(探测器、手报、模块)供电。

③ 火灾警报装置

火灾警报装置是火灾发生时以声、光、语音等形式给人以警示的一种消防设备,常用的有警铃、警笛、声报警器、光报警器、声光报警器、语音报警器等。随着数字通信技术的发展,声光报警器、语音报警器的录音质量和保存时间都有极大的改善,音响效果更为人性化,更容易被人接受。

④ 消防控制设备

消防控制设备是用以对气体灭火设备、水消防设备、防排烟设备、防火卷帘门等消防设施进行联动控制的设备,实现由火灾报警系统(FAS)直接或间接监控管理消防设备和相关非消防设备的控制和切换。主要设备有:功能模块、消防联动控制柜、在火灾警报系统中手动启动重要消防设备的设施(手动联动控制柜)。

第二节 城市轨道交通 FAS 的组成

城市轨道交通火灾报警系统主要由设置在各车站、区间隧道、控制中心大楼、车辆段、停车场、主变电站等与轨道交通运营有关建筑与设施的火灾报警系统设备以及相关的网络设备和通信接口组成。系统分为三个级别:

(1)设置在 OCC 的中央监控管理级。

(2)车站(车站与车辆段)监控管理级。

(3)现场控制级。

一、中央监控管理级

中央监控管理级设置在控制中心,作为轨道交通消防的指挥和控制中心,用于监视轨道交通全线各车站、区间隧道、控制中心大楼、车辆段、停车场、主变电站等下属所有区域的火灾报警、消防联动和故障情况。中央监控管理级在 OCC 配备防灾报警主机,FAS 主机由两套消防通信机(火灾报警控制器)和 OCC 两台互为热备用的 FAS 监控总站,即操作员工作站组成。FAS 主机一般通过专用网卡与整个系统 FAS 专网相连,并作为网络的一个结点与各防灾报警分机保持通信。中央监控管理级操作站需要设置打印机等外围设备。一般在 OCC 设 FAS 大屏幕或模拟显示屏上,以图形的方式直观地显示全线各区域的火灾报警及故障信息,支持全线的防灾、救灾指挥。

二、车站监控管理级和现场控制级

车站监控管理级和现场控制级由车站 FAS 分机(火灾报警控制器)、车站 FAS 操作员工作站、打印机、消防联动控制柜和现场的火灾探测器、控制及监视模块等组成。

车站控制室设 FAS 分机(火灾报警控制器),通过总线与现场设备相连组成所辖站点的火灾报警系统,负责车站的火灾报警处理及联动控制,并通过 FAS 网络与其他车站的火灾报警控制器及控制中心操作工作站进行通信,报告火灾报警、系统故障、联动控制及各消防设备的运行状态等信息。

在车站控制室设置消防联动控制柜,用于消防泵(引入管电动蝶阀)、TVF风机、UPE/OTE风机、组合式空调箱、变风量空调器、回排风机(兼排烟风机)、小系统回排风机、送风机等火灾工况下运行的设备的直接手动控制。消防联动控制柜采用硬连线的方式直接连接所控制的消防设备的控制回路。

三、FAS专网

中央监控管理级的操作工作站与车站监控管理级的火灾报警控制器之间通过FAS专用网络接口组成FAS系统独立的环网。由于火灾报警控制器与中央操作工作站直接通信,不受其他系统网络负荷和设备故障的影响,此网络通信方式响应速度较快,安全可靠。

第三节 城市轨道交通FAS系统功能

城市轨道交通防灾报警系统的功能也分为中央级功能和车站级功能。

一、FAS中央级功能

FAS中央级监控功能主要是监视轨道交通全线各车站、区间隧道、控制中心大楼、车辆段、停车场、主变电站等下属所有区域的火灾报警、消防联动和故障情况,在火灾发生时承担全线防灾指挥中心功能。下面分别进行介绍。

(1)通过火灾报警网络接收并存储全线消防设备运行状态信息,远程监视就地级消防设备的运行状态。主机通过显示画面和数据表格提供现场的监视信息,具有丰富的HMI画面,展现FAS的中央功能。

(2)接收全线车站、车辆段、主变电站、指挥中心的火灾报警信息并显示报警部位。

(3)控制中心声光报警系统发出声、光火灾警报信号。

(4)打印机实时打印出火灾报警系统发生的时间、地点、火灾类型等。

(5)通过控制中心的网络向EMCS发出火灾紧急信息,并指令EMCS进入火灾报警处理模式。

(6)通过闭路电视系统切换装置和显示终端确认火灾情况。当确认火灾发生后,在一定时间内如果现场火灾报警控制器还未做出反应,可在控制中心发出指令给站点火灾报警器,指挥现场的火灾抢救工作。

(7) 存储记录的功能:存储事件记录和操作人员的各项操作记录,包括火警监视、故障状态、设备维修、清洗等信息记录。

(8) 系统编辑功能。在线编辑功能:具有相当权限的维护人员通过工作站能添加系统设备或直接在现场编辑,自定义设备。通过系统提供的程序监控软件,在防灾报警主机上进行在线编辑并输出至打印机或磁盘等。离线编辑功能:现场设备的定义和参数修改可在办公室的 PC 上完成,经编译转换后,到现场通过电话线(下载)将程序发送到火灾报警控制机上。

(9) 历史档案管理:将报警、事件等信息记录归档处理。操作人员可根据要求随时进行信息的查看和打印输出。

(10) 网络自诊断功能:FAS 主机具有网络自诊断功能,可及时判断网络故障的位置及原因,并按事件方式进行报警。

(11) 主时钟:火灾报警系统每一瞬间间隔接收一次防灾指挥中心的主时钟信息,接收时间间隔随主时钟系统而定,并与该主时钟同步,其误差小于 10ms。系统实时对各站点分控级的火灾报警控制器进行校对,以保证整个系统的时钟同步。当发生主时钟通信中断时,该主机内时钟发生器将继续保证火灾报警的正常计时工作。

(12) 主机具有安全管理机制,设置多级口令,一般包括以下部分:
① 操作员级,可进行系统的正常操作功能。
② 工程师级,可进行系统现场参数的定义。
③ 管理员级,可对系统进行运行状态检测和功能试验。
④ 维护保养级,程序检测和系统参数定义。
⑤ 编程员级,对系统进行程序开发、调试和修改。此级需得到授权才可实施。

除以上功能外,FAS 中央总站必须与其他子系统协调配合。
① 与有线、无线电话系统的协调
a. 防灾指挥中心设置了与市消防、防汛、地震预报中心等部门联系的专用外部电话。通过专用外部电话,接收市地震预报中心的预报信息,报告消防、防汛、地震情况。
b. 防灾指挥中心设置与车站设备监控系统共用的调度电话总机,各车站(车辆段、停车场、主变电所)等设置调度分机。
c. 防灾指挥中心、各车站设置与列车司机联系的无线电话。
② 与广播系统配合
FAS 系统不单独设置消防广播,与公共广播系统合用。有火灾时,在防灾指挥中心将广播系统强制转入消防广播状态。
③ 闭路电视监视系统
FAS 系统与行车管理等共用一套闭路电视监视系统,在防灾指挥中心设置切换装置和显示终端,当轨道交通发生灾害时,切换为防灾监视。

二、FAS 车站级功能

FAS 的车站级功能主要有监视、报警、控制以及与其他系统的联动等。

❶ 监视模式

在正常情况下,设在各车站的防灾报警分机通过探测器和信号输入模块,对火灾状态和消防设备的运行状态进行实时监测。同时,FAS 系统对其系统内部的部件状态也进行实时监测。通过火灾报警网络连接的各控制器和信道网络也在进行自动监测。所有的监测信息都将传送到控制中心的消防监控工作站,并通过控制中心的综合监控网络形成实时信息,供整个综合监控系统共享。

消防监控工作站上的显示器以平面图的形式显示整个系统各站点内各防火分区、防烟分区的火灾探测器和消防设备的运行状态和火灾信息。设在各站点的火灾报警控制器接受探测器和监视模块的实时报警信号。

❷ 报警模式

车站:FAS 报警有自动确认模式和人工确认模式两种方式。

(1)自动确认模式:这一模式是通过智能探测器(感烟、感温等)或智能模块连接的探测器(感温电缆、红外对射式感烟探测器等)及感温光纤探测系统实现的。在自动确认模式下,通过软件功能对火灾自动确认强化了报警功能,提高了火灾报警的准确性。

(2)人工确认模式:当探测器发出火灾报警信号时,消防值班人员借助其他手段,如闭路电视、现场手动报警按钮、对讲电话等的报警信号进行火灾确认,通过控制器上的人工确认按钮,实施人工报警确认,启动控制器进入火灾处理程序。

❸ 消防联动模式

系统在火灾确认后,除发出火灾声光报警、火灾信息显示、火灾打印记录等,还将进入消防联动模式。

(1)通过监控模块实现对消防栓、自动喷洒灭火、气体灭火、防火卷帘门、声光报警器和警铃等消防设施的直接联动控制。

(2)通过车站级局域网由相关系统实现对防排烟设施、空调系统、电梯扶梯、非消防电源、门禁、自动售检票、疏散诱导标志灯等消防设施和相关非消防设施间接控制。

(3)接收监视、报警模式的监控信号,并通过轨道交通骨干网依次传送到防灾指挥中心。

❹ 防灾通信模式

当灾害发生时,由 FAS 发出指令,全线转换为灾害模式。

（1）车站级通过自动或手动的方式将广播、闭路监视系统强制转入防灾状态。车站级防灾控制室通过麦克风或预定语音对所管辖车站进行防灾广播，通过显示终端可以非常直观地了解灾害区域状况，各级防灾广播、防灾监视都具有最高级优先权。

（2）消防电话系统：各分控制级防灾控制室分别设置一套独立的消防电话网络，电话主机设在各防灾控制室内，重要设备间的电话挂机、火灾报警按钮旁的电话插孔均纳入分控制级的消防电话网络中。可用于实现对火灾的现场人工确认以及必要的通信。

⑤ 防灾报警分机集成化功能

一般车站防灾报警分机选用联动型控制器，它可以根据用户的需要将监视、报警、联动控制以及紧急对讲通信集成为一体。同时在软、硬件方面都支持与相关系统的集成；而且防灾报警分机上设有手动确认开关，当有火灾发生时，操作员远程手动控制防灾报警分机执行所有的联动程序（包括气体喷放远程启动开关）。

⑥ 防灾报警分机之间网络通信功能

各站点火灾报警分机通过专用接口与系统骨干网相连，形成独立的全线火灾报警网络系统。各站点的分机均为该网络上的结点，各分机具有与控制中心信息交换的功能。同时，各分机之间也具有信息交换的功能，特别是相邻站之间可相互进行火灾报警的信息传送，使得当某一车站发生火灾报警时，相邻车站也可同时接收到此火灾报警信息，并根据此信息及时进行行车组织和必要的救灾措施。

防灾报警分机通过总线将现场设备联系起来，组成所辖站点的火灾报警子系统。各站点（OCC 大楼、车站、变电站、车辆段）内的火灾报警子系统负责所管辖内火灾报警信息的实时监测和消防设备的实时监控。

第四节　FAS 的接口

一、与气体灭火系统的接口

如果轨道交通工程的气体灭火控制系统采用探、控、灭为一体的方案，则 FAS 与灭火的接口非常简单便捷，只需通过系统内部网卡接口即可。这种同一系统的内部连接，最大限度地保证了轨道交通工程消防系统的完整性、安全性,并可节约投资,同时,也利于系统将来的维护管理。

如果灭火系统与 FAS 是不同的两个系统,则需要系统间就接口问题进行协商,此时宜以 FAS 系统供货商为主。

二、与主时钟的接口

与主时钟的接口采用 RS-422 异步接口。接口界面以通信专业的主时钟机架为界。

三、与 EMCS 系统的接口

FAS 系统和 EMCS 系统在主控级和分控级均设有数据传输接口,接口界面在防灾报警主机和防灾报警分机上。

防灾报警系统发出的指令应具有最高优先权,当发生火灾时,通过车站的数据接口,发出救灾指令给 EMCS 系统,EMCS 按指令将其所监控的设备运行状态转换为预定的火灾运行模式。

主控级采用网络联网方式提供数据接口。

FAS 系统主控制计算机作为整个轨道交通调度管理网络的一个节点,通过骨干网连接车站监控网实现与 EMCS 的控制主机交换的数据接口。

当 FAS 系统发出火灾报警信号时,FAS 主机直接向网络发出火灾指令,并使 BAS 强制进入火灾运行模式,同时通过网络向整个调度管理系统发布紧急火灾通知,使各专业协调配合救援工作。

分控制级采用直接 RS-232 串口提供数据接口。在各车站内,FAS 通过控制器本身提供的 RS-232 串行接口与 EMCS 系统的站内通信接口(PLC)提供的串行接口直接对接,实现数据的传输。通信协议由 FAS 系统提供。

思考题

1. 轨道交通 FAS 系统由哪三个级别组成?
2. 轨道交通 FAS 中央级监控主要功能是什么?
3. 火灾探测器的主要技术性能要求有哪些?

第八章

城市轨道交通通信设备管理

为了保证城市轨道交通系统能可靠、安全、高效运营,并有效地传输运营、维护、管理相关的语音、数据、图像等各种信息,就必须建立可靠的、易扩充的、独立的通信网。轨道交通通信系统是直接为轨道交通运营、管理服务的,是保证列车及乘客安全、快速、高效运行的一种不可缺少的智能自动化综合业务数字通信网。

轨道交通通信系统一般由公务、专用电话、闭路电视、广播、无线及乘客信息等子系统组成,构成传送话音、数据和图像等各种信息的综合业务通信网。在正常情况下,通信系统为运营管理、行车调度、设备监控、防灾报警等系统进行语音、数据、图像等信息的传送,在非正常和紧急情况下,通信系统作为抢险救灾的通信手段。

第一节 轨道交通电话系统

一、轨道交通公务电话子系统

1 公务电话子系统的功能

轨道交通公务电话用于各部门间进行公务通话及业务联系,主要功能为:语音业务和非语音业务。

1)语音业务
(1)完成电话网内本局、出局及入局呼叫。
(2)能与市话局各类交换机配合完成对市话的呼叫。
(3)完成国内和国际长途全自动的来话去话业务。
(4)完成各种特殊呼叫。
(5)完成与公用网中移动用户的来去话接续。
(6)完成对无线寻呼的呼叫。

2)非语音业务
(1)向用户提供话路传真和话务数据业务。
(2)提供64kb/s的数据和传真业务。
(3)提供用户线2B+D/30B+D的交换接续。

② 公务电话子系统结构

公务电话子系统由程控交换机组成单局式或双局式轨道交通专用电话网,交换局设在控制中心和车辆段,与市话局之间采用自动呼出、自动呼入。轨道交通沿线各站(段)配置的自动电话、数字终端和 2B+D 用户终端经接入网传输汇集于局端 OLT。

③ 公务电话子系统设备组成

公务电话子系统由程控电话交换机、自动电话、传输系统提供的数字中继线路及其附属设备组成。

二 轨道交通专用电话子系统

专用电话系统是为控制中心调度员、车站和车辆段的值班员组织指挥行车、运营管理以及确保行车安全而设置的专用电话系统设备。

① 专用电话子系统的功能

调度电话包括行车、电力、防灾环控、维修和公安等调度电话;各调度台能快速地单独、分组或全部呼出分机,分机摘机即呼调度台。调度员可通过操作调度台,一键完成对沿线各站的单呼、组呼、全呼、强插、强拆、召集会议等功能。车站值班员呼叫调度员采用热线方式,摘机即通。

② 专用电话子系统结构

调度总机设在控制中心,调度分机设在各个车站,调度总机与分机之间通过专用信道以全辐射方式连接。

各调度系统的分机通过程控交换机连接。这要利用程控交换机的闭合用户群功能,在网内可组织若干个闭合用户群。用这种方式,以程控交换网为依托构成的调度电话系统是一种虚拟的独立系统。此外,为保证调度员和分机之间的呼叫无阻塞,可在中心交换机和各车站交换机之间设置直接中继通道。站间行车电话也应能摘机即呼,这可利用交换机在相邻两站的行车电话机之间建立双向热线来实现。而轨旁电话沿隧道设置,轨道沿线电话并联后接入邻站交换机。轨旁电话可直接呼叫上行值班员、下行值班员和行车调度员。

③ 专用电话子系统设备组成

专用电话子系统包括调度电话,站间行车电话,车站、车辆段直通电话以及区间轨旁电话。

调度电话系统由中心调度专用主控设备,车站、车辆段专用主控设备,调度电话终端,调度电话分机、录音装置以及维护终端等组成。调度电话终端设置在控制中心各调度台上。

第二节 轨道交通广播子系统

一、广播子系统的功能

轨道交通系统中广播的主要作用有两个方面，一是对乘客进行广播，通知列车到站和离站的信息；或者播放音乐以改善候车环境；或在发生意外情况时疏导乘客。对乘客广播的播音范围主要是站台层和站厅层。广播的另一个作用是对工作人员进行广播，其播音范围为办公区域、站台、站厅、隧道及车辆段范围内，以便发布有关的通知信息，使有关工作人员协同配合工作。

一般轨道交通系统中广播采用多信源选区广播方式，即广播信息有不同的内容和不同的信息源，广播的区域也在不同的地区，广播系统具有在不同区域选择不同信息源广播的功能。何时、何地区、广播何种信息由广播系统按运营要求自动运行。

二、广播子系统结构

轨道交通广播系统采用二级广播控制方式，由控制中心一级和车站一级组成。轨道交通车站广播区分为上行站台、下行站台、售票区、站厅、出入口和办公区等。车站行车值班员和环控值班员可通过广播控制台对本站区进行选区广播或全站广播。控制中心行车调度员和环控调度员可对全线各站进行监听及选站和选区广播。当轨道交通发生故障或灾害时，广播系统自动转为抢险通信设备，环境调度员具有最高优先权。

三、广播子系统设备组成

车站广播系统主要由车控室广播台（话筒）、车站广播设备、扬声器等设备构成。车控室广播台配有带控制键盘，可以对本站范围内的广播区进行选择和播音；车站广播设备具有接口控制功能和信号放大功能；扬声器作为广播终端设备将广播信息传递到选定的区域。

控制中心广播系统主要由行车调度广播台、电力调度广播台、环控调度广播台和控制中心广播设备（控制器、语音信号处理器等）组成。

第三节 轨道交通闭路监视子系统

闭路监视系统（closed circuit television，CCTV）是一种图像通信系统。其信号从源点只传给预先安排好的与源点相通的特定电视机。广泛用于大量不同类型的监视工作、教育、电视会议等。

闭路电视是与电视台开路电视广播相对而言的。

广播电视有无线广播和有线广播两种，电视台的开路广播相当于无线广播（用户从天线获得电视信号），闭路电视则相当于有线广播（有线电视模式：电视信号从卫星传输端通过线缆传送到指定用户）。它是通过导线传送电视信号。它主要是将音视频信号转变成某一射频信号（即某一频道），这样才能在闭路电视系统中传输。

闭路电视一般是指用于广播以外的电视，如工业电视、军用电视、医用电视、水下电视等。

闭路监视系统（CCTV）作为一种图像通信，具有直观、实时的动态图像监视、记录和跟踪控制等独特功能，是通信指挥系统的一个重要组成部分，具有其独特的指挥和管理能力，已成为城市轨道交通实现自动化调度和管理的必备设施。

一、CCTV 子系统的功能

轨道交通电视监视系统分运营调度图像辅助指挥和公共安全管理两部分。

1 运营调度图像辅助指挥

由轨道交通线运营部门应用管理，为轨道交通线运营调度指挥提供图像辅助。运营调度控制中心在实施列车调度、运营管理和防灾控制指挥中，借助电视监视系统，实时、直观地了解线路运营情况和事故灾害信息，使调度控制指挥人员能够在管理事件的第一时间获取事件现场实时的直观图像资料，从而能在最早时机做出控制反应。同时调度控制人员，能够操控电视监视系统的前端摄像机云台（公安用摄像机除外）和图像记录设备，跟踪事件的场景区域，掌握事件演进过程，并记录事件现场图像，以备日后查阅和分析。

平时，调度控制人员能够通过电视监视系统，巡检全线各车站运营情况，能够任意调看各车站各摄像机（公安用摄像机除外）的采集图像，并对重点场景图像进行不间断记录，还可操控各站的硬盘录像机选定某个图像进行远程回放。

系统为轨道交通车站运营管理提供图像监视信息。车站控制管理人员借助电视监视系统，实时、直观地了解本站运营情况，并能够操控本站摄像机(公安用摄像机除外)、切换控制和图像记录设备，对监视图像进行巡检、调视、跟踪和记录。

② 公共安全管理

由公安部门应用管理系统为轨道交通线公共安全管理提供辅助手段，为公安指挥中心提供全线各车站实时场景图像。公安指挥中心值班人员可以任意操控调看各车站、各摄像机(运营用摄像机除外)、云台和图像，以巡检和跟踪各车站现场场景，及时了解全线安全情况，发现治安事件，判断事件性质和规模，从而实施快速反应和高效指挥。公安指挥中心值班人员可以对重点场景图像或事件现场图像进行不间断记录，以备日后查询和分析。

二、CCTV 子系统结构

车站内部的控制信号可通过控制电缆传输；视频信号可通过视频同轴电缆传输。在站间传输时，控制信号可通过 SDH 传输系统提供的从控制中心至各车站的共线低速数据通道进行传输，而视频信号可通过数字图像传输方式进行传输，即将每个车站的多路视频信号分别经数字压缩编码(H.261，MPEG2)处理后，通过 SDH 传输系统送至控制中心，控制中心数字交换控制模块筛选出多路压缩编码数字视频信号后进行视频解码，还原后的视频信号送至相关调度台的各监视器上。用以上方式时，如果车站及每站所传的视频信号路数较多，则将占用较大的带宽，这时可将所要监视的视频信号在网上传输，其余的信号则在需要时切换进主干网中传输。

构建 CCTV 系统的另一种方法是将视频信号经光端机发送和接收并通过光纤传输至中心，即单独组成一套系统。但这样做的问题是，今后若需要与其他系统(如公安系统等)相连，则有一定困难，且不适于统一网管。

三、CCTV 子系统设备组成

闭路监控系统由前端设备、传输部分、控制设备和显示设备四部分构成。

前端设备：安装在现场，主要包括摄像机、镜头、防护罩、支架、立柱、云台、解码器(也可以归入后端)、变压器、后备电源。它的任务是对被摄体进行摄像并将其转换成电信号。前端设备的合理选型会直接影响到系统的效果，尤其是摄像机的合理配置，要能够因地制宜。

传输部分：主要包括视频线、音频线、云台控制线、电源线、调制与解调设备、线路驱动设备等。它的任务是把现场摄像机发出的电信号传送到控制中心。视频线可以选用同轴电缆(距离在 1 000m 以内)或光缆(距离超过 1 000m)，如选用同轴电缆，距离超过 350m(大约值),还需要增加视频放大器;如选用光缆,前端设备增加光发射机,后端设备增加光接收机。

控制设备:主要包括矩阵控制主机、控制键盘和数字硬盘录像机。矩阵控制主机可以不建设,但是硬盘录像机一定需要建设,实现摄像机的控制、切换、录像的回放等功能。它负责所有设备的控制与图像信号的处理。

显示设备:主要包括画面处理器、监视器、显示器、电视墙、操作台等。它负责把从现场传来的电信号转换成图像在监视设备上显示,实现对摄像机画面的显示。

第四节 轨道交通无线子系统

轨道交通无线通信系统是轨道交通通信系统中不可缺少的组成部分,是提高其运输效率、保证运营行车安全的重要手段。轨道交通无线通信系统主要由具有极强调度功能的无线集群通信子系统、无线寻呼引入子系统、蜂窝电话引入子系统等构成。轨道交通无线通信属于移动通信的范畴,但又具有限定空间、限定场强覆盖范围、技术要求高、专用性强、系统复杂等特点。

无线子系统主要用于地铁、轻轨线的列车运行指挥、公安治安、防灾应急通信和设备及线路的维修施工通信。

根据运行组织、业务管理需要,其工作区域及工作性质不同,无线通信系统分为以下6个无线通信作业系统。

(1)列车无线调度系统供列车调度员、司机、车站值班员、停车场(车辆段)信号楼值班员之间及车站值班员与站台值班员之间通信联络,满足列车运行需要。

(2)公共治安无线系统供公安调度员与车站公安值班员及公安外勤人员之间通信联络。维护日常和灾害时的车站秩序,确保乘客旅行安全。

(3)事故及防灾应急无线系统,供防灾调度员、车站防灾员、现场指挥人员及有关人员间通信联络,进行事故抢修及防灾救灾。

(4)停车场调车、检修无线系统,供停车场运转值班员、调车员、检修员间通信联络,进行列车调车与车辆站修和临修。

(5)车辆段调车、检修无线系统,供车辆段运转值班员。调车员、检修员间通信联络,进行车辆调车、车辆月修和定修。

(6)维修及施工无线系统,供机、工、电维修人员相互间通话联络,进行线路、设备维修及施工抢修。

一、无线子系统的功能

① 系统呼叫功能

系统呼叫具有以下功能:完成调度员(固定台)与移动台之间的全自动通话接续;完成移动台与移动台之间的全自动通话接续;完成无线用户与 PABx 之间的全自动通话接续;具有选呼及组呼功能;具有调度和重要用户实现广播及系统呼叫功能:具有多级优先、遇忙排队、自动呼叫、自动重发、紧急呼叫功能;具有首长呼叫及呼叫转移功能;具有状态呼叫功能;具有话音及长、短数据信息传输功能;具有开放信道呼叫功能。

② 系统控制与管理功能

系统控制与管理功能包括:具有控制电话呼叫及通话限时功能;调度员具有强拆、强插功能;具有集中的网络管理功能;具有呼叫记录和通话录音处理功能;具有用户动态重组功能。

③ 系统诊断和可靠功能

系统诊断和可靠功能包括:具有系统自诊功能;具有故障告警、显示功能;具有故障弱化功能:具有备份控制信道功能。

二、无线子系统结构

系统的基本结构通常采用基站加露泄同轴电缆中继方式。全线通常设一个控制中心,一个或若干个集群基站,一个无线移动交换机,基站信道数根据用户数及话务量大小灵活配置,动态分配。

调度员发出的信息经控制中心及无线移动交换机传输至集群基站,基站各无线信道发射机通过合路器、光电转换器、光分路器与光缆相接。基站发出的信息通过光缆传输至各车站中继器,由中继器将信号放大后馈送至全线露泄同轴电缆辐射出去,使列车司机、车站值班员、手持台持有者能很好地收到来自调度员的信息。列车司机、车站值班员、手持台持有者发出的信息由露泄同轴电缆接收后传输至中继器,中继器将信号放大后经光电转换设备、光合路器与光缆相连,通过光缆将信息传输至基站,再由基站经控制中心及无线移动交换机输传至调度员。

三、无线子系统设备组成

(1)集群调度通信系统,包括集群控制器、无线交换机、调度台、基站收发信机、反馈系统、机车电台、操作维护终端。

（2）漏缆中继系统，包括光纤射频传输系统、双向放大器。

（3）无线寻呼引入系统，包括前端接收部分、信号处理部分、寻呼发射机、高功率线性放大器。

（4）蜂窝电话引入系统，包括高增益大功率线性放大器、高隔离双工器及高性能合路平台。

第五节 轨道交通的乘客信息系统

一、概述

乘客信息系统（passenger information system，PIS）的基本概念是指轨道交通运营商采用成熟可靠的网络技术和多媒体传输、显示技术，在指定的时间，将指定的信息显示给指定的人群。

现代城市轨道交通系统的运营管理越来越注重对乘客的服务，越来越以对人的服务为中心。一些著名的轨道交通十分注重为乘客服务的乘客信息系统的建设。轨道交通运营以车辆为中心的运营模式正发展为以为乘客服务为中心的运营模式。

乘客信息系统在正常情况下，可提供列车时间信息、政府公告、出行参考、股票信息、广告等实时多媒体信息信息；在火灾及阻塞、恐怖袭击等情况下，提供动态紧急疏散指示。PIS为乘客提供了上述各类信息，使乘客安全、高效地在轨道交通中行走，使车辆高效、安全地运营。

图8-1为乘客信息系统外观图。

图8-1 乘客信息系统外观图

二 PIS 系统的构成

从结构上 PIS 系统可分为：中心子系统、车站子系统、车载子系统、网络子系统、广告制作子系统。

从控制功能上分，PIS 系统可分为 4 个层次，即信息源、中心播出控制层、车站播出控制层和车站播出设备。

典型的 PIS 系统结构如图 8-2 所示。

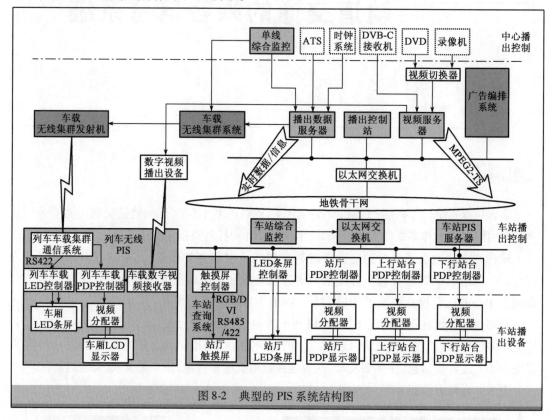

图 8-2 典型的 PIS 系统结构图

1 中心子系统

中心子系统主要负责外部信息流的采集、播出版式的编辑、视频流的转换、播出控制和对整个 PIS 系统设备工作状态的监控以及网络的管理。

中心子系统主要设备有：中心服务器、视频流服务器、中心操作员工作站、中心网管工作站、播出控制工作站、数字电视（DVB-IP）设备、外部信号源和集成化软件系统等。整个控制中心设备构成了一个完整的播出和集中控制系统。同时，中心子系统还将提供多种与其他系统的接口。

1）中心服务器

中心服务器主要负责创建数据并从车站子系统、广告中心子系统导入各种日志数据，包括告警日志、事件日志、用户操作日志、分类信息的播放日志、外部系统导入导出信息日志等。中心服务器将集中保存各种系统数据，其中包括：系统的工作模式参数、结构配置信息（中心、车站、广告和网络子系统）、各种自动维护程序的运行参数、用户配置信息、用户账号名称、用户密码、用户权限、用户组等。

中心服务器同时将承担本 PIS 系统与外部各系统的连接，如综合监控系统（含信号 ATS 系统信息）、地面交通信息系统和时钟系统等。

2）视频流服务器

视频流服务器是向整个 PIS 系统发放网络视频流数据的设备。能够同时提供标清、高清和 DVB ASI 功能。可存储超过 1 000h 的 MPEG-2 视频。用户可以从独立的存储服务器开始，简单地升级成共享网络化存储，支持多路视频通道和更大的视频存储量。

3）中心操作员工作站

通过中心操作员站，具备超级管理员权限的操作员可以配置整个 PIS 系统，包括各车站子系统的总体配置、各车站子系统工作站的配置、各车站子系统终端显示设备的配置、终端显示设备分组管理。操作员可以创建预定义的中心公共信息，包括紧急灾难信息、紧急疏散信息、轨道交通公司公共公布信息等，并可以控制 PIS 系统中的某一/某组/全部终端显示设备的实时信息窗口显示指定的信息内容。对于整个 PIS 系统中的某一/某组/全部终端显示设备的工作状态或工况（紧急告警状态或中心信息直播状态）的切换也可在中心操作员工作站上完成。

通过中心操作员站，具备超管权限的操作员可以配置管理系统的用户账号，包括用户账号的添加/编辑/删除、用户账号权限的配置、用户组的管理、用户账号冻结，失效/激活/重置。

4）播出控制工作站

播出控制工作站对本乘客信息系统内的播出设备进行集中的播出控制管理。

播出设备包括中心的视频服务器、视频切换器、上载录像机、车站终端显示设备的开机、关机、播出列表的编制和播出的启动都由控制中心的播控工作站通过网络进行统一的管理。

通过播出控制工作站对各个车站的播出设备进行集中控制，各个车站乘客信息系统实现无人值守的运行，降低了人为操作带来的失误和故障。夜间停播时，播出控制工作站可以自动将第二天各站点需要的播出列表发送到各站点播出控制工作站，进行播出准备。

5）数字电视设备

数字电视可以采用 DS3 信道直接播出，也可以采用 MPEG-2 over IP 的方式通过 TCP/IP 网络播出。需要注意的是，一定要保证 MPEG-2 数据流的服务质量（QoS），不可以出现顺序错误。采用 MPEG-2 over IP 在轨道交通系统中可以节约传输信道，同时便于实现复杂的功能。

数字电视（DVB-IP）设备是将视频服务器以 MPEG-2 DVB-ASI 标准的 MPEG-2 进行 IP 封包，转换到可在标准 IP 网络上传输的数字信号设备，它支持多路复用，同时提供多个媒体流通道进行传输，可完全满足对单个车站和所有车站 IP 广播的需求，是 PIS 系统中 IP 多播方式的核心技术和设备。

6) 网络设备

中心子系统实际上是基于以太网构架组成的。其网络的核心是一台具有三级交换功能的网络交换设备。

❷ 车站子系统

车站导乘子系统的主要构成为：车站数据服务器、车站播控服务器、车站操作员工作站、屏幕显示控制器、网络系统和集成化软件系统等，车站子系统通过传输通道转播来自控制中心的实时信息，并在其基础上叠加本站的信息，如列车运行信息和各类个性化信息等。

所有这些设备分为控制和现场显示两部分。

控制部分包括车站服务器/车站播控站、车站操作员工作站、TS流解码器、PDP/LED控制器、外部系统接口、网络部分等。

现场显示部分包括所有的PDP屏和LED屏以及相应的显示控制器。

1) 车站服务器（或车站操作员站）

车站操作员站上行与中心服务器同步播出时间表、版式和数据，下行则集中管理本站内的车站操作员站、所有显示控制器、终端显示设备。车站服务器集中管理控制整个车站的所有工作站、显示控制器和显示终端设备。车站服务器能从中心服务器、广告中心服务器接收控制命令，集中转发至站内的终端显示设备显示控制器，进行解释执行。

2) PDP显示控制器

每一个PDP等离子显示屏配备一台显示控制器，以实现每一终端显示设备能够可靠自主地显示独立指定的内容，并且能智能地处理各种异常情况。

PDP显示控制器既可以控制单个PDP屏，也可以控制一组PDP屏。

PDP显示控制器支持文本动画的显示，图像动画的显示，MPEG-2、AVI影视文件的显示，各种常用文件格式文件的显示，网络视频流的显示，网页的显示，模拟时钟及数字时钟的显示。

显示控制器支持动态分屏播放模式。屏幕的子窗口结构、布局配置、分辨率等能够根据时间表的预先设定，动态地改变。布局的改变不需要重新启动机器。

显示控制器支持8个以上的子窗口分屏播放模式，并且所有子窗口中播放的节目能够自动缩放至适合子窗口显示的尺寸。

每一分屏子窗口能够独立播放各自的节目序列。

每一分屏子窗口都能够播放所有系统支持的节目类型，如视像节目、图像效果节目、文本效果节目等。

显示控制器中任一分屏子窗口可被设定，在指定的时间里播放任意指定通道的中心网络视频流信号。

一般情况下，显示控制器工作于正常播放状态。但显示控制器可远程接收中心操作员站的命令，被控制进入中心信息直播状态。

容错设计：网络发生故障时，显示控制器仍能正常工作。播放实时更新信息的子窗口立即切换显示疏导信息或默认指定信息,原来播放本地缓冲文件内容(如广告节目)的子窗口则继续正常播放。

显示控制器可以预先下载存储多个时间表,系统能够自动根据时间表的更新情况、生效时间、失效时间,选择正确的时间表进行解释播放。

显示控制器需提供网络接口,并通过TCP/IP协议,与车站服务器进行通信和数据交换。

显示控制器可以根据时间表将一天/一周任意划分成各个时段,针对每一时段可以设置成任意指定的分屏布局。每一分屏子窗口又可以单独执行任意指定的时间表,并按时间表指定顺序,循环地播放各节目序列。

显示控制器播放的信息能根据不同的优先等级播放,高优先级的信息能够根据预定义的规则中止打断正在播放的低优先级信息,优先播放。

显示控制器能够每天自动触发系统自动维护程序,自动删除无用的节目数据,自动导出上传并删除显示控制器中的各种日志数据(告警日志、事件日志、节目播放日志)。

3)LED显示控制器

每个LED屏都配备一个独立的显示控制器,以实现每一终端显示设备能够可靠、自主地显示独立指定的内容,并且能智能地处理各种异常情况。一般车站具有的LED条屏、室内双基色屏和室外双基色屏、LED全彩色显示屏、多媒体全彩色显示屏可实时播放视频节目,也可用来举行重要会议和发布重要信息。

4)PDP触摸屏显示控制器

PDP触摸显示器控制播放车站播放的视频。不对屏进行触摸操作时,正常滚动显示来自车站服务器的信息;对屏触摸操作时,能实时互动地显示来自车站服务器的信息。

对屏触摸操作时,能实时互动地显示和查询信息,并且信息内容量可无限扩展。

乘客可通过触摸此屏获得他的潜在需求的各种指南。例如,轨道交通车站出口及地面地理及交通指南,轨道交通分段制收费票价查询,面向轨道交通乘客潜在需求的各种广告信息查询(宾馆酒店信息、旅游信息、购物信息等)。

5)PDP显示屏

等离子显示器由两片玻璃组成,其内部有接近一百万个像素。这些像素含有载满气体的微小蜂窝,而蜂窝顶部及底部均附有电极。有电流通过时,气体电离后产生紫外线从而激发红、绿及蓝色荧光粉,使其放射出可见光线,形成色彩鲜艳夺目的影像。

6)LED显示屏

LED显示屏可用来显示文字、计算机屏幕同步的图形。它具有超大画面、超强视觉、灵活多变的显示方式等独具一格的优势,成为目前国际上使用广泛的显示系统,被广泛应用于金融证券、银行利率、商业广告、文化娱乐等方面。它色彩丰富、显示方式变化多样(图形、文字、三维、二维动画、电视画面等)、亮度高、寿命长,是信息传播设施划时代的产品。用于制造显示屏的发光二极管有单管、矩阵块、像素管三种规格,可以满足不同使用场合的要求。

3 网络子系统

网络子系统是指轨道交通主干通信网提供给PIS系统的通道,该通道用来传输从OCC

到各车站的各种数据信号和控制信号。

中心局域网、广告中心局域网、车站局域网都是通过网络交换机连接本局域网内的各种设备,再由交换机经硬件防火墙设备连接至传输网上。

④ 广告制作子系统

PIS 的广告子系统设置在轨道交通大厦中。广告子系统主要提供直观、方便的用户界面,供业务人员/广告制作人员制作广告节目(如广告片、风光片和宣传片,并可承接轨道交通以外的一些广告制作),编辑广告时间表,控制指定的显示屏或显示屏组播放显示指定的时间表,并将制作好的素材经审核通过后通过网络传输到控制中心和各车站进行播出。

广告制作中心子系统主要包括:图像存储服务器(可无限扩容)、非线性编辑设备(用于节目的串编)、视频合成工作站(用于高端广告片、形象片的制作)、数字编辑录像机、数字编辑放像机、数字/模拟摄像机、网络系统、合同管理软件系统和屏幕编辑预览系统等。

⑤ 车载子系统

PIS 的车载子系统是指车辆段、轨道交通沿线、列车上的 PIS 设备。主要包括:车辆段 PIS 监控站、车辆段和车站 PIS 数字视频发送设备、无线集群通信系统(通信专业提供)、车载 PIS 数字视频接收设备、车载 LCD/LED 显示控制器。

目前已经应用的 PIS 车载系统获取信息的来源通常有两种方法:一是在列车上播放预先录制节目的 DVD 光盘,主要是广告信息;二是在固定的地点(如车辆段)通过有线或无线的方式向列车传输信息,行驶过程中列车 PIS 系统可播放这些信息;三是通过车载无线集群系统向列车传送信息,该方式可保证信息的实时性,例如,天气预报、文字新闻、其他信息等。

随着数字电视技术(DVB)的发展,采用移动数字电视技术进行数字化的视频图像接收成为了可能。2004 年 5 月 28 日,采用欧洲 DVB-T 数字地面电视广播系统标准的北京移动电视传输系统投入试运行,在北京公交系统的 1 000 多辆公交车上实现了实时数字电视节目的接收和播放。该系统采用编码正交频分复用(COFDM)调制方式,在 8MHz 带宽内能传送多套电视节目,传输质量相当高。在不久的将来,这套系统也可用于轨道交通的车载 PIS 系统。

三 PIS 系统的功能

① PIS 系统的总体功能

PIS 系统在正常情况下,提供列车时间信息、政府公告、出行参考、股票信息、广告等实时多媒体信息信息;在火灾、阻塞、恐怖袭击等情况下,提供紧急疏散指示。下面介绍其具体功能。

1）紧急疏散功能

（1）预先设定紧急信息

乘客信息系统可以预先设定多种紧急灾难告警模式，方便自动或人工触发进入告警模式。通过中心操作员工作站，操作员可以预先设定多种紧急灾难告警模式，如火警、恐怖袭击等，并设定每种模式的警告信息及各种警告发布参数。当指定的灾难发生时，由自动告警系统或人工触发，将 PIS 控制进入紧急灾难告警模式。此时，相应的终端显示屏显示发放乘客警告信息及人流疏导信息。

（2）即时编辑发布紧急信息

系统环境可能会发生非预期的灾难，并且需要 PIS 系统即时发布非预期的灾难警告信息，PIS 乘客信息系统软件可以即时编辑发布紧急信息。

通过中心操作员工作站或车站操作员工作，操作员可以即时编辑各种警告信息，并发布至指定的终端显示屏。

2）广告播出功能

系统可为轨道交通引入一个多媒体广告的发布平台，通过广告的播出，可以为轨道交通带来更多的广告收入。广告可以分为图片广告、文字广告和视频广告。广告的播出可以与其他各类信息同步播出，提高了系统的工作效率。

在广告中心子系统，可以预先编辑好各种商业广告节目，再通过广告审片/广告管理工作站，编辑时间表指定广告节目的播放顺序及播放位置，最后将时间表和广告节目数据发布至指定终端显示屏。

时间表播放机制包括：周时间表、日时间表、节日时间表。

商业广告的多媒体播放方式支持：DVD 视像播放、VCD 视像播放、AVI 和 GIF 等动画效果播放、文本动画显示、图像动画显示、网页显示、常用文件播放显示。

3）多区域屏幕分割功能

等离子屏幕可根据功能划分为多个区域，不同区域可同时显示不同的各类信息。文字、图片和视频信息可分区域同屏幕显示，不同区域的信息可采用不同的显示方式，以吸引更多的观众。播出的版面可以根据轨道交通的不同需要而随时进行调整，各子窗口可以独立指定时间表。通过时间表的控制，每一子窗口可以单独用于显示列车服务信息、乘客引导信息、商业广告信息、一般站务信息及公共信息、多媒体时钟等，同时也可对某个信息进行全屏播放。播出区域可达到 10 个以上，极大地增加了信息的播出量，可以给观众耳目一新的感觉。

4）实时信息的显示功能

屏幕上不同区域的信息可根据数据库信息的改变而随时更新。实时信息的更新可以采用自动的方式或由操作员人为地干预。实时信息包括新闻、天气、通告等。

通过车站操作员工作站或中心操作员工作站，操作员可以即时编辑指定的提示信息，并发布至指定的终端显示屏，提示乘客注意。

操作员可以设定实时信息是否以特别信息形式或者紧急信息形式发放显示，发放高优先的信息可以即时打断原来正在播放的信息内容，即时显示。

5）时钟显示的功能

PIS 系统可以读取时钟系统的时钟基准,并同步整个 PIS 所有设备的时钟,确保终端显示屏幕显示时钟的准确性。屏幕可以在播出各类信息的同时提供显时服务和日期显示。在没有安装时钟的地方或任何希望在终端显示屏上显示时钟的地方,通过时间表可以设置终端显示屏的全屏或指定的子窗口显示多媒体时钟。

时钟的显示可以为数字方式,也可以为模拟时钟方式。

6）终端显示屏的广泛兼容性

乘客信息系统软件,能够良好地兼容多种显示设备,包括视频双基色 LED 屏、视频全彩 LED 屏、双基色 LED 图条屏、带触摸功能的 PDP 屏和其他各种 PDP 屏。另外,本 PIS 系统也能良好地支持 LCD 显示屏、投影仪、CRT 显示屏、电视墙等各种当前流行的多媒体显示设备。

7）定时自动播出的功能

乘客信息系统可以提供一套完整的定时播出功能。信息的播出可以采用播出表播出的方式,系统可以根据事先编辑设定好的播出列表自动进行信息播出。播出列表可以日播出列表、周播出列表、月播出列表的形式定制。

8）多语言支持功能

乘客信息系统可支持简体中文、英文、繁体中文同时混合输入、保存、传输、显示,也支持微软 Windows 操作系统支持的国家语言文字的导入、保存、传输、显示。

9）显示列车服务信息

车站子系统的车站服务器实时地从 ATS 接收列车服务信息,再控制指定的终端显示器显示相应的列车服务信息,如下一个班车的到站时间、列车时间表、列车阻塞、异常、特别的列车服务安排等。

10）集中网管维护功能

为了确保系统的正常运行,乘客信息系统提供了完备网管功能。控制中心设置的中心服务器可实时监控各终端结点的状态（PDP、LED）,车站服务器管理各自车站的 PIS 系统（PDP、LED）。中心网管工作站提供基于地理位置分布图的管理界面,动态显示系统各设备的工作状态,实时监控系统,实现智能声光报警,并能自动生成网络故障统计报表,智能分析故障,以减少各个车站维护人员的设置。

11）全数字传输功能

整个 PIS 系统从中心信号采集开始就采用全数字的方式,经过视频流服务器处理和 IP 网关的封包,转换成 DVB-IP 数据包进入 SDH 传输网传输,经过 SDH 传输网传输的数字视频流信号在被车站设备接收后直接通过 PDP 显示控制器和 LED 显示控制器解码,转换成数字 DVI 视频信号进行显示。

12）广播级的图像质量

由于 PIS 系统从中央到显示终端的整个过程都是采用全数字的方式,从而避免了由于传输过程中过多的转换而造成图像质量的下降,真正做到广播级的图像质量。

13）灵活多样的显示功能

所有车站的所有 PDP、LED 屏在整个 PIS 中都是相对独立的终端,因此中央和车站操作员可以直接控制到每块屏的显示内容(车站操作员限本站),即根据需要在同一时间内所有的显示终端显示不同的信息。

对于中央下传的实时电视信号,每个车站都具有相对应的解码设备,即信号源同时进入车站子系统。加之中央和车站操作员灵活的图像编排显示功能,每路实时图像可根据需要在任意 PDP 屏和全彩 LED 屏上播放,窗口模式和全屏模式均可。

❷ 系统支持的信息类型

系统支持以下信息类型。

（1）紧急灾难信息：①火警、台风警报、洪水警报等；②紧急站务警告信息,如停电、停止服务等；③有关乘客人身安全的临时信息,如乘车安全须知；④逃逸、疏散方向指示,如紧急出口的指示。

（2）列车服务信息：列车时刻表；列车阻塞等异常信息；下班车的到站、离站时间；特别的列车服务安排信息。

（3）乘客引导信息：动态指示信息；逃逸、疏散方向指示；轨道交通服务终止通告；换乘站换乘信息；地面交通指示信息。

（4）一般站务信息和公共服务信息：日期和时钟信息；票务信息；公益广告信息；天气、新闻、股市等信息；地面公共交通汽车交通信息；公安提示(如当心扒手)。

（5）商业信息：视频商业广告；视频形象宣传片；图片商业广告；文字商业广告；各类分类广告。

❸ 信息显示的优先级

乘客信息系统的设计中,应充分考虑每一类信息的显示优先级。高优先级的信息优先显示,相同优先级的信息按照先进先出的规则进行显示。按照要求,信息显示的优先级规则如下。

（1）信息类型的优先级按照如下顺序递减：紧急灾难信息、列车服务信息、乘客引导信息、一般站务信息及公共信息、商业信息。

（2）低优先级的信息不能打断高优先级信息的播出。比如发生紧急状况时,系统进入紧急信息播出状态,其他各类信息自动停止播出,直到警告解除,才能够继续进行播出。

（3）高优先级的信息可以中断低优先级信息的播出。发生紧急情况时,系统会紧急中断当前信息的播出,进入紧急信息播出状态。系统以醒目的方式提示乘客进行紧急疏散。

（4）同等优先级的信息按设定的时间播出列表顺序播出。

（5）紧急灾难信息为最高优先级信息,发生紧急情况时可以终止和中断其他所有优先等级的信息。

4 媒体信息的显示方式

乘客信息系统采用了先进的图文处理技术,支持多种文字、图片、视频的显示方式,画面显示风格多样,同时支持同屏幕多区域的信息显示方式,极大地增加了各类信息量的播出量,满足了不同乘客对不同信息的需求。

1) 文本显示

(1) 支持多种文本格式,包括纯文本 TXT 文件、Word 文件、Excel 文件、RTF 文件、ASC Ⅱ 文件格式、HTML 文件格式的显示、录入、保存。

(2) 支持多语种文字的显示,支持简体中文、英文字符的显示。

(3) 用户可以自定义文字显示的属性,包括加边、加影、字体、大小的设置。

(4) 支持多种文字显示方式,如底行滚动、闪烁显示、上下左右滑动、淡入淡出等效果。

2) 动画和图像显示

(1) 支持 TGA 动画图像序列的导入和播出。

(2) 支持 FLASH 动画的播出。

(3) 支持图片格式的导入和播出,如.JPG,.TGA,.BMP,.PSD 等图片格式。

(4) 图片的播出支持多种表现形式,如滚屏、淡入淡出、滑像、溶像、擦除等效果。

(5) 图片的大小、长宽比用户可调。

3) 视频播放

(1) 系统支持多种视频媒体格式,包括 MPEG-2,MPEG-1,MPEG-4 等格式。

(2) 支持中心子系统对各站的数字电视视频广播和本地视频素材的播出。

(3) 视频窗口的位置和缩放可以自定义。

(4) 支持多种信号源,如 DVD 播放机、VCD 播放机、有线电视端子、现场视频直播、数字电视 DVB 接口。

4) 时钟显示

(1) 支持数字式时钟显示和模拟式时钟显示。

(2) 用户可以调整时钟位置、大小。

(3) 用户可以自定义调整模拟时钟的指针、表盘的式样、颜色。

思考题

1. 轨道交通公务电话语音业务包括哪些功能?
2. 无线系统呼叫功能有哪些?
3. 乘客信息系统信息显示的优先级规则是什么?

第九章

垂直电梯系统设备管理

第一节 垂直电梯系统的组成及功能

一、电梯概述

1 电梯及其发展

所谓电梯,指的是用电力拖动轿厢运行于铅垂的或倾斜不大于15°的两列刚性导轨之间,运送乘客或货物的固定设备。电梯属于起重机械,是一种间歇动作的升降机械,主要担负垂直方向的运输任务,是现代建筑物中必不可少的配套设施之一。

电梯的雏形是公元前1115~1079年间劳动人民发明的辘轳。

1852年,世界上第一台电梯在德国柏林诞生了,采用电动机拖动。以后,美国出现以蒸汽机为动力的客梯。美国人奥的斯(ODYSSEY)研究出电梯的安全装置,开创了升降机工业或者说电梯工业新纪元。

1857年,世界第一台载人电梯问世,为不断升高的高楼提供了重要的垂直运输工具。

1889年,奥的斯公司在纽约试制成功第一台电力驱动蜗轮减速的电梯,这一设计思想为现代化的电梯奠定了基础,它的基本结构至今仍被广泛使用。

2 电梯按驱动方式分类

曳引电梯、交流电梯、直流电梯、液压电梯、齿轮齿条电梯、螺杆式电梯及直线电机驱动的电梯等。

1) 曳引电梯

曳引驱动是采用曳引轮作为驱动部件。钢丝绳悬挂在曳引轮上,一端吊轿厢,另一端悬吊对重装置,由钢丝绳和曳引轮之间的摩擦产生曳引力驱动轿厢作上下运动。

2) 交流电梯

用交流感应电动机作为驱动力的电梯。

3) 直流电梯

用直流电动机作为驱动力的电梯。这类电梯的额定速度一般在2.00m/s以上。

4)液压电梯

利用电动泵驱动液体在油缸里流动,推动柱塞使轿厢升降的电梯。

5)齿轮齿条电梯

将导轨加工成齿条,轿厢装上与齿条啮合的齿轮,电动机带动齿轮旋转使轿厢升降的电梯。

6)螺杆式电梯

将直顶式电梯的柱塞加工成矩形螺纹,再将带有推力轴承的大螺母安装于油缸顶,然后通过电机经减速机(或皮带)带动螺母旋转,从而使螺杆顶升轿厢上升或下降的电梯。

7)直线电机驱动的电梯

动力源是直线电机。与传统的驱动方式相比,具有结构简单、占用空间少、节能、可靠性高等特点。

❸ 现有几种传统电梯驱动方式的优缺点

在上述驱动方式中,目前应用最多的是曳引驱动,然后是液压驱动。直流、齿轮齿条、螺杆式三种驱动方式与曳引驱动、液压驱动相比,由于其结构和运行上的缺点较多而在电梯中已极少应用。

对于目前应用最多的曳引式驱动而言,虽然其结构、运行性能比起其他方式更有优势,然而它亦存在着一些致命的缺点,主要有以下两点:

(1)由于该方式以摩擦产生驱动力,因此,其曳引轮和钢丝绳的磨损是该方式的突出问题,而引起摩擦的原因包括轮的大小、轮槽的形状、轮的材质、加工精度、钢丝绳的构造、材质,载荷的速度、重量、高度,以及环境的腐蚀、润滑等情况。

(2)无法满足超高层以上建筑的需要。如大于600m以上的建筑,按电梯要求,其钢丝绳的强度已到极限,且钢丝绳自身重量也已成为负担。

关于液压驱动方式,它与曳引式相比,其优点主要表现在空间利用率高,井道面积可减少12%左右;载荷量大,在低速情况下,最大载荷可达50t;且安装、维修费用亦比曳引式低一半左右,液压驱动虽然具有以上优点,但它至今不能在大范围应用,其明显的缺点主要表现在以下几个方面:

(1)由于控制、动力及结构等方面的原因,液压电梯的速度一般限于1m/s以下(高速电梯可达12m/s),提升高度限于20m以内。

(2)液压梯的运行状态会受油温影响,油温变化时,运行速度将有波动。

(3)埋入地下的油管难以进行安全及泄漏检查,一旦化学及电解性腐蚀导致系统漏油会污染环境及供水源。

(4)液压驱动所需功率是同规格曳引电梯的2~3倍,尽管液压泵站在轿厢上行时运行,但其能耗至少是曳引电梯的2倍。

(5)泵站噪声大。

液压驱动与曳引驱动相比,各有利弊。目前,液压驱动主要用于停车场、仓库以及小型低层建筑中。

❹ 电梯的选型

（1）因为轨道交通车站自身的建筑特点及对电梯的设置要求，很难实现在电梯井道顶部设置电梯曳引机房，使其独立突出于车站顶部。因此，在电梯选型上首先要考虑采用无机房或机房下置电梯。对于液压电梯而言，虽然其机房设置位置满足轨道交通车站要求，但由于液压电梯存在维护工作量大、故障率高、运行舒适性差等原因，所以建议不采用。

（2）随着近几年无机房电梯技术的不断成熟和完善，其应用领域越来越广泛，设备工作的安全性、可靠性、舒适性等指标完全能满足轨道交通车站的使用要求。所谓无机房电梯，其采用的是永磁同步电动机作为电梯的曳引系统，取消了普通VVVF曳引机的变速机构，而由与永磁同步电动机同轴的曳引轮通过曳引钢丝绳直接拖动轿厢。同时，在电梯控制柜的结构上重新优化设计，使其结构尺寸更加紧凑。这样，就实现了将电梯曳引系统及控制部分放入电梯井道内有限空间的目的，从而省略了电梯机房。

❺ 电梯的工作原理

电梯工作原理：电动机带动钢缆拉动轿厢在垂直固定的导轨上来回上下往复运行。

释义：曳引绳两端分别连着轿厢和对重（图9-1），缠绕在曳引轮和导向轮上，曳引电动机通过减速器变速后带动曳引轮转动，靠曳引绳与曳引轮摩擦产生的牵引力，实现轿厢和对重的升降运动，达到运输目的。固定在轿厢上的导靴可以沿着安装在建筑物井道墙体上的固定导轨往复升降运动，防止轿厢在运行中偏斜或摆动。常闭块式制动器在电动机工作时松闸，使电梯运转，在失电情况下制动，使轿厢停止升降，并在指定层站上维持其静止状态，供人员和货物出入。轿厢是运载乘客或其他载荷的箱体部件，对重用来平衡轿厢载荷、减少电动机功率。补偿装置用来补偿曳引绳运动中的张力和重量变化，使曳引电动机负载稳定，轿厢得以准确停靠。电气系统实现对电梯运动的控制，同时完成选层、平层、测速、照明工作。指示呼叫系统随时显示轿厢的运动方向和所在楼层位置。安全装置保证电梯运行安全。

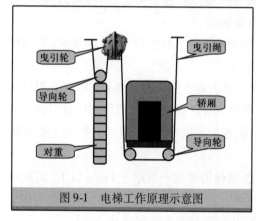

图9-1 电梯工作原理示意图

二 轨道交通电梯系统的组成及设置原则

❶ 轨道交通电梯系统的组成

轨道交通电梯系统由电梯（垂直升降）、自动扶梯及轮椅升降机组成。它是城市轨道交通系统的一个重要的组成部分，它每天担负着运送大量客流的任务，其对客流的及时疏散起到了至关重要的作用。

2 城市轨道交通电梯系统设置的基本原则

(1)站台至站厅间根据车站远期客流量设置上、下行自动扶梯。

(2)出入口及过街隧道根据人流量设置上、下行或上行自动扶梯。

(3)当单位提升高度达到6m以上时,设上、下行自动扶梯,以保证人流的疏散和服务质量。

(4)车站内设置垂直升降梯、轮椅升降机,以满足特殊人群、特殊用途(运送货物)的需要。

3 电梯系统在轨道交通运营中的重要作用

(1)便于客流组织,使车站进、出平稳有序。

(2)改善乘客乘车环境,提高乘客舒适度和满意度。

(3)满足老弱病残群体出行需求,体现人性化服务。

(4)加快人员流动速度,提高运输效率。

(5)有利于灾害条件下的客流疏散,避免人员慌乱。

三 电梯的部件组成

电梯部件组成:供电及控制系统、曳引机、传动装置(曳引轮,钢缆)、对重、导轨、轿厢等。

(1)电梯曳引机通常由电动机、制动器、减速器及底座等组成。

电梯用交流电动机要求:具有大的起动转矩,起动电流要小,电机应有平坦的转矩特性。为了保证电梯的稳定性,在额定电压下,电动机的转差率在高速时应不大于12%,在低速时应不大于20%。要求噪声低,脉动转矩小。

(2)传动装置:曳引轮,钢缆。

(3)对重:对重是曳引电梯不可缺少的部件,它可以平衡轿厢的重量和部分电梯负载重量,减少电机功率的损耗。

(4)导轨。

①导轨的主要作用:为轿厢和对重在垂直方向运动时导向,限制轿厢和对重在水平方向的移动。

安全钳动作时,导轨作为被夹持的支承件,支撑轿厢或对重。

防止由于轿厢的偏载而产生倾斜。

②导轨的种类:导轨通常采用机械加工方式或冷轧加工方式制作,分为"T"形导轨和"M"形导轨。

③导轨的连接与安装:导轨每段长度一般为3~5m,导轨两端部中心分别有榫和榫槽,导轨端缘底面有一加工平面,用于导轨连接板的连接安装,每根导轨端部至少要用4个螺栓

与连接板固定。

(5)轿厢。

①轿厢的组成：轿厢一般由轿厢架、轿底、轿壁、轿顶等主要构件组成。

各类电梯的轿厢基本结构相同，由于用途不同在具体结构及外形上将有一定的差异。

轿厢架是轿厢的主要承载构件，它由立柱、底梁、上梁和拉条组成。

轿厢体由轿底板、轿厢壁、轿厢顶等组成。

②轿厢内设置：一般轿内设有如下部分或全部装置，操纵电梯用的按钮操作箱；显示电梯运行方向及位置的轿内指示板；通信联络用的警铃、电话或对讲系统；风扇或抽风机等通风设备；保证有足够照明度的照明器具；标有电梯额定载重量、额定载客数及电梯制造厂名称或相应识别标志的铭牌；电源及有/无司机操纵的钥匙开关等。

四 电梯的安全装置

1 防超越行程的保护

为防止电梯由于控制方面的故障，轿厢超越顶层或底层端站继续运行，必须设置保护装置，以防止发生严重的后果和结构损坏。防止越程的保护装置一般是由设在井道内上下端站附近的强迫换速开关、限位开关和极限开关组成。防止越程的保护装置只能防止在运行中控制故障造成的越程，若是由于曳引绳打滑、制动器失效或制动力不足造成轿厢越程，该保护装置无能为力。

2 防电梯超速和断绳的保护

电梯由于控制失灵、曳引力不足、制动器失灵或制动力不足以及超载拖动绳断裂等原因都会造成轿厢超速和坠落，因此，必须有可靠的保护措施。

防超速和断绳的保护装置是安全钳—限速器系统。安全钳是一种使轿厢（或对重）停止向下运动的机械装置，凡是由钢丝绳或链条悬挂的电梯轿厢均应设置安全钳。当底坑下有人能进入的空间时，对重也可设安全钳。安全钳一般都安装在轿架的底梁上，成对地同时作用在导轨上。

限速器是限制电梯运行速度的装置，一般安装在机房。当轿厢上行或下行超速时，通过电气触电使电梯停止运行，当下行超速电气触点动作仍不能使电梯停止，速度达到一定值后，限速器机械动作，拉动安全钳夹住导轨将轿厢制停；当断绳造成轿厢（或对重）坠落时，也由限速器的机械动作拉动安全钳，使轿厢制停在导轨上。安全钳和限速器动作后，必须将轿厢（或对重）提起，并经专业人员调整后方可恢复使用。

3 防人员剪切和坠落的保护

在电梯事故中人员被运动的轿厢剪切或坠入井道的事故所占的比例较大，而且这些事故后果都十分严重,所以防止人员剪切和坠落的保护十分重要。防人员坠落和剪切的保护主要由门、门锁和门的电气安全触点联合承担。

④ 缓冲装置

电梯由于控制失灵、曳引力不足或制动失灵等发生轿厢或对重蹲底时,缓冲器将吸收轿厢或对重的动能,提供最后的保护,以保证人员和电梯结构的安全。

⑤ 报警和救援装置

报警装置:电梯必须安装应急照明和报警装置,并由应急电源供电。

救援装置:现在电梯从设计上就确定了救援必须从外部进行。救援装置包括曳引机的紧急手动操作装置和层门的人工开锁装置。

⑥ 停止开关和检修运行装置

停止开关,一般称急停开关,按要求在轿顶、底坑和滑轮间必须装设停止开关。

检修运行是为便于检修和维护而设置的运行状态,由安装轿顶或其他地方的检修运行装置进行控制。

⑦ 消防功能

发生火灾时,井道往往是烟气和火焰蔓延的通道,而且一般层门在70℃以上时也不能正常工作。为了乘客的安全,在火灾发生时必须使所有电梯停止应答召唤信号,直接返回撤离层站,即具有火灾自动返基站功能。

消防员在用电梯或有消防员操作功能的电梯(一般称消防电梯),除具备火灾自动返基站功能外,还要供消防员灭火和抢救人员使用。

⑧ 防机械伤害的保护

人在操作、维护中可以接近的旋转部件,尤其是传动轴上突出的锁销和螺钉,钢带、链条、皮带、齿轮、链轮,电动机的外伸轴,甩球式限速器等必须有安全网罩或栅栏,以防无意中触及。曳引轮、盘车手轮、飞轮等光滑圆形部件可不加防护,但应部分或全部涂成黄色以示提醒。

轿顶和对重的反绳轮,必须安装防护罩。

在底坑中对重运行的区域和装有多台电梯的井道中不同电梯的运动部件之间均应设隔障。

机房地面高度差大于0.5m时,在高处应设栏杆并安设梯子。

在轿顶边缘与井道壁水平距离超过0.32m时,应在轿顶设护栏,护栏的安设应不影响人员安全和方便地通过入口进入轿顶。

9 电气安全保护

对电梯的电气装置和线路必须采取安全保护措施,以防止发生人员触电和设备损毁事故。按《电梯制造与安装安全规范》(GB 7588—2003)的要求,电梯应采取以下电气安全保护措施。

(1)直接触电保护

绝缘是防止发生直接触电和电气短路的基本措施。

(2)间接触电的保护

间接触电是指人接触正常时不带电而故障时带电的电气设备外露可导电部分,如金属外壳、金属线管、线槽等发生的触电。在电源中性点直接接地的供电系统中,防止间接触电最常用的防护措施是将故障时可能带电的电气设备外露可导电部分与供电变压器的中性点进行电气连接。

(3)电气故障保护

按规定交流电梯应有电源相序保护,直接与电源相连的电动机和照明电路应有短路保护,与电源直接相连的电动机还应有过载保护。

(4)电气安全装置

电气安全装置包括:直接切断驱动主机电源接触器或中间继电器的安全触点;不直接切断上述接触器或中间继电器的安全触点和不满足安全触电要求的触点。但当电梯电气设备出现故障,如无电压或低电压、导线中断、绝缘损坏、元件短路或断路、继电器和接触器不释放或不吸合、触头不断开或不闭合、断相错相等时,电气安全装置应能防止出现电梯危险状态。

五 电梯的设计原则

1 电梯的设计思路

(1)在各车站应设电梯,以方便残疾人进出,同时可兼顾小型设备的运输。
(2)电梯应适合所在城市的自然气候条件。
(3)电梯应采用无机房电梯,节省空间。
(4)电梯设置位置应方便残疾人进出车站。
(5)电梯的设置应保证残疾人可通过电梯直接由地面进入车站内。如果地下车站主体结构内的电梯无法直接提升到地面,应在出入口内增设电梯,直接提升至地面,以方便残疾人进出车站。提升至地面的电梯顶层宜有候梯厅。
(6)应可接受 BAS 系统的监控,BAS 可收集并显示电梯的运行状态信息。
(7)在车站紧急状况下,电梯可接受 FAS 系统的控制。

2 梯速

电梯按速度分为低速电梯(1.00m/s)、中速电梯(1.00~2.00m/s)、高速电梯(大于2.00m/s)、超高速电梯(超过5.00m/s)及特高速电梯(16.7m/s)。

第二节　垂直电梯系统的运行与管理

一、运行管理的任务和内容

1. 运行管理的任务

保证设备处于正常运行状态,实现系统的设计功能,同时为车站迅速输送乘客、维持良好秩序提供有力保证。

2. 运行管理的内容

(1) 应急处理:指设备发生困人或客伤等事故时,由运行管理人员按应急方案处理,并按规定通知维护人员。

(2) 故障报告:观察设备的运行状态,若发现异常(如异常响声、停梯等),及时将故障情况报告环调,再由环调组织专业人员维护。

(3) 设备监管:对设备的正确使用进行监管,防止乘客违规使用。

(4) 运行操作:每天对设备的启动和停止运行进行操作。

二、运行管理组织及有关人员的职责

系统日常运行管理由各车站工作人员根据车站运作需要,对系统设备进行开、关和控制运行方向的操作,并对设备进行监管及故障报告。当车站出现紧急情况或发生火灾时由控制中心统一指挥,车站工作人员按照救灾模式控制设备的运行。

三、运行管理的有关规程和制度

电梯是集机械、电气设备于一体,结构复杂的垂直运输设备,涉及了机械工程、电子技术、电力电子技术、电机与拖动理论、自动控制理论、电力拖动自动控制系统及微机技术等多门学科。因此,制订严格的操作规程及管理制度,既可以保障乘客的安全,又可延长电梯的

使用寿命,提高其运行效率,进而取得良好的经济效益。

电梯的操作规程和管理制度如下。

1)电梯应配备专(兼)职的管理人员,开展管理工作

使用部门接收到经安装测试合格的电梯后,在投入使用前首先配备专(兼)职的管理人员,进行电梯运行前的管理工作。

2)电梯的交接班制度

主要是明确交接双方的责任,交接的内容、方式和应履行的手续。

(1)交接班时,双方应在现场共同查看电梯的运行状态,清点工具、备件和机房内配置的消防器材,当面交接清楚,而不能以见面打招呼的方式进行交接。

(2)明确交接前后的责任。通常,在双方履行交接签字手续后再出现的问题,由接班人员负责处理。若正在交接时电梯出现故障,应由交班人员负责处理,但接班人员应积极配合。若接班人未能按时接班,在未征得领导同意前,待交班人员不得擅自离开岗位。

3)电梯日常运行管理

主要是电梯在运行过程中的操作规范,包括运行前、后的安全检查,运行过程中的要求,安全装置动作后的故障判断等。

4)电梯值班检查

电梯值班检查,是由有资格值班的巡视人员进行巡视电梯、排除安全隐患的检查,以及应急事故的处理方法。

第三节 垂直电梯系统设备的巡视与运行

一 巡视的一般要求

巡视以及时发现系统设备运行异常为目的,并在安全和不影响正常运营的情况下及时组织对设备进行修复,确保设备正常运行。

1 巡视组织

其关键是做好记录。每天分早班(7:30~15:30)、中班(15:30~23:30),每班两人对设

备进行巡视,并将巡视结果记录在设备巡视记录表中。

② 巡视方式

巡视以"望、闻、问、摸、嗅"为主要手段,必要时使用专用仪器或设备进行检查。

(1)望:用眼睛观察设备运行是否正常工作,如梯级、扶手带、扶梯盖板、梳齿有无损坏,螺钉、装饰条有无松脱,锁匙开关、急停按钮是否在正常位置。

(2)闻:用耳听设备运行声音有无异常,如梯级与裙板的碰撞声,扶手带与装饰板的摩擦声,电机及相关机械工作时发出的声音是否正常,接触器和继电器的吸合是否正常。

(3)问:询问站务人员及其他工作人员关于设备的运行情况,是否有故障现象。

(4)摸:用手转动开关或按动按钮,检查该功能是否正常。触摸电机表面温升是否正常,检查各开关的电线是否松动。

(5)嗅:用鼻嗅,以便检查是否有电器烧焦的气味。

二、电梯系统的巡检与维护

电梯的维护管理,首先要靠制度保证,制度是行为规范,具有强制性;第二要坚持维护的技术标准。

① 电梯运行检查

电梯运行使用寿命和故障率取决于平时对电梯的维护的力度,对电梯运行中反映出的事故隐患,应及时停机进行检修。因此要求管理人员责任心要强,同时通过坚持日常运行的检查制度,随时注意电梯开启前、运行中和停梯后的状况。检查项目包括电梯开闭是否正常、指示信号是否完好等,若有异常应及时采取措施,防止事故的发生。制订日检、周检、月检、季检和年检制度,并严格组织实施。

(1)日检,由维修工负责。主要是检查易磨损和易松动的外部零件,必要时进行修理、调整和更换,如发现重大损坏时,应立即报告给主管负责人设法处理。

(2)周检,除日检内容外,还必须对主要部位进行更加细致的检查和必要的维护,保证其动作的可靠性和工作的准确性。

(3)月检,除周检内容外,应对电梯各安全装置和电气系统进行检查、清洁、润滑和必要的调整。

(4)季检,必须由有经验的技术人员和维修人员共同进行,除月检内容外,重点对电梯传动部分进行全面的检查,必要时进行相应的调整和维护,同时应对各安全装置进行必要的调整,对电器控制系统工作情况进行检查。

(5)年检,在电梯运行一年后进行一次全面的技术检查。由有经验的技术人员负责,修理更换磨损部件。

凡较长时间置放不用（1个月以上）的电梯，应每周开启电梯，空载上下运行数次，以保证各部件灵活，防止零件锈死，避免电器受潮。每年检查一次电气设备的绝缘程度，应符合《电力传动控制站技术条件》中的规定。

② 电梯维护

电梯的维护一般包括机房内维护、井道与轿厢部分的维护和底坑内维护三个主要部分。

（1）机房内维护包括对机房内的设备，如轿厢平层标志、门锁、曳引轮、限速器及掣动器等进行的维护工作。

（2）井道与轿厢部分的维护包括对重块、安全钳联动机构、轿厢固定照明及轿厢安全窗等设备的维护工作。

（3）底坑内维护包括补偿链、底坑的维护。

三、电梯系统安全管理

电梯伤人事故大多发生在门口（人员被运动中的轿厢挤压）或空井道（人员坠落）。电梯发生故障时，远离这两个地方你的安全就有了保障。

电梯门口（厅轿门地坎处）是很危险的地方，切记不要在此停留。

电梯在修理过程中，万一工作人员疏忽忘记放警告标志和护栏而开着厅门作业，你千万不可出于好奇往井道里探头，永远不要靠近开着门的电梯井道，以防坠落。

如果你被关在轿厢里，唯一的正确出路是设法请求救援。千万不可强行扒门出逃，停在两个楼层之间的轿厢和扒开的厅门会把你置于双重危险中。在你向外爬的过程中，万一电梯运行，人即刻被门框和轿厢挤压。如果你侥幸爬出了轿厢，当你试图向下跳到楼层地面时，身体极易失去重心而坠入空井道。

第四节 垂直电梯系统设备的维护

一、维护管理的任务和原则

由于电梯系统设备的特殊性，其维护质量的好坏不仅与乘客的搭乘舒适度、设备的使用寿命有关,而且关系到乘客的安全。因此需周期性地对设备进行维护,使设备处于良好的运行状态。

维护作业分为故障急修和定期维护两种。进行作业时,必须办理好相关的作业手续,并现场做好安全防护。当设备发生故障停止运行,需立即组织专业人员对设备进行急修,使设备尽快恢复正常。为避免影响城市轨道交通乘客服务质量,定期维护作业通常安排在凌晨0:00~4:00非运营时间进行。

二、维护管理的组织及有关人员的职责

负责系统维护和管理工作部门宜设系统专业工程师一名、工班长一名、维护工若干名。系统专业工程师根据设备的构成、运行情况制订具体作业计划及维护工艺,内容包括:半月检、月检、季检、半年检、年检。计划由专业工班人员执行,执行过程包括作业手续办理、作业过程必要的记录如下诸表、异常问题反馈及其解决办法。

① 系统专业工程师主要职责

参与编制月度、年度生产计划、资金计划、材料及备品备件计划及消耗,并落实计划的实施。协调内部、外部技术工作,对工班在运行维护与维护中遇到的问题进行技术支援。

② 工班长主要职责

负责安排工班日常工作,组织工班维护人员维护车站自动扶梯、液压梯及处理突发故障。

③ 维护工主要职责

负责执行工班的工作安排,按计划维护保养电、扶梯及对设备进行日常巡视。

三、维护管理应备的记录、技术资料

按照国家质量监督局有关要求为系统的每台设备建立档案。设备档案内容包括:安装资料、产品合格证书、调试记录、检验合格证书、工程合同及设备履历表等。在设备履历表上详细注明设备名称、设备编号、使用单位、型号规格、制造厂名、制造日期、出厂编号、外形尺寸、重量、购入日期、使用日期、设备价值、总功率和修理复杂系数(包括机械和电气的复杂系数),并建立设备技术鉴定评定情况、技术资料登记、设备动态、设备事故记录,设备大修、中修、小修记录等,同时保存每一台系统设备的安装与维护记录和每年年检报告书。

思考题

1. 电梯防超越行程的保护是如何实现的?
2. 电梯运行管理的内容是什么?
3. 电梯的维修一般包括哪几个主要部分?其内容是什么?

第十章

自动扶梯系统设备管理

第一节　自动扶梯系统的组成及功能

一、自动扶梯概述

1. 自动扶梯的定义及特点

1）自动扶梯的定义

自动扶梯是由电动机驱动的,通过链式传动装置带动载客部件(循环运行梯级)在倾斜的固定环形轨道中做往复运行的,方便行人在建筑楼层间上下的交通工具。1900年,巴黎国际博览会展出的一台阶梯状动梯是现代自动扶梯的雏形。以后,自动扶梯在各国得到迅速发展,广泛用于车站、码头、商场、机场和地下铁道等人流集中的地方。

2）自动扶梯的特点

(1)输送能力大,能同时运送大量乘客。

(2)运送客流量均匀,能连续地运送乘客。

(3)可上下逆转。

2. 自动扶梯的选型

(1)轨道交通运营系统中使用的自动扶梯有别于一般商业用扶梯,主要表现在设备运转时间长、运量大、满载工况时间多、设备工作环境复杂、提升高度大等。因此,在对自动扶梯的使用寿命、设备结构、驱动能力上都有很高的要求。

(2)从自动扶梯各主要部件看,寿命较短的主要是梯级轮、梯级驱动链、扶手带驱动链、扶手带等。但考虑到自动扶梯体现着以人为本的原则,是轨道交通服务的窗口,因此一般建议选用梯级轮外置的结构,以提高自动扶梯的可靠性和使用寿命。

(3)在轨道交通中,早、晚4个小时的高峰时间,自动扶梯的运输强度最大,而在平峰时间,客流就很小。为解决节约能源,目前出现了变频自动扶梯。由于变频器的采用,使得电机速度可以调整,在空载的情况下,可以使扶梯处在节能状态运行,速度降到额定速度的1/3左右,这样就使得自动扶梯的机械磨耗大大减小,同时也有利于能源的节约。

(4)自动扶梯的变频又分为全变频和旁路变频两种,对于全变频,自动扶梯的电机在任何速度下都由变频器供电;对于旁路变频,各厂家在变频器控制电机的方法上有所不同,一种是在自动扶梯有乘客时,电机由工频供电达到额定速度,在没有乘客时,电机的供电由变频器接管并运行在节能速度下。

3 主要参数

1)提升高度(H)

一般与楼层间高差相同(一般在10m以内,特殊情况可到几十米)。

2)梯级运行速度(V)

梯级运行速度是指梯级沿着导轨运行的合成速度,不是垂直或水平方向的分速度。

国际上通用的标准速度是0.45m/s和0.5m/s,0.65m/s和0.75m/s是在较大提升高度或公共运输场合推荐使用速度。

在金融(商业)部门的扶梯速度均为标准梯速:$V = 0.5$m/s。

在公共交通运输场合的扶梯速度一般均为:$V = 0.5 \sim 0.65$m/s。

3)梯级宽度

梯级宽度(单人的600~800mm,双人的1 000~1 200mm)、输送能力(单人的4 000~5 000人/h,双人的8 000~12 000人/h)。

轨道交通较多采用的梯级宽度为1 000mm,其原则是能同时站立2名成年人/每个梯级。

梯级宽度800mm也有采用,其原则是能同时站立1.5人/每个梯级(1名成年人与1名儿童)。

由于建筑条件限制,梯级宽度600mm有少量采用,其原则是能站立1名成年人/每个梯级。

4)运输能力(Q)

运输能力与梯级宽度、运行速度有关,一般公共交通型扶梯,梯级宽度为1m及以上,速度在0.5m/s及以上,运输能力都超过9 000人/h。

5)梯路倾斜角

国际上公认的扶梯倾斜角标准是30°和35°,其次还有27.30°。

倾斜角35°的扶梯是最有效率的形式,因为它占据的空间较小而制造成本也较低,但提升高度超过6m时一般不推荐采用35°扶梯(根据欧洲标准EN115,不允许适用,因为它感觉上太陡,尤其是下行时)。

6)水平梯级

水平梯级是指扶梯下行时梯级前边缘到梳齿的距离或扶梯上行时梯级的后边缘到梳齿的距离(扶梯上、下两个水平部分,一般不少于三块梯级)。

水平梯级越多乘客登梯时越自如,调整脚步的时间更充分,可以降低发生乘客登梯时未站稳而摔倒的可能性。

7)其他参数说明

(1)自由出入空间

为确保自动扶梯的安全使用,自动人行道应在层站(层面)上提供(留有)足够大的自由出入空间,一般为 2 500mm×1 倍电梯宽度或 2 000mm×2 倍电梯宽度。

(2)头顶净空

扶梯上方的自由空间必须是上方顶棚各点至下方梯级处至少应有 2.3m。这是为了避免发生意外碰撞及乘客舒适感而规定的;如果达不到该标准,必须在有工作人员的监护下运行,并且需要设置明显的提醒标识。

(3)自动扶梯的工作周期和使用寿命

环境温度在 5~40℃,能够对自动扶梯进行常规、职业化的维护,自动扶梯的设计、使用寿命应在 20~25 年之间。

磨损件的寿命较短,使用寿命要取决于自动扶梯或自动人行道的安装方式(室内、室外有顶或无顶)、提升高度、日常维护、日工作周期以及乘客流量。

二 自动扶梯结构组成

自动扶梯由桁架、驱动装置(电动机及减速齿轮箱)、传动系统(驱动轮、传动轮轴、传动链等)、导轨系统、承载梯级、扶手系统、制动装置、电气控制系统、监测与安全保护装置等部件组成。

❶ 桁架

桁架为焊接结构,其强度应符合国家规定。承载能力由桁弦(截面为 L 形)的尺寸和桁架中心部分的高度决定,因为它们是根据负载的大小选用的。

在部件交货时,桁架可分成两个或两个以上部分。接合处可以在桁架倾斜段部分的各个不同部位。为了方便回转端站和驱动端站的接合,桁架的分开处尽可能靠近回转端站或驱动端站。

❷ 导轨系统

自动扶梯梯级的四个轮子分别在四条固定的环状导轨内循环运转,导轨承受了运动部件及乘客的重量。

❸ 驱动装置

驱动装置安装在桁架的上驱动端站,是自动扶梯的动力源。它通过主驱动链,将动力传递给驱动主轴。通常有单驱动和双驱动之分。目前常用的驱动装置为立式驱动装置,它由电机、立式蜗轮蜗杆减速器或行星齿轮减速器和制动器组成。

④ 制动器

1）带式制动器

带式制动器（带闸）尺寸大，电磁式释放，作用于电机轴上。其结构设计应使制动力矩能根据移动方向自动调节。

2）传动轴上的安全制动器（MGBA）

传动轴上的安全制动器的主要作用为：

（1）当扶梯或人行道在没有允许工作，出现下滑的情况时，安全制动器的电磁线圈无工作电压，安全制动器联动杆上的挡块会挡住传动轮上限位块，制止下滑现象。

（2）在传动链断裂接触器或者速度监控器启动时，安全制动器立即失电制动。

一般来说，提升高度超过 6m 时，要求选配安全制动器机构。

⑤ 传动链装置

自动扶梯的传动链装置主要由梯级链、主驱动链、扶手驱动链组成。梯级曳引链是一种专用的特殊链条，其滚子采用弹性的梯级主轮，在与链轮啮合时，能减轻振动和降低噪声。主驱动链和扶手驱动链均采用双排套筒滚子链。

1）驱动链断链保护开关（KAK）

驱动链断链保护开关安装于主驱动链旁，该开关与主轴上的安全制动器一起配用，其作用是：当主驱动链断裂时，此安全开关将立即动作，并引发安全制动器动作，防止梯级下滑。

2）下端梯级链涨紧装置

主要用于调节梯级链的松紧程度，防止梯级链松动过甚，造成设备损坏或意外事故。

⑥ 梯级

梯级通常采用铝合金整体压铸梯级，通常有两种形式：一种是不带黄色边框的整体梯级，一种是带黄色边框的整体梯级。

1）梯级下陷控制

如果由于梯级滚轮胎面发生故障或者梯级发生变形等原因造成梯级下陷 3mm，梯级将触碰连杆，连杆带动梯级下陷开关触点动作，以制动自动扶梯。

2）梯级控制装置——光栅监控

梯级光栅监控又称速度监控装置，每台自动扶梯装有两对，起到如下作用：

一是启动检查，如果自动扶梯通电后短时间内梯级没有启动，则自动扶梯就会被制动。

二是梯级丢失检查，如果有梯级发生丢失，则在丢失所造成的空挡到达梯级前置轨道前，扶梯就会被制动。

三是超速检查，如果扶梯的运行速度超过额定速度 20%，则自动扶梯将会被制动。

⑦ 梳齿板/前沿板（过渡盖板）

梳齿板位于扶梯的进出口处，每个梳齿用螺钉固定在梳板的前段，并与踏板齿槽相啮合,梳齿表面当有外物嵌入梯级时,梳齿板是可移动的,在其后端装有电气触点(KKP),一旦在梯级与梳齿啮合的地方有硬物卡住,使作用在梳齿板上的力超过额定值时,将便梳齿板发生水平或垂直方向的移动,使触点动作,扶梯将停止运行。它是连接建筑物和自动扶梯设备之间的中间环节。梳齿与梳齿板的啮合结构是为了防止卡夹乘客的鞋、衣物、行李等,避免意外伤害的发生。

⑧ 扶手装置

扶手装置的组成有:扶手支架、扶手护栏(玻璃/不锈钢)、扶手型材、扶手链、扶手带、扶手驱动装置、扶手涨紧装置、扶手照明及检测装置。

扶手带是由扶手带传动轴驱动的,而扶手带传动轴是由主传动轴通过一根复式链传动的。多楔带和扶手带涨紧装置必须调节正确。如果扶手带打滑,必须检查多楔带和扶手带涨紧情况,多楔带张力不够往往会造成扶手带打滑。另一方面,如果扶手带涨得过紧,会使扶手带使用寿命大大缩短。

扶手入口装置:在自动扶梯的围裙板和内外盖板端头,设有一个扶手带入口装置,其内部有一个电气触点,当扶手带入口处有异物进入,触动触点,会使扶梯停止运行。

⑨ 控制箱

控制箱置于上部桁架的机房内,为方便维修,在机房盖板被去掉后,整个控制箱可以顺着一根导轨拉上来并且转动。

⑩ 润滑装置

润滑是自动扶梯维护的一项重要工作,也是保持扶梯良好运行状态的重要条件。

迅达生产的自动扶梯配备有两种润滑装置:一种是普通润滑装置,它依靠重力作用进行滴油润滑,油量大小通过电磁阀来调节;一种是中央控制自动润滑系统,它通过 MF 控制系统调节油泵、电磁阀,来达到控制油量大小和加油时间的目的。

三 自动扶梯的设计思路

(1)在车站站台、站厅、出入口应设自动扶梯,以方便乘客进出。

(2)自动扶梯应采用重载荷公共交通型扶梯。其定义为:自动扶梯每天应能够连续运行20h,每周运行140h。每隔3h 能以100% 额定载荷连续运行1h。

(3)自动扶梯应适合所在城市的自然气候条件。

(4)自动扶梯应可接受 BAS 系统的监控,BAS 可收集并显示扶梯的状态信息。

(5)在车站紧急状况下,自动扶梯可接受 FAS 系统的控制。

(6)地下车站出入口及高架车站自动扶梯应选用半室外型,如自动扶梯周围无防风雨设施,应选用室外型。

（7）自动扶梯应能承担紧急疏散任务。

四 轮椅升降台（机）

① 轮椅升降台的使用

轮椅升降台专为残疾人士设计，使用操作简单，设备安全性高，维护操作简单。可与车站控制室视频通话，方便乘客召援。轮椅升降台占地面积小，安装灵活，在不方便安装电梯的地方使用。

轮椅升降台通常安装在站厅层通往站台层的楼梯扶手上，平时不用的时候，轮椅升降机的平台就竖起来固定在楼梯扶手顶端，当坐轮椅的乘客要从站厅层到站台乘坐轨道交通时，只需要在台阶扶手边按下求助按钮，站务人员便可以启动这台升降机，轮椅升降平台将从楼梯扶手打开，轮椅上到平台并固定后，升降平台就缓慢地沿着台阶水平下降到站台层。升降机也可以将站台的轮椅送到站厅层。用完后按下按钮把升降平台折叠起来。

② 轮椅升降台的组成

轮椅升降台由控制屏、平台、扶手导轨、充电电源等组成。

③ 轮椅升降台的工作原理

工作原理：直流电动机带动传动齿轮，齿轮驱动传动链，传动链与导轨配合带动平台慢速运行。

第二节　自动扶梯系统的运行管理

一 运行管理的任务和内容

① 运行管理的任务

保证设备处于正常运行状态，实现系统的设计功能。同时为车站迅速输送乘客、维持良好秩序提供有力保证。

❷ 运行管理的内容

(1) 应急处理：指设备发生困人或客伤等事故时，由运行管理人员按应急方案处理，并按规定通知维护人员。

(2) 故障报告：观察设备的运行状态，若发现异常（如异常响声、停梯等），及时将故障情况报告环调，再由环调组织专业人员维护。

(3) 设备监管：对设备的正确使用进行监管，防止乘客违规使用。

(4) 运行操作：每天对设备的启动和停止运行进行操作。

二 运行管理组织及有关人员的职责

系统日常运行管理由各车站工作人员根据车站运作需要，对系统设备进行开、关和控制运行方向的操作，并对设备进行监管及故障报告。当车站出现紧急情况或发生火灾时由控制中心统一指挥，车站工作人员按照救灾模式控制设备的运行。

三 运行管理的有关规程和制度

❶ 自动扶梯操作规程

当开始运转或停止自动扶梯时，需按下列顺序进行操作（注：自动扶梯在上下端各装有一个操作盘，任一操作盘都可以操作）。

1) 开始运转之前

(1) 检查扶梯踏板、扶手带、梳齿板、裙板保护胶条（或毛刷），除去夹在里面的碎纸、小石子、口香糖等。

(2) 用手感触确认裙板及竖板的润滑剂是否充分。

(3) 请确认自动扶梯周围的安全设施（三角警示牌、防止进入栅栏等）有无破损等异状。

2) 开始运转时

(1) 把钥匙插入报警开关鸣响警笛，发出信号告诉附近的人们将运转。

(2) 确认自动扶梯周围或扶梯踏板上没人时，把钥匙插入启动开关后，向想要使用的运行方向（上或下）旋转，自动扶梯则开始工作。放开手则钥匙回到中立位置，把钥匙拔出来。

(3) 启动后须确认扶梯踏板和扶手带是否正常工作。如万一有异常声响或振动时，要立即按动紧急停止按钮，停住自动扶梯。

(4) 确认正常运转之后，再试运转 5~10min。

(5) 在试运转中按动紧急停止按钮，确认工作情况。

3) 停止运转时

(1) 在停止自动扶梯之前，需确认有无发生异常声音或振动。如有问题则使自动扶梯停止。

(2) 用通知自动扶梯停止的报警开关鸣响警笛。

(3)停止之前,不要让人进入自动扶梯的乘梯口。

(4)在确认自动扶梯附近或扶梯踏板上无人后再把钥匙插入停止开关进行操作,自动扶梯则停止。

(5)一天的运行结束后,要认真检查扶梯踏板、扶手带、梳齿板和保护裙板并清洁。

(6)为防止乘客将停用中的自动扶梯当楼梯使用,应采取措施,用栅栏等挡住乘梯口,设置停用牌。

注意事项:

①要使用自动扶梯紧急停止按钮,需事先通知乘客。在紧急状态下不得不进行操作时,应大声通知乘客"紧急停止,请抓住扶手带"后,再进行操作。如莽撞从事则有可能使乘客跌倒的危险。

②如在扶梯踏板上有乘客时而启动,则乘客有跌倒、受伤的危险,故在有乘客时绝对不能启动自动扶梯。

③在扶梯踏板上有人时,除发生紧急情况外绝对不能停止。

④在自动扶梯的运行中,要把钥匙拔出。

4)转换运行方向时

(1)利用通知停止的警报开关鸣响警笛。

(2)在确认扶梯踏板上无人后再用停止开关停止运行。

(3)待完全停止后,再重新用启动开关向希望的方向运行。

注意事项:

如乘梯口楼面有文字表示时,一旦转换运行方向,楼面文字表示也要相反。

5)紧急停止时

(1)如万一在自动扶梯上发生跌倒的紧急情况,则用力按动乘梯口的紧急停止按钮。

(2)在重新开动扶梯之前,要确认造成紧急情况的原因,并予以排除。检查机器,如有异常及不明原因时,不要开梯,及时通知维护人员进行维护。

注意事项:

发生紧急情况而要紧急停止时,应在停止之前通知乘客,以防止乘客跌倒受伤。

6)钥匙的管理

(1)操作时要用自动扶梯专用的钥匙。

(2)将钥匙装在钥匙厢内严格保管,除有关人员之外不得借出。

❷ 自动扶梯日常管理制度

1)使用制度

(1)禁止把行李或小推车放到梯级上。

(2)禁止用扶梯运载货物。

(3)严禁将尖锐物放到梯级上(例如雨伞尖端等)。

(4)严禁坐在梯级上或赤脚乘坐扶梯。

(5) 严禁沿下行的扶梯反方向往上跑,或沿上行的扶梯反方向往下跑。
(6) 严禁站在扶梯外盖板上或骑在扶手带上。
(7) 禁止在扶梯乘降处玩耍。
(8) 严禁将身体伸出扶手带外。
(9) 严禁让小孩及老人单独乘坐扶梯。
(10) 站在梯级中心位置,避免站在梯级侧边或前端位置。
(11) 清扫扶梯附近时,严禁让水渗入自动扶梯机房内。
(12) 除非出现紧急情况,禁止按急停按钮。

2) 管理要求

为了确保正确使用扶梯,车站必须指派监控人员监督扶梯的使用情况。其职责如下:
(1) 检查扶梯的防护装置及警示牌。
(2) 监督乘客正确使用扶梯设备。
(3) 确保只有维护人员及监控人员才能拥有和使用扶梯启动钥匙。

3) 日常检查项目
(1) 急停按钮:按下按钮,扶梯停止。
(2) 梯级:检查是否卡有异物,螺栓是否松动,梳齿及梯级面板是否有断裂或损伤。
(3) 乘客舒适感:搭乘时,感觉扶梯顺畅平稳及宁静。
(4) 扶手带:检查扶手带是否有异常膨胀或者老化,是否附有口香糖,有无污垢;如有则清理。
(5) 内盖板:检查螺栓是否松动,接合处是否平滑。
(6) 防护装置和三角警示牌是否安装牢固。
(7) 启动及停止开关:检查钥匙插入后能否转动顺利。
(8) 裙板和竖板:确认裙板和竖板表面有无异物。

注意:只有将自动扶梯停止后才可以进行检查。

第三节 自动扶梯系统设备的巡视与运行

一 巡视的一般要求

巡视以及时发现系统设备运行异常为目的,并在安全和不影响正常运营的情况下及时组织对设备进行修复,确保设备正常运行。

1 巡视组织

其关键是做好记录。

每天分早班(7:30~15:30)、中班(15:30~23:30),每班两人对设备进行巡视,并记录在设备巡视记录表中。

2 巡视方式

巡视以"望、闻、问、摸、嗅"为主要手段,必要时使用专用仪器或设备进行检查。

二 电梯系统的巡检与维护

为了保证自动扶梯的良好运行,提高使用寿命,必须经常地对自动扶梯进行巡检、维护,除了正常进行半月检、月检、季检、半年检、年检以外,还应注意以下三个方面的维护工作:

(1)自动扶梯投入运行三个月后,必须进行检查调整。

(2)自动扶梯每运行半个月,应对扶梯上下机房清洁一次,如没有自动润滑系统,则应对链条等易磨损部件进行润滑。

(3)自动扶梯每运行 12~18 个月,应全面检修一次。

三 自动电梯系统安全管理

1 维修安全预防措施

在对自动扶梯进行维修前,需注意以下几点:

(1)在扶梯上下入口处树起障碍物和设置"自动扶梯正在维修"的牌子。

(2)在开始工作以前,切断向电动机和控制装置供电的总开关。

(3)如果检修梯级已从自动扶梯上拆除,只允许用维修检查控制开关进行操作。

(4)绝对不要转动带载荷的自动扶梯。

(5)当完成了对自动扶梯的维修工作后,要清理场地,保证扶梯的清洁。

2 使用安全管理

(1)用钥匙开关启动扶梯时,若扶梯不能运行,则应检查一下电源总开关是否合上,以及控制箱上的主开关和维修控制开关等是否合上。若合上后还不能启动,则有必要检查一下四个手指保护开关或其他安全装置开关是否被断开。

(2)在需要改变自动扶梯的运行方向时,必须当扶梯完全停止后,才能进行改变运行方向的操作。

（3）自动扶梯安全标识标牌很重要，一方面提示乘客正确文明乘梯，在发生客伤时，这也是业主免责的必要条件。

电梯发生故障时的救援

 思考题

1. 在对自动扶梯进行维护前，需注意什么？
2. 自动扶梯的设计思路是什么？

第十一章

城市轨道交通屏蔽门系统设备管理

第一节 屏蔽门系统的组成及功能

一、城市轨道交通屏蔽门及其发展

屏蔽门系统是安装于城市轨道交通沿线车站站台边缘,将车站站台区域与轨道区域隔离开来,用以提高运营安全系数、改善乘客候车环境、节约运营成本的一套机电一体化的机电设备系统。

屏蔽门是由一系列的门体组成的屏障。它综合了力学、机械学、电子学、控制论、计算机技术、传感技术、人工智能技术、系统工程等多学科、多领域的先进技术。

屏蔽门是20世纪80年代出现的一种现代化的轨道交通设备系统。

1988年,世界上第一套屏蔽门系统安装于新加坡地铁NEL线,距今已有10年历史。其当时设计的思想是:①新加坡常年气候炎热,故空调运行费用在地铁运行成本中占有较大比重。为了节省能源,提高地铁运营的经济效益而设置了屏蔽门系统;②考虑乘客乘车的安全性(防止人员有意或无意跌入轨道,减少乘客撞伤危险),新加坡地铁屏蔽门系统当时采用气动控制系统,在外观上也较少追求美观,力求经济实用。从其近年来的使用情况看是成功的,既保证了较高的可靠性,又满足了地铁的运营需要,同时节能率近50%。

近年来,屏蔽门系统已被越来越多地用于世界各国轨道交通车站中,如新加坡、英国、德国、日本、中国香港等国家和地区。

在我国的北京、广州、深圳、上海、沈阳(图11-1)等城市已经设置屏蔽门系统。

图11-1　沈阳轨道交通安全门

二 轨道交通屏蔽门分类

轨道交通屏蔽门分为:全高屏蔽门(密闭结构屏蔽门、非密闭结构屏蔽门),半高屏蔽门,非密闭结构屏蔽门和半高屏蔽门(可以俗称为安全门)。

1 按功能划分

屏蔽门按其功能可分为闭式和开式两大类。

闭式屏蔽门:它是一道自上而下的玻璃隔离墙和活动门,沿着车站站台边缘和两端头设置,能把站台候车区与列车进站停靠区完全隔离。这种屏蔽门系统的主要功能是增加安全性、节约能耗以及降低噪声等。闭式屏蔽门门体高度一般为 2 800~3 200mm,这种结构多用于设有空调系统的站台,如城市轨道交通的地下站。

开式屏蔽门又称为可动式安全栅,半封闭式屏蔽门,它是一道上不封顶的玻璃隔离墙和活动门或不锈钢篱笆门。与全封闭式相比,安装位置基本相同,但结构简单,高度低,空气可以通过屏蔽门上部流通,造价也低。它主要是起一种隔离的作用,提高站台候车乘客的安全性,同时它也还能起到一定的降噪作用。主要作用是保证乘客的安全,高度一般为 1 200~1 500mm,这种结构不能完全隔断列车活塞风和噪声对乘客的影响,因此,多用于敞开式地面站台或高架站台。

2 按屏蔽门结构划分

按屏蔽门的具体结构可分为上部悬吊式和下部支撑型。

3 按控制方式划分

按控制方式划分有气动控制和电动控制。

如新加坡地铁屏蔽门系统采用的是下部支撑型,气动控制方式;香港机场线采用的是上部悬吊式,电动控制方式。

4 按门体使用材料划分

按屏蔽门门体使用的材料分为铝合金屏蔽门、不锈钢屏蔽门和彩板屏蔽门等。

5 按设置规模划分

按设置的规模不同划分为全线设置型和部分设置型。前者为每个轨道交通车站均设置,如香港新机场线/东涌线;后者仅为部分地铁车站设置,如新加坡地铁 NEL 线。

轨道交通屏蔽门系统经历了由气动控制方式向电动控制方式的转变,以及由笨重型向美观轻巧型的转变,而其承重方式也越来越趋向于采用悬吊式,其主要原因是:

（1）采用气动控制虽然较电动控制便宜，但气控系统容易漏气，且不易发现出现故障处，只能逐个门去检查。而电动控制则具备自动记录的功能。气动控制的汽缸不太安全，须用干燥的气体。

（2）气动控制时，其只具备两种开、关门的力量，不易用软件控制。相比之下电控系统可方便地采用软件控制，可以根据实际需要设计不同的开关门运行曲线来控制门开关的力量，使其更合理和安全。

（3）体现轨道交通轻便、快捷的形象，屏蔽门不应设计得笨重。

（4）从建筑角度考虑，也应尽量给乘客创造一个宽敞明亮的候车空间，采用上部悬吊方式使屏蔽门显得轻巧、美观，也提高了乘客舒适度。

三 轨道交通屏蔽门特性分析

1 提高了轨道交通的安全性

轨道交通列车在隧道内运行时产生强烈的活塞效应，这样当列车进站时将会给站台候车的乘客带来被活塞风吹吸的危险。

安装屏蔽门系统后，站台与隧道空间由屏蔽门隔离开来，只有当列车停靠站台，并且列车门与屏蔽门完全相对时，屏蔽门才与列车门同时打开，以便乘客上下车，从而避免了乘客跌落站台轨道的危险。

安装屏蔽门系统后避免了乘客探头张望和随车奔跑的现象，也避免了候车人员及物品意外跌落站台轨道的危险。

另外，屏蔽门上还安装了探测各种障碍物的传感器，一旦有障碍物存在，传感器发出的信息将使屏蔽门再次作出开闭动作，这样有效地减少了车门挟人、挟物的事故。

如广州地铁二号线安装的屏蔽门，是全国第一套轨道交通屏蔽门系统，也是目前世界上最先进的第三代屏蔽门系统，它采用了高科技和人性化技术，技术水平已超过目前香港、巴黎和伦敦等地铁使用的屏蔽门系统。广州地铁二号线自开通运营以来，没有发生一起乘客跳轨或落轨的安全事故。而上海地铁因没有安置屏蔽门系统，致使乘客意外进入轨道而发生的事故已达40多起，死亡人数超过20人。

目前，在美国、法国、英国、日本和澳大利亚等国主要是基于安全性而采用屏蔽门系统。

2 提高了轨道交通地下工程运营的经济性（节能）

地处热带、亚热带地区的城市，天气炎热，为了改善车站环境，每个车站均采用空调作为轨道交通地下工程环控的主要手段。装设站台屏蔽门后可避免大量冷气从站台进入隧道，另外减少列车制动时所散出的热量进入候车区域，并减少站台出入口由于列车活塞作用吸入的大量新风所形成的负荷。这样首先是减少了大量冷气消耗，达到节能的目的；其次是减少了空调设备容量，相应减少了空调机房土建面积与投资。

北方寒冷地区也同样存在空调供暖问题。

③ 既环保又提高了舒适性

与前述经济性实现的同时，正是因为实现其经济性而采用了全封闭型屏蔽门系统，从而隔断了区间隧道空气与车站空气的流通，保证了候车区域空气的质量，乘客的候车环境更加良好，提高了舒适性。

列车行驶时会产生噪声，安装全封闭式屏蔽门系统之后，在站台和轨道之间形成了一个隔音屏障，大大降低了候车区域中的噪声，能够降低约 20~25dB（A）。安装半封闭式屏蔽门，也能减少噪声约 10~15dB（A）。同时还可以把活塞风从隧道中带来的垃圾和灰尘拒之于屏蔽门外，使候车区域保持良好的卫生环境。

④ 降低了人工成本

在有些乘客不多的车站，安装屏蔽门后，可以减少甚至不需要站台工作人员，这将减少日常的运营管理费用。

在日本由于人力资源成本较高，东京地铁南北线安装屏蔽门就是出于此种考虑，大大节省了人工成本。

⑤ 候车面积增加

由于安装屏蔽门系统只需要 25~30cm 的宽度，而在没有屏蔽门系统的车站，乘客候车的安全线距站台边缘的距离有 50~60cm，因此安装屏蔽门后会增加车站的有效候车面积。

⑥ 缺点

（1）屏蔽门系统的最大缺点就是投资大，安装后还会增加维修费用。

如香港地铁公司在它的 30 个车站的 74 个站台上安装了屏蔽门系统，总投资达到 20 亿港元；悉尼地铁的 Wynyard 车站和 Town Hall 车站共有 14 个站台，安装屏蔽门初期投资需要 1 310 万澳元，年维修费用约 134 万澳元；广州地铁仅购买屏蔽门每个车站就花了人民币 800 多万元，这也是当时国内许多城市在轨道交通建设中为了节约成本而不得不放弃采用屏蔽门系统的主要原因。上海地铁一号线于 1994 年建成，在规划设计中已经采用了屏蔽门系统作为其环控模式，但由于当时垄断屏蔽门技术的两家国外公司报价每个车站高达 3 000 万元等原因，屏蔽门建设被迫搁置。

（2）因分割了站台空间，使乘客的视野空间压缩了约 1/3，有些站台象"长弄堂"一样，对乘客有压抑感。

（3）由于全封闭式安全门不通视，对迎送乘客之间那种挥手致意和那依依不舍的人性化色彩被割去。

（4）屏蔽门没有解决列车到站时"未下先上"的问题，站台乘客仍然在安全门的门口争先恐后，拥挤不堪，也给不良分子有可乘之机。

（5）屏蔽全封闭式安全门对站台的通风、采光都有影响，它不适用于架空行驶的轻轨站台。

四 轨道交通屏蔽门组成及其功能

1 轨道交通屏蔽门组成及控制模式

屏蔽门系统由机械部分（门体结构和门机驱动系统）和电气部分（供电电源和控制系统）组成。

门体结构由支撑结构、门槛、顶箱、滑动门、固定门、应急门和端门组成。

门机驱动系统由电机及减速器、传动装置组成。

供电电源包括驱动电源 UPS、控制电源 UPS、系统配电柜（PDP 柜）等。

控制系统由中央接口盘（PSC）、就地控制盘（PSL）、站台远程监视设备（PSA）、门控单元（DCU）和连接这些装置的通信通道等组成。

中央接口盘（PSC）由单元控制器（PEDC）、220V/50V 的变压器和外围接口构成。每个 CIP 包含 2 个 PEDC，PEDC 分别控制相应的站台屏蔽门。

图 11-2 为车站屏蔽门系统设备分布图，图 11-3 为封闭式屏蔽门剖面图。

从外形上看，屏蔽门系统是由若干扇门组成。

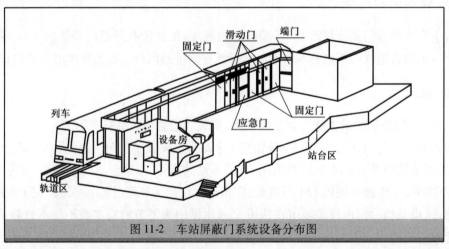

图 11-2 车站屏蔽门系统设备分布图

屏蔽门系统控制模式设置有系统级、站台级、人工操作（或称手动操作）三种正常控制模式。系统级控制即是执行信号系统命令的控制模式；站台级控制即是执行站台 PSL 操作盘发出命令的控制模式；手动操作即是站台工作人员在站台侧用专用钥匙解锁或由乘客在轨道侧推动解锁装置打开滑动门。此外，屏蔽门系统设置有火灾控制模式，即在相应的火灾模式下，车站值班人员在车站控制室操作消防联动盘操作屏蔽门紧急控制开关，配合打开滑动门，疏散乘客和配合环控系统排烟。上述模式的控制优先权从高到低依次为人工操作（或称手动操作）模式、火灾控制模式、站台级控制模式、系统级控制模式。

屏蔽门系统具有障碍物检测功能，即滑动门关闭时检测到障碍物，会后退作短暂停止以释放夹到的障碍物，然后再关闭，从而避免夹伤乘客。

屏蔽门系统与车站机电设备监控系统(EMCS)之间或主控系统(MCS)之间设有通信接口,用于传送屏蔽门系统运行状态、故障诊断信息,便于车站控制室人员、维护人员监视屏蔽门状态。

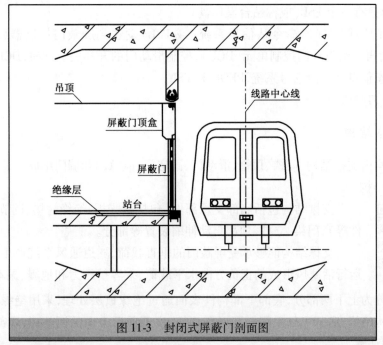

图 11-3　封闭式屏蔽门剖面图

在站台监控亭设有屏蔽门系统监控器(PSA),车站工作人员、屏蔽门维护人员可在此 PSA 上监控屏蔽门系统运行状态,查看、下载屏蔽门系统运行历史记录,修改、上传屏蔽门系统控制程序、参数等。

2 轨道交通屏蔽门功能分析

(1)屏蔽门与每节车厢单侧的车门对应的是滑动门,可以向两边打开,当列车停靠时,滑动门与车门一一对应。每一道门由左右两扇滑动门组成,在正常使用状态时,滑动门关闭过程中如遇到障碍物,会通过 3 次减速的检测功能,检测是否有障碍物的存在。如果第三次探测到障碍物仍然存在后,DCU 会发停止命令,马上停止滑动门的运动状态。

(2)和每个车厢相对应分布有应急门,应急门由两扇铰链门构成,以预防突发事件。

(3)滑动门与应急门之间装有平滑的、玻璃制成的固定门。

(4)每个车站有两扇(两端各 1 扇)端门。

(5)在同一站台上整侧门中的第 1 道和最后 1 道门为非对称门,这是因为它们打开时会堵住紧靠屏蔽门两端的司机门。除这两门道外其他门具有全尺寸,便于乘客上下列车。

(6)所有的门上方盖板上均有门头指示灯,当开门或关门时指示灯会有不同状态的显示。

(7)屏蔽门可以接受远程操作而被驱动而执行开门、关门命令,通过这个功能就可以响应来自控制着列车运动的信号系统的命令。因此,屏蔽门在信号系统的控制期间只有列车停下来时才被打开,而在关闭且锁紧后列车才允许离开。

(8)在信号系统失效或弃用信号系统时,可以通过就地控制盘(PSL)来取得门的控制权。每个 PSL 都位于屏蔽门的站台侧端门外,并在列车正确停靠时与驾驶室并列,也就是说,每侧站台只有一个 PSL(或称站台操作盘)。

(9)"开门"或"关门"命令从信号系统(或 PSL)发送到屏蔽门控制器(PEDC),经过 PEDC 处理后再传给滑动门控制单元(DCU),控制滑动门的开和关。同时,DCU 也可以把控制信息和状态信息回传给信号系统、PEDC 和 PSL。

注:一道门指两扇。

3 门体结构

门体结构由支撑结构、门槛、顶箱、滑动门、固定门、应急门和端门组成。

1)支撑结构

屏蔽门体部件

支撑结构包括底部支承部件(包括踏步板、绝缘衬垫、调节板、下部预埋件等)、门梁、立柱、顶部自动伸缩装置等部分。

支撑结构能够承受屏蔽门的垂直载荷、隧道通风系统产生的风压、列车运行活塞风形成的正负方向水平载荷、乘客挤压力和地震、振动等载荷。底部支承部件分为上下两部分,底部下部构件表面通过绝缘镀层处理,采用绝缘安装,使屏蔽门与建筑结构绝缘;底部上部采用椭圆形孔连接,实现前后方向的调整;与底部预埋槽钢配合,实现纵向调整。

顶部自动伸缩装置与立柱连接,实现高度方向 ±30mm 的调整,通过顶部方形垫板上的弧形孔和预埋件的纵向导槽实现前后左右的位置调整(立柱顶部装有万向调节伸缩装置,该装置能有效吸收土建顶梁不平度误差,并消除顶梁及站台面的不均匀沉降对屏蔽门系统的影响)。

屏蔽门与路轨相连以保持同一电位,同时屏蔽门与站台之间宽 1.5m 的地板上铺设一层电气绝缘胶膜,保证站台绝缘电阻值 $\geq 0.3M\Omega$;而屏蔽门安装时与站台板和顶板电绝缘,其电阻值要求 $\geq 0.5M\Omega$,以保证乘客上下车时的安全。

2)门槛

门槛是屏蔽门安装的基准面,包括固定门门槛和活动门门槛。

固定门门槛承受固定门的垂直载荷,活动门门槛承受乘客载荷。门槛采用不锈钢材料,表面设有防滑齿形槽,提高门槛的耐磨性和防滑性。门槛结构中有滑动导槽,与滑动门配合应滑动自如,导槽底部有直通孔,导槽内的杂物和灰尘可以下落。

3)顶箱

顶箱由 L 形铝合金框架承托,在站台侧用不锈钢固定板铰接在门立柱之上,借助长而坚固的框架形成一条与滑动门等宽的连续跨度。顶箱内有安装有 DCU(门控单元)、电机、变速器、电磁锁、模式开关、配电端子箱、导轨及顶梁等部件。

(1)DCU 门控单元,自动控制时由 PEDC 发命令给 DCU 执行。

(2)驱动系统,带动皮带作往返运动的动力系统。

(3)变速器,改变电机传动速度从而实现滑动门作加速和减速运动。

(4)电磁锁,控制和检测滑动门的开关状态,在没有接收到开门命令时电磁锁将不会动作,从而不会打开滑动门。

(5)模式开关,门状态控制开关,为需要使用钥匙的开关。可分为4个不同的状态:正常操作状态,隔离状态,检修及关门状态,检修及开门状态。

顶箱可以承受各种水平载荷。顶箱前盖板上设有门锁,盖板周边有可压缩橡胶密封条,当盖板关闭紧锁时,形成完整的密封箱体,有效地降低噪声。

4)滑动门

滑动门(SD)由门玻璃、门框、门吊挂连接板、门导靴、门缘橡胶密封条、手动解锁装置等组成。

滑动门通常由不锈钢门框和钢化玻璃组合而成,每个滑动门单元上均由左右各一扇滑动门组成,在左滑动门的轨道侧有一绿色紧急手动开门拉杆,滑动门的站台侧有上有一三角锁手动解锁装置。

正常运行时,滑动门是乘客上下车的通道,也是车站隧道内发生火灾或故障时,列车到站后乘客的疏散通道。滑动门上部的吊挂连接板与门机的吊挂板连接,下部装有导靴,两扇滑动门靠近中心处装有橡胶密封条,站台侧1.8m高处有手动解锁的钥匙孔。滑动门设有锁紧装置和手动解锁装置;滑动门关闭后,锁紧装置可以防止门由于外力作用被打开;采用开门把手或钥匙手动释放解锁装置可将门打开。滑动门能满足系统级控制、站台级控制和手动操作要求,手动操作为最高优先级。

当系统级、站台级控制失败时,乘客可从导轨侧使用紧急手动开门拉杆(开门把手)将门打开,授权的站台工作人员也可以用钥匙进行手动操作打开滑动门。

滑动门的开度一般要比车门大,比如车门开度为1 400mm,考虑列车的停车精度不可能100%准确,如果停车精度为±200mm,则活动门的开度为1 400+400=1 800mm(沈阳列车的停车精度为300mm)。

5)固定门

固定门(FSD)位于滑动门之间,由门玻璃和铝制门框等组成,起隔离作用。

固定门是把车站与列车隧道隔离的屏障之一。所有固定门处在同一水平面内,从站台看不到支撑固定门的铝制门框。固定门门框插入立柱上的方形孔,门框和支承柱之间有橡胶垫,可有效降低振动。

6)应急门

应急门(EED)由应急门板、门框、闭门器、推杆锁等组成。

应急门由不锈钢门框和钢化玻璃组合而成,每组2道,每组分别与每节车厢对应。应急门的站台侧设有钥匙解锁开关,在轨道侧,应急门的中央设有绿色手动解锁推杆。

应急门是列车进站停车后,列车门无法对准滑动门时,至少有一道应急门对准列车门作为疏散乘客的通道。

在应急门的中部装有手动推杆解锁装置,应急门不会因列车活塞风压、隧道通风系统风压影响而自动开启。在导轨侧,乘客通过推压解锁推杆,推杆带动门框内的解锁机构,松开应急门上下的门闩将门向站台侧旋转90°打开;在站台侧,站台工作人员也可以用"通用"钥匙打开应急门。

应急门门框的上部装有闭门器,保证应急门在手动开启后能够自动复位关闭。

注意:应急门的设计是为了在紧急情况下使用的逃生门,在日常的轨行区作业时禁止使用应急门。

7) 端门

端门(PED)由门玻璃、门框、闭门器、门锁和手动解锁装置等组成。

端门由不锈钢门框和钢化玻璃组合而成,端门安装在屏蔽门两端,使之能分隔站台区域和工作区域。端门的站台侧设有钥匙解锁开关,而在站台外侧中央设有绿色手动解锁推杆。

端门是当区间隧道发生火灾或故障时,列车停在隧道内,乘客从列车下到隧道后疏散到站台的通道,也是车站工作人员进出隧道进行维修的通道。在隧道侧乘客通过推压手动解锁推杆,推杆带动门框内的解锁机构,松开端门上下的门闩将门打开;在站台侧,站台工作人员也可以用钥匙打开端门。

门框的上部装有闭门器,保证端门在手动开启后能够自动关闭。

8) 门载荷设计要求

滑动门、固定门、应急门、端门的门扇及其配件均能承受列车活塞风压±1 000Pa、隧道通风系统风压1 500Pa、乘客挤压力500Pa和冲击力1 500Pa。

静载荷 $SL = 1\,500$Pa;

挤压载荷 $PL = 500$Pa(结构无屈服变形);

疲劳载荷 $FL = 1\,000$Pa(每年500 000次)。

在上述载荷情况作用下,门体的总变形量不大于12mm。

④ 门机驱动系统

门机驱动系统由电机及减速器、传动装置组成。

1) 电机及减速器

门机的功能是控制门的开、关,一般采用无刷直流电机,电机轴与减速器直联,减速器采用蜗轮蜗杆传动,减速器输出轴装有传动齿轮。

2) 传动装置

传动装置由驱动皮带和门悬挂设备组成。

皮带传动采用正向啮合驱动,保证两扇门运动同步、稳定。采用重型皮带传动装置,更好地调节皮带张紧力,消除皮带打滑。滑动门由滚轮悬挂在J形截面不锈钢轨道中运行,整个运动过程中,滑动门保持在一个恒定的水平,使其平稳运行,减小摩擦力。

⑤ 供电电源

供电电源由驱动电源 UPS、控制电源 UPS、系统配电柜(PDP 柜)等组成。

（1）驱动电源 UPS：为门机提供门头电源，当外部电源中断供电时，能为断电后的屏蔽门提供一定开关门次数的控制的驱动能量，为车站人员提供应急处理的时间。

（2）控制电源 UPS：为系统控制线路提供电源，当外部电源中断供电时，能为屏蔽门控制回路提供不少于 30min 的后续能量，为车站人员提供应急处理的时间。

（3）系统配电柜（PDP 柜）：包括系统总开关、主隔离变压器、门单元分路负荷开关、各控制回路工作电源开关、车站低压配电接地保护等。

❻ 屏蔽门控制系统组成

屏蔽门控制系统由中央接口盘（PSC）、就地控制盘（PSL）、站台远程监视设备（PSA）、门控单元（DCU）和连接这些装置的通信通道等组成。

屏蔽门控制系统具有系统级控制（SIG）、站台级控制（PSL）、手动操作控制、火灾模式（IBP）。其中，以手动操作控制优先级最高，系统级最低。只有在执行完高优先级的操作后，才可以进行低级别的操作。

站台每侧屏蔽门配置完整的控制子系统（包括 PEDC、DCU、PSL、PSA 及连接其他系统的接口），与上下行信号系统配合，与主控制系统（PSC）连接，分别控制各侧屏蔽门。系统内部采用现场总线和硬线两种连接方法。

五 系统接口

在屏蔽门系统的设计过程中需要考虑屏蔽门系统与车站下列各个专业的接口。

❶ 与车辆的接口

对应车辆的编组方式，屏蔽门的布置采用沿站台边缘对称布置的方式，应确保列车在正常停车精度范围内（±350mm），滑动门与列车门一一对应，保证乘客安全、迅速地上下车。

❷ 与车站建筑专业的接口

屏蔽门上部结构应与室内吊顶间绝缘、密封。在安装好屏蔽门系统，并且完成屏蔽门系统的所有测试试验后再进行屏蔽门踏步板与站台装饰石材之间绝缘带的敷设。

❸ 屏蔽门系统与低压配电系统的接口

车站低压配电系统向屏蔽门系统提供一类负荷，两路三相 380V、50Hz 的交流电源，屏蔽门系统与低压配电系统的接口为驱动电源的两路进线开关的输入端。

❹ 屏蔽门系统与信号系统的接口

按照用户的要求安排信号系统与屏蔽门系统之间的接口形式，信息交接点为中央接口盘（PSC）的端子排。

5 屏蔽门系统与设备监控系统的接口

按照用户的要求安排设备监控系统与屏蔽门系统之间的接口形式、通信协议类型、数据格式。信息交接点在屏蔽门系统的中央接口盘(PSC)的端子排上。

六 主要技术参数(表11-1)

技术参数　　　　　　　　　　　　　　　　　　　　表11-1

设计要求	参考数据	注释
站台布置		以站台中心线居中对称布置
轨道侧环境	温度40℃,相对湿度95%	
站台侧环境	温度25℃±1℃,相对湿度60%±5%	在车站的环境控制设备工作的情况下
人群荷载	1.5kN/m	距站台面1.125m高度
风压	±900MPa	
疲劳应力	±500Pa	每年50万次
开关门时间	开门时间为2.5~3.0s 关闭时间为3.0~3.5s	门开关时间可调
门最大运行速度	0.5m/s	为保证门在最大运行速度时,门的最大动能小于10J
噪声级	小于75dB	离站台边1m远,在站台上方1.5m高处
关门力	小于150N	在不对被夹的人造成伤害的情况下,关门力可调
电源	380V,50Hz,3相	
备用电源		可使用屏蔽门控制系统在1h内对每侧活动门开关操作5次
使用年限	30年	

七 操作安全和相应措施

1 列车门和屏蔽门之间存在着缝隙

屏蔽门系统最大优点之一是防止人员有意或无意跌入轨道,大大减少了乘客被列车撞伤的危险,尽管屏蔽门系统杜绝了这种危险性,但却导致了另一种潜在危险。因为在列车门和屏蔽门之间存在着缝隙,当列车车门正常打开而屏蔽门发生了故障未及时打开,乘客试图手动打开屏蔽门,这时列车门却在其身后正好关闭,那么,乘客就有可能从缝隙中跌入轨道,酿成事故。

② 屏蔽门开启

(1) 无论是人工操作或自动操作,当列车尚未停站时,屏蔽门千万不能处于开启状态,因为处于开启状态的屏蔽门系统站台要比不设屏蔽门系统的站台危险性大得多,乘客(特别是儿童)出于好奇有可能向屏蔽门外张望,这种行为异常危险。若有几扇屏蔽门出现故障未能及时打开,则会出现列车延时之后果。

(2) 如因门故障原因,需打开滑动门并使其处于开门状态,必须隔离该门单元并加强监控,以免影响安全行车。

(3) 正常行车状态下,严禁打开应急门。一经使用后,必须确认关闭并锁紧,严禁使用异物阻挡应急门关闭,严禁放置任何物品在滑动门槛上。

(4) 任何工作人员使用端门后,必须确认关闭并锁紧,严禁打开后无人守护,严禁使用异物阻挡端门关闭。

(5) 严禁乘客倚靠屏蔽门。

(6) 清洁门体、地板、隧道时,不得使底座绝缘套受潮。

(7) 严禁在距屏蔽门门体边沿 2m 范围内钻孔安装任何设备设施,破坏绝缘层。

为此必须拥有一批训练有素的车站服务人员,随时排除屏蔽门出现的故障。

③ 屏蔽门与列车车门运作速度

因为考虑列车停站误差,屏蔽门的最小宽度远远大于列车车门宽度,如果屏蔽门与列车车门都以相同速度运作,则存在对乘客造成伤害的可能。

其相应措施是降低屏蔽门的启闭速度,然而这将付出列车停站时间增加和列车循环周期变长的代价,如果增加停站时间但又保持相同的发车时间间隔,那就需要增加列车数量。

第二节 屏蔽门系统的运行管理

一、运行管理的任务和内容

① 屏蔽门系统运行管理的任务

保证设备处于安全受控状态,实现系统的各项功能,为车站正常运营提供必要的设备基础条件。

② 屏蔽门系统运行管理的内容

（1）运营前巡视检查：系统启动后，每日进行运营使用前的巡视，确保设备初始状态正常。

（2）故障应急处理：指设备发生故障时，由站台岗工作人员依照行车规则作应急技术处理，并按程序报维修人员处理。

（3）日常维修作业：指设备日常运行期间发生故障时，专业维修人员接报之后进行的抢修工作。

（4）巡视作业：是通过观察设备（有代表性的）运行状态，与标准常态比较，及早发现异常运行状态，及时将故障解决于发生的初期，尽量避免故障后维修。

（5）计划维修作业：维修作业是一种主动的预防性维修，作业内容较巡视深入，是根据屏蔽门的构成、运行和使用特点等因素，周期性地纠正系统各设备（部件）运行后可能累积的误差、磨损，或零部件使用达寿命后的更换，使设备达到良好的运行状态。

（6）设备运行管理：定期下载、存储屏蔽门系统运行数据，用于必要的运行历史追溯、故障分析。

（7）备品备件采购：根据设备运行使用的损耗需求，结合备品备件仓储数量、零部件的使用寿命，计划定期补充采购。

二 管理组织及有关人员的职责

本系统设置设备维修人员、站务操作使用人员、技术支持及管理人员。

设备维修设有专业维修工班。维修工班负责日常巡视、执行各种计划作业、故障抢修、应急处理、临时任务，并必要地反馈各种作业情况。

站务人员负责日常使用操作，包括系统启动、停止、应急处理。

技术人员负责制订各种作业计划，为维修工班提供维修技术支持，为使用提供咨询服务。

三 运行管理的有关规程和制度

① 屏蔽门使用注意事项

（1）工作人员（因各种门故障原因）如需打开滑动门使之处于开门状态，必须隔离该门单元并加强监控，以免影响安全行车。

（2）除非因列车停车位置超出误差范围而使用应急门，任何正常行车状态下，严禁打开应急门；一经应急使用后，必须确认关闭并锁紧，严禁使用异物阻挡应急门关闭。

（3）任何工作人员使用端门后，必须确认关闭并锁紧，严禁打开后无人守护，严禁使用异物阻挡端门关闭。

（4）严禁放置任何物品在滑动门槛上，严禁靠放任何物品在门体上。

（5）严禁乘客倚靠在滑动门体上。

（6）清洁门体、地板、隧道时，不得使底座绝缘套受潮。

（7）严禁在距屏蔽门门体边沿 2.1m 范围内绝缘地板上钻孔安装任何设备设施。

（8）打开应急门及滑动门时必须使用屏蔽门菱形头三角钥匙，拔钥匙时必须逆时针复回原位退出；严禁使用圆头三角钥匙开启应急门及滑动门，以防止关门时锁芯错位致使关门不紧。

（9）严禁任何人员在正常运营列车进出站产生活塞风时，打开端门或应急门。

（10）为防止在站台边缘装卸重物时使门槛变形，勿使屏蔽门门槛承受超过 150kg 的设计载荷。

❷ 屏蔽门 PSA 电脑使用规定

（1）PSA 电脑（屏蔽门监视器）是屏蔽门系统重要设备，除监控亭值班工作人员、维护修理人员以外，其他人员未经许可不得进行操作。

（2）禁止在 PSA 电脑装载、启动其他无关软件。

（3）禁止擅自删除、改变系统的任何配置文件、参数及属性。

❸ 维护修理作业注意事项

（1）在系统级控制模式运营时，如需对故障门单元进行维修，必须在隔离或测试模式下进行，确保门关闭与锁紧信号形成，以免影响列车进出车站。

（2）由于 PEDC 断电后其时钟信息不能保持，系统重新通电后必须重设时钟。

（3）人工开关滑动门时，禁止快速拉动或冲击滑动门。

（4）需要反复人工开关滑动门，或人工推动滑动门的行程较大时，需要依次先作如下安全操作：

①隔离屏蔽门；

②关断该门机电源；

③松开 DCU 与电机的连接。

完成以上安全操作后，可进行人工开关门操作。恢复正常时，需要依次作如下操作：

①恢复 DCU 与电机的连接；

②恢复门机电源；

③恢复自动工作模式。

四 应备的记录、技术资料和工具及备件

❶ 应备记录

（1）设备台账：记录设备的主要器部件（规格、厂商）数量、安装分布地点等。

（2）备品备件台账：记录备品备件的消耗、补充、经办者、日期等。

（3）设备履历：记录设备的型号规格、主要配置器部件的型号规格、生产厂商、生产日期、安装地点、目前性能现状、大中修的内容记录（包括主要配置器部件更换、调整替换、改造、作业者及作业日期等）。

（4）日常巡视记录。

（5）日常故障（事故）处理记录：记录故障（事故）的发生现象、报警信息、处理过程、时间及地址。

❷ 主要技术资料

（1）系统描述与操作手册；

（2）计划维修手册及部件更换指引手册；

（3）PSA 用户手册；

（4）电气原理图、机械安装图等。

第三节 屏蔽门系统设备的巡视与运行

一、巡视的一般要求及巡视内容

巡视是通过观察设备运行状态，与标准常态进行比较，以及早发现异常，及时将故障解决于发生的初期，尽量避免故障后维修。根据设备的运行特点，需要作如下的巡检。

❶ 运营前巡视检查

系统启动后，每日投入运营使用前的巡视，可确保设备初始状态正常，包括确认所有的滑动门关闭与锁紧、滑动门滑动范围内无开关门的障碍物、应急门与端门关闭与锁紧、无 PSA 报警、电源供电及 UPS 正常。

❷ 运行时巡视

巡视内容见巡视项目与结果。

③ 收车后巡视

门体清洁、门槛及滑轨清洁、确认后盖板密封完好。注意收车后完成相关配合作业后,需要恢复屏蔽门为正常工作状态。

二、系统设备的运行

① 系统启动与关闭

1) 启动步骤

(1) 先后合闸为驱动 UPS 供电、为控制 UPS 供电。

(2) 先后按照驱动 UPS 电源开机指引启动驱动 UPS 工作,按照控制 UPS 电源开机指引启动控制 UPS 工作。

(3) 在系统配电柜顺序闭合门单元供电、系统控制器供电开关,进入待机状态;启动 PSA 的 SMT。

(4) 确认在列车未进站时,所有门单元关闭并锁紧(必要时应试验 PSL 开关门操作)。

2) 停机步骤

(1) 确认所有门单元关闭并锁紧;操作 PSA 退出 SMT 和操作系统。

(2) 在系统配电柜顺序断开系统控制器供电、门单元供电开关。

(3) 先后按照 UPS 电源停机指引,停止控制 UPS、驱动 UPS 工作。

(4) 先后断开控制 UPS 供电、驱动 UPS 供电。

② 屏蔽门的运行

屏蔽门正常运行时采用系统级控制,当需要站台级控制操作时,须遵守 PSL 操作方法。

③ 滑动门人工操作开门

当控制系统电源不能供电,或个别屏蔽门单元发生故障,或其他紧急需要时,由站台人员或乘客对屏蔽门进行的操作。

④ 滑动门人工操作关门

当屏蔽门单元发生故障时,由站台人员对屏蔽门进行的操作。

屏蔽门的人工开启

⑤ 关于门单元门头模式开关的说明

(1) 每个门单元有三种工作方式,即正常模式、隔离模式和测试模式,通过操作门头模式开关选择其中一种工作方式。

(2) 当门单元无故障,处于正常运营工作状态时,选择正常模式。

(3)当门单元出现故障,无法正常工作时,选择隔离模式。

(4)测试模式由维护人员使用,在这种模式下,需要有门机内的测试(TEST)开关配合使用。

❻ 关于屏蔽门关门障碍物检测功能的说明

屏蔽门在关门过程中,遇有障碍物(如乘客或其他)阻挡关门时,如门控器检测到关门的阻力大于设定值,则门控器进入关门障碍物处理功能,即滑动门立即停止关闭,并反向打开50cm,解脱被夹的障碍物,稍作停留后,低速继续关门至原来检测到障碍物的位置。如障碍物已不存在,则以正常速度完成关门;如障碍物继续存在,则上述过程重复四次后,一直打开该滑动门(并报警)。

❼ 屏蔽门火灾模式使用及其注意事项

(1)火灾模式的使用:屏蔽门火灾模式操作开关为钥匙开关。

(2)屏蔽门火灾模式使用注意事项:屏蔽门火灾模式控制不设置关门功能。

第四节 屏蔽门系统设备的维护

一、维修管理的任务和原则

维修作业是一种主动的预防性维修,作业内容较巡视深入,是根据屏蔽门的构成、运行和使用特点等因素,周期性地纠正系统各设备(部件)运行后可能累积的误差、磨损,或零部件使用寿命后的更换,调整设备达到良好的运行状态。由于屏蔽门系统使用场合的特殊性,维修作业的内容存在时间、空间等因素的限制,必须服从调度的统一安排,必须遵章办理一切必要的作业手续,必须确保运营安全,包括行车安全、乘客安全和工作人员安全、设备安全;需要在轨行区内进行的维修作业和可能侵入轨道的维修作业,必须在收车后进行。

二、维修管理的组织及有关人员的职责

维修作业的计划由专业技术人员制订,由专业工班人员执行。执行过程包括作业手续

办理、作业过程必要的记录、作业过程发现的异常问题反馈及其解决等。

 思考题

1. 屏蔽门为什么能提高轨道交通的安全性？
2. 屏蔽门系统运行管理的内容有哪些？
3. 屏蔽门关门障碍物检测功能是如何实现的？

第十二章

城市轨道交通给排水系统设备管理

第一节 城市轨道交通车站给排水系统组成及功能

城市轨道交通的给排水系统包括车站和车辆段给水排水系统，分别由给水系统和排水系统两部分组成。

一、城市轨道交通给排水系统的任务

① 城市轨道交通车站给水系统的任务

城市轨道交通车站给水系统的主要任务是满足地下铁道生产、生活用水，消防用水，人防用水的需求。

生产用水包括车站公共区域地坪等冲洗用水、车站设备用房洗涤盆用水、车站冲洗用水、空调冷冻机的循环水、冷却循环水系统补充水。

生活用水主要指车站工作人员使用的卫生间、茶水间等用水。

消防用水主要指消火栓用水。

人防用水指城市轨道交通工程除在平常作为重要的交通枢纽外，作为地下工程还兼有人防工程的特点，在战时可作为人员掩蔽的场所，在给水工程中也应考虑到相应的人防要求。

② 城市轨道交通车站排水系统的任务

排水系统的主要任务是及时排除生产废水、生活污水、隧道结构渗漏水、事故消防废水及敞开式出入口和风亭部分的雨水等，以满足城市轨道交通安全运营的需要。

二、城市轨道交通车站给水系统

① 水源

（1）城市轨道交通车站所在地一般为城区，周围有较完善的市政给水管网，以市政自来水为供水水源。每个车站由两条不同的城市自来水管(管径 DN150～DN200mm)引入消防和生活、生产给水管,并在引入管上加设电动和手动蝶阀。手动蝶阀平时开启,电动蝶阀平时一开一闭并定期轮换供水,发生火灾时全部打开。电动蝶阀由机电设备监控系统(EMCS)实现监控。

(2)采用生活、生产用水和消防用水分开的给水系统,分别设置水表及阀门井(水表井可以设在一起)。水压按卫生器具用水要求和生产用水要求确定。对轨道交通车站而言,市政水压一般能满足生产、生活给水系统水压要求,采用市政给水直接供水给水系统。

(3)引入车站的水源,在站内形成环状管网,生活、生产给水系统从引入管接出给水管后在车站布置成枝状,供给各用水点,消防给水系统在站内成环状布置。

❷ 用水量标准

(1)工作人员生活用水量 30～60L/(人·班),小时变化系数 2.5～2.0。
(2)冷水机组水系统的冷却补充水量以冷却循环水量的 2%～3% 计。
(3)车站公共区域冲洗水量 2～4L/(m²·次),每天冲洗一次,每次按冲洗 1h 计算。
(4)生产用水量按生产工艺要求确定。

❸ 进出车站的给排水管道布置

(1)给排水管道不能穿过连续墙,宜在出入口或风井部位布置,因轨道交通车站连续墙厚度近 1m,预留空洞给结构工程带来不便。
(2)给水管道严禁跨越通信和电器设备用房。
(3)给水干管最低处设置泄水阀,最高处设置排气阀,排气阀一般设于设备用房端部没有吊顶的部位。
(4)给水干管穿越沉降缝处,宜设置波纹伸缩器。
(5)由于生产、生活给水管一般采用塑料管材,塑料管材的线胀系数大,轨道交通车站站厅、站台层长度一般在 100m 以上,管线布置时要有效地减少或克服管道线性变化值。在可能暗敷的场所尽量采用暗敷的安装方式,管道直线长度大于 20m 时应采取补偿管道涨缩的措施,支管与干管、支管与设备的连接应利用管道折角自然补偿管道的伸缩。当不能利用自然补偿或补偿器时,管道支架均应为固定支架。管道支架不仅起管线固定的作用,还要求能承受管线因线性膨胀而产生的膨胀力,其间距应比传统的镀锌钢管小得多。
(6)地下区间的给水干管的布置,当为接触轨供电时,应设在接触轨的对侧;当为架空接触网供电时,可设在隧道行车方向的任一侧,管道和消火栓的位置不得侵入设备限界。

❹ 生产、生活给水系统的组成及功能

生产、生活给水系统由水源(城市自来水)、水池、水泵、水塔(水箱)、气压罐、管道、阀门、水龙头等组成。其功能是满足车站生产、生活用水对水量、水质和水压的要求。

城市轨道交通车站的生产、生活给水管网是独立的内部供水系统,从两根接自市政管网的消防进水管中的任一根接出生产、生活给水管,生产、生活给水水表和消防水表设在同一个水表井内,单独设置水表后进入车站,呈枝状布置。一般给水引入管是从风井引入车站,如果车站风道长度很短,可以从两端各接入一根生产、生活给水管进车站,这样两根生产、生活给水管分别接至车站两端的用水点,就可以不经过公共区从车站的一端引至另一端,站内给水管长度就缩短很多,既避免了不必要的浪费,也可以减少和站内其他管线的交叉。

车站生产、生活给水系统的主要供水点包括:卫生间、开水间、环控机房、冷冻机房、冷却塔、污水废水泵房冲洗水及车站公共区两端的冲洗水栓等。

⑤ 消防给水系统的组成及功能

车站的消防给水主要供给车站及相邻区间的消防用水。消防给水系统由水源(城市自来水)、消防地栓、水泵结合器、消防水泵、管道、阀门、消火栓(喷头)、水流指示器等组成。消防地栓为消防车提供水源,根据环境条件,可分为地上式、地下式和墙壁式。水泵结合器的一端由室内消火栓给水管网引至室外,另一端井口可供消防车或移动水泵站加压向室内管网供水,在断电或消防水泵故障时能保证车站消防给水,与室外消防地栓的距离在15~40m范围内。

车站站厅、站台、区间隧道和设备区域均按规范设置具有手动报警按钮和电话插孔的消防栓箱。站厅、站台及通道的消防栓箱内放置两个DN65mm单头单阀消火栓,两盘25m长的水龙带,两支DN19mm多功能水枪,一套DN25mm自救式软管卷盘;车站设备区域的消火栓箱内放置一个DN65mm单头单阀消火栓,一盘25m长的水龙带,一支DN19mm多功能水枪和一套DN25mm自救式软管卷盘;区间隧道每隔50m距离设置一个消防箱,箱内放置两个DN65mm单头单阀消火栓,两盘25m长的水龙带,一支DN19mm多功能水枪,或每隔50m设一个消火栓头,隧道两端各设两个900mm×600mm×240mm的消防器材箱,里面装有25m长的水带及DN19mm多功能水枪等消防器材。消防给水系统的管网压力能满足消防水压、水量要求时,不另设加压系统;否则,需设消防水泵进行加压。

车站的消防干管布置成环状,并与区间消防管网连接。按消防要求,车站两条与市政供水管网连接的引水管上设闸阀,水表前设室外消火栓。区间消防管端头设电动蝶阀和手动蝶阀旁路,平时电动蝶阀关闭,手动蝶阀开启2%,一旦区间发生火灾,EMCS开启电动蝶阀,保证区间消防水压、水量。

(1)地下车站的消火栓用水量按20L/s计算。

(2)地下人行通道消火栓用水量按10L/s计算。

(3)消防按同一时间发生一次火灾计,火灾延续时间为2h。

(4)消火栓的布置应保证有两只水枪的充实水柱同时到达室内任何部位,每股水柱不小于5L/s。

(5)站厅层、设备区及人行通道采用单口单阀消火栓,间距不大于30m;站台层公共区采用双口双阀消火栓,消火栓间距为 40~50m。

(6)区间隧道内每隔 50m 设置一个 DN65mm 双头消火栓,只设消火栓口,不设消火栓箱。并在车站站台端部适当位置各设置两套消防器材箱(内设消防水龙带及水枪),供区间消防使用。

(7)在车站两端站顶地面风亭附近靠近道路一侧,各设置一套地上式消防水泵接合器,并在地面引入管距离消防水泵接合器 40m 范围内,总接入管水表井前各设置一个与其供水量相当的地上式室外消火栓。室外消防利用市政现有的消火栓设施。

(8)为了避免公共区的消火栓凸出墙面,消火栓箱及支管暗敷于墙内;人行通道则在侧壁上预留足够安装消火栓及支管的凹位。

(9)车站公共区及设备区设置手提灭火器箱,根据《建筑灭火器配置设计规范》(GB 50140—2005)的要求,地下车站灭火器箱的设置按严重危险级、A 类火灾、保护距离小于 15m 计算确定。增配系数为 1.3,减增配系数为 0.9。每个灭火器箱内设置两具 MF/ABC5 磷酸铵盐干粉灭火器,每个灭火器箱配置自救面具两套。

三 车站排水系统

车站、区间的废水、雨水均应就近排入市政排水系统,污水应按规定达标后排放。地下车站及地下区间应设置废水泵房、污水泵房和雨水泵房。

❶ 排水系统

1)废水系统

废水包括消防废水,站厅、站台地面冲洗废水,环控机房和各类排水泵房洗涤池排水,事故排水,结构渗漏水等。

2)污水系统

污水主要指车站内卫生间及开水间生活污水。现在大部分城市轨道交通车站都设置了公共卫生间,所以要考虑乘客生活排水量。

3)雨水系统

在隧道洞口、车站露天出入口及敞开式风亭处,当雨水不能自流排除时,宜单独设置排水泵房。经泵提升雨水经压力窨井后再排入市政雨水管道系统。

此外,在折返线车辆检修坑端部、出入口和局部自流排水有困难的场合需设置局部排水泵房。

❷ 排水量标准

(1)工作人员生活排水量按生活用水量的 95% 计算。

(2)生产用水排水量按工艺要求确定。

(3)冲洗、消防废水量与用水量相同,结构渗漏水量为 $1L/(m^2 \cdot 昼夜)$——上海标准。

③ 集水池有效容积的确定

确定集水池有效容积时,既要防止过大增加工程造价,又要防止过小频繁开启水泵。

(1)雨水泵站的集水池有效容积,不应小于最大一台水泵 5～10min 的出水量。

(2)污水泵房的集水池有效容积,不应小于最大一台泵 5min 的流量,但不得大于 6h 的污水量,防止污水停留时间过长而沉淀、腐化。

(3)其他各类排水泵站(房)的集水池有效容积,不得小于最大一台排水泵 15～20min 的出水量(按不小于 10min 的渗水量与消防废水量之和确定),但不得小于 30m³。

④ 排水泵房与雨水泵站流量设计

排水泵站(房)的排水泵的设置应符合下列规定:

(1)区间排水泵站、辅助排水泵站及车站排水泵房应设两台排水泵,平时一台工作;当排除消防废水时,两台泵同时工作;排水泵的总排水能力,按消防时的排水量和结构渗水量之和确定。位于水域下的区间及车站排水泵站,应增设一台排水泵,每台排水泵的排水能力应大于最大小时排水量的 1/2。

(2)车站露天出入口及敞开通风口的雨水不能自流排除时,宜单独设置排水泵房;排水泵房,设两台排水泵,平时一台工作,最大雨水时两台泵同时工作。每台排水泵的排水能力,应大于最大小时排水量的 1/2;为保证地下铁道安全运营,地下雨水泵站暴雨重现期取 30 年。

(3)洞口的雨水泵站,宜设三台排水泵,最大水量时三台泵同时工作,每台泵的排水能力应大于最大小时排水量的 1/3。

(4)车站污水泵房、临时和局部排水泵房设两台污水泵,一台工作,一台备用,每台泵的排水能力,不小于最大小时的污水量。

(5)露天出入口及敞开通风口排水泵房的雨水排放设计按当地 50 年一遇暴雨强度计算,集流时间为 5～10min。

(6)排水泵站(房)的排水泵,应设计为自灌式,一般采用自动、就地和远动 3 种控制方式,但污水泵和自动扶梯基坑的局部排水泵,可以按自动和就地两种控制方式设计。排水泵的工作状态和水位信号,应在车站控制室显示。

(7)排水泵为自动控制启动时,水泵每小时启动次数不得超过 6 次。

⑤ 排水泵站选址

城市轨道交通区间隧道内的排水泵站(房)设置的一般规定:

(1)区间隧道主排水泵站应设在线路实际坡度最低点。

(2)每座泵站所担负区间长度,单线不宜大于 3km,双线不宜大于 1.5km,主要排除结构渗水、冲洗及消防废水;当主排水泵站所担负的区间长度超过规定,而排水量又较大时,宜设辅助排水泵站。

(3)地下车站废水泵房必须设在车站线路坡度的下坡方向的一端,主要排除车站范围内的结构渗水、冲洗和消防废水,如车站端部设排水泵房有困难,而且区间排水泵站距该站又较近时,也可不设排水泵房。

(4)地下车站污水泵房宜设在厕所附近,主要排除厕所的污水;临时排水泵房应设在轨道交通分期修建的先建段内。

(5)地下车站局部排水泵房宜设在地面至站厅层的自动扶梯基坑附近,折返线车辆检修坑端部,地下车站站台板下、碎石道床区段及电梯井等不能自流排水而又有可能积水的低洼处。

(6)露天出入口及敞开通风口排水泵房的雨水,如不能自流排放时,必须在洞口适当位置设排水泵站,并在洞口道床的适当位置设横向截水沟,保证将雨水导流至泵站集水池;洞口排雨水泵站宜设 2~3 根压力排水管。

(7)其他泵站(房)宜设 1~2 根压力排水管,车站排水泵房的压力排水管宜通过风道或人行通道接入城市排水系统。

6 车站排水系统的组成及功能

1)污水排放系统的组成及功能

车站污水排放系统主要由集水井、压力井、化粪池等组成。用排水管道将车站内的厕所、盥洗室、茶水间冲洗水等生活污水汇集到集水井,经潜水泵提升到压力井消能、地面化粪池简单处理后,排入城市污水管网。压力井是排水进入市政排水管网前的消能设施,其构造要求进、出水管道不得在同一高程上,且侧壁有防冲洗的措施,车站化粪池采用国标 4 号化粪池。

2)废水排放系统的组成及功能

车站废水排放系统主要由集水井、压力井等组成。用排水管道或排水沟将车站内的生产、消防废水、结构渗漏水汇集到集水池,经潜水泵提升到压力井消能后排入城市污水管网。区间隧道设置独立的排水系统,其泵房设在区间隧道的最低处,明挖隧道的废水泵房设在隧道外侧或联络通道内,盾构隧道则利用联络通道作为废水泵房。压力井内进、出水管道要求与污水系统一样。

3)雨水排放系统的组成和功能基本上和废水系统相同。

7 真空排水系统

真空排水系统由真空泵、污水泵、真空罐以及设置在卫生间的真空阀、收集箱、真空排水洁具等组成。

真空排水系统与传统的设集水井潜污泵排水方式相比,具有密闭、无污水污物渗漏、无气味溢出、不需设置污水井、节能环保等优点,尤为适合地下建筑卫生间排水。但其造价比设集水井潜污泵排水方式高 8~10 倍,主要设备需从国外进口,目前国内尚无真空排水系统相关的设计、施工和验收规范。

第二节 车辆段给排水系统的组成及功能

一、车辆段给水系统的组成及功能

1. 给水系统

1）水源

给水水源应采用城市自来水，宜由城市自来水引入两根给水管和车辆段内室外给水管网相接。

2）给水用水量定额

(1) 办公人员生活用水为 40~60L/(班·人)，小时变化系数为 2.0。

(2) 职工淋浴用水为 40L/(班·人)。

(3) 消防用水，根据现行国家标准《建筑设计防火规范》(GB 50016—2010)的规定执行。

(4) 生产工艺用水，按工艺要求确定。

(5) 路面洒水、绿化及草地用水，汽车冲洗用水等应符合现行国家标准《建筑给水排水设计规范》(GB 50015—2003)及有关规范的规定。

(6) 不可预见水量按车辆段内最高日用水量的15%计算。

3）管网布置

室外生产、生活和消防给水宜采取共用的环状管网给水系统，每隔120m设一座室外消火栓井，每隔80m设一个洒水栓。

4）水压

当城市自来水的供水量和供水压力，不能满足车辆段内的用水要求时，应设给水泵房和蓄水池，并根据技术经济比较，可以设变频调速装置、屋顶水箱或水塔。

5）其他

室外给水管宜采用球墨铸铁管和胶圈接口，变坡最高点设排气阀，最低点设泄水阀。

2. 车辆段给水系统的组成及功能

车辆段供水水源为城市自来水，两条管径为DN200的进水管分别接在城市自来水管网的不同干管上,互为备用,以保证供水安全。根据设计工艺不同,可采用水泵—水塔联合供水方式和变频变量恒压供水方式等工艺。前一种是城市自来水进入水池后,经水泵提升至水塔(水箱),由水塔向车辆段内的室外给水管网供水,室内各用水点从室外环状管网引入。后一种是城市自来水进入水池后,由变频变量恒压给水设备直接送至车辆段室外给水管网,室内各用水点从室外环状管网引入。为保证供水安全,无论采用哪种给水工艺,室外给水管网均采用环状。

1) 生活、生产给水系统的组成及功能

生活、生产给水系统主要由水源、蓄水池、水泵、水塔、管道、阀门、气压罐及水龙头等设备或构筑物组成,一般采用枝状管网。其功能是满足车辆段生产、生活用水对水量、水质、和水压的要求。

2) 消防给水系统的组成及功能

消防给水系统主要由水源、蓄水池、消防水箱、水泵、水塔、管道、阀门、气压罐及消火栓等设备或构筑物组成,一般采用环状管网。车辆段水消防系统的功能是当车辆段内发生火灾时,提供满足消防要求的水量、水压。

二、车辆段排水系统的组成及功能

1 排水系统

(1) 排水量定额

① 生活排水量标准应按用水量的 90% ~95% 确定。

② 生产用水排水量按工艺要求确定。

③ 冲洗和消防废水排水量和用水量相同。

(2) 含油废水及洗车库的废水,不符合国家规定的排放标准时,应经过处理,达到标准后排放,并尽量重复利用。

(3) 车辆段的生活污水,宜集中后按重力流方式排入城市污水排水系统,如不能按重力流方式排放,则应设污水泵站提升排入城市污水排水系统。

(4) 车辆段附近无城市污水排水系统时,则车辆段内的生活污水必须经过处理,达到排放标准后才能排放。

(5) 室内重力流排水管道宜采用阻燃型 UPVC 塑料管。室外排水管宜采用塑料管或钢筋混凝土排水管。

(6) 车辆段的停车列检库、定修库、试车线等,当设有检修坑时应有排水设施。

2 车辆段排水系统的组成及功能

车辆段排水系统包含车辆段污水排放系统、废水排放系统和雨水排放系统。采用分流制的排水方式。

(1) 污水系统的组成及功能

车辆段的污水包括厕所冲洗水及生活污水,经化粪池简单处理后,排入车辆段内污水处理站的调节沉淀池,经潜水泵提升至污水处理一体化设备,经过厌氧、好氧、缺氧和消毒处理达标后,排入附近河涌。

(2) 废水系统的组成及功能

车辆段的废水包含理发、淋浴废水;餐厅、食堂、汽车维护及洗车等含油污水。理发、淋浴废水排入毛发聚集井;餐厅、食堂、汽车维护及洗车等含油污水就近排入隔油池或油水分离设备,经简单处理后统一排入沉淀池,经潜水泵提升至气浮处理装置处理达标后排入附近河涌。

(3) 雨水系统的组成及功能

雨水系统由室外排水明沟(或埋地雨水沟)、PVC 排水管、排水检查井等组成。雨水不作处理,汇集后直接排入附近河流。

三 人防给排水系统

城市轨道交通工程除在平常作为重要的交通枢纽外,作为地下工程还兼有人防工程的特点,通常一个地下车站加上相邻区间为一个防护单元,车站掩蔽人员为 1 000 ~ 2 000 人。每个地下车站平时功能为城市轨道交通车站,战时则作为城市的人民防空疏散通道及人员掩蔽部。车站设防标准:按六级人防设计。防化等级:次要车站为丁级,重要车站为丙级。

在给排水工程中也应考虑到相应的人防要求。给水采用城市自来水作为给水水源,战时水箱进水管从车站内的给水管上接入。

战时水箱应设在通风良好靠近集中用水的清洁区,可在战时临时修建,但应设计到位,施工时预留孔洞、预埋管道,并有明显标志,以便临战时在规定时间内修建完毕。

战时水箱的结构最好采用不锈钢成品水箱或食品级玻璃钢水箱,施工方便且在人防时不容易出现裂缝和破坏。

战时水箱应储存战时生活用水和洗消用水。人防出入口内设置一个供墙面和地面冲洗用的水龙头,可从生产生活给水管或消火栓给水管上接出。水箱排水至水箱附近的地漏,地漏排向废水泵房由废水泵房内的泵提升至室外市政排水系统。

人防口部设洗消污水集水井,集水井宜与平时排水集水井相结合。人防口部各房间内应设洗消排水口,收集洗消污水排向洗消污水集水井,集水井内污水应设机械排出,采用自启动方式,且应设透气管。

1 人防给水

1) 生活饮用水

战时不考虑生活用水,只供给饮用水。根据现行《人民防空地下室设计规范》(GB 50038—2005),战时人员掩蔽部的生活饮用水标准为 3 ~ 6L/(人·d)。

以广州地铁 3 号线某人防重要车站为例,饮用水标准按每人每天 4L 计算,保障给水天数为 15d,车站待蔽人员为 1 500 人,则每个车站的用水量为 90m³。若采用成品商业桶装水作为生活饮用水源,则储存桶装数为 4 762 桶(每桶按 18.9L 计)。在站厅层和站台层设饮水机间各 1 处,并在饮水机间附近设置桶装水储存间(困难时,部分车站用房作为储存间)。饮水机每 50 人配置 1 台,共设 30 台。饮水机间和桶装水储存间临战前用轻质材料隔断。

2)洗消给水

每个车站设战时人员出入口、战时进风井及进风道各一个,均采用平战转换方式设计,并在其易受污染的墙面和地面旁设洗消冲洗水栓。为保证洗消冲洗栓 0.1MPa 的工作水压,在每个水箱的出水管上安装加压泵一台。在战时出入口和进风道附近各设一组钢板组装水箱作为洗消水源。水箱容量按每次每平方米储存 5~10L 的冲洗水计算。水箱就近从车站消防给水或生产生活给水干管上接管供水。

3)消防给水

车站消防系统平战结合。消火栓给水系统和灭火器配置按现行有关消防规范执行,在平时一次设计并全部安装到位,战时利用。

站厅、站台层消火栓用水量为 20L/s,人行通道为 10L/s。消火栓的布置应满足任何保护部位均有 2 股水柱同时到达,每股水柱不小于 5L/s。站厅、站台层公共区一般采用双出口消火栓,间距 40~50m;其余尽量采用单出口消火栓,间距小于 30m。

在每个消火栓附近设置灭火器箱,每个灭火器箱配有水成膜泡沫液及 FM200 灭火器至少各一具。

2 人防排水

1)洗消排水

一般车站防化等级为丁级,不设洗消间。

对于重要的车站,防化等级提高到丙级,须设简易洗消间(设在两个密闭门之间)。

在每个车站战时进风井底部、战时人员出入口简易洗消间设置洗消污水集水池,容积不小于 1m³ 及一台泵 5min 的出水量。在战时进风井除尘滤毒室、防毒通道、简易洗消间的地面上,设 DN80mm 的防爆地漏,并预埋 DN80 镀锌钢管作为洗消排水管;洗消污水排入洗消污水集水井中,战后用移动式污水泵排至室外。在隔绝防护期,防护区不得向外排水。

2)其他排水

两个钢板组装水箱设溢水管和泄水管,用管道将废水引至站台层的线路排水沟中;饮水间设 DN100mm 的地漏,并用镀锌钢管排到线路两侧的排水沟。线路排水沟将废水统一汇集到设置在车站端头的废水池中,再用潜污泵扬至地面的压力检查井中,然后排入市政排水管道。车站主废水泵站主要为车站平时排水服务,土建和设备平时全部施工到位,战时利用。

3)战时厕所

战时提供男女干厕各一处,面积按每个便桶 0.8m² 计算,平时预留位置,临战前用轻质材料隔断。干厕靠近排风口设置,并与饮水间保持一定的卫生防护距离。干厕内设便桶,男干厕按每 50 人设一个,女干厕每 40 人设一个。一个人防单元为 1 500 人,男女比例按 1∶1 计算,则便桶数量为男 15 只、女 19 只。

第三节 车站及车辆段给排水系统的运行管理

一、运行管理的任务和内容

1 运行管理任务

通过对车站和车辆段给水排水系统设备的操作和维护,使之能持续、高效地运行。

2 运行管理内容

1)运行管理人员要求
(1)熟悉给水排水系统各设备的性能。
(2)了解给水排水系统各设备结构及工艺、运行环境等要求。
(3)掌握各设备的操作、简单维护技术。

2)车站运行管理内容
(1)合理组织人员按维护、操作规程、规则和手册进行操作和维护设备。
(2)按规定的周期,对设备进行不同内容的检查、检测,保证车站能正常运营。

3)车站设备运行管理
(1)潜水泵的运行管理。
(2)水消防设备的运行管理。
(3)自动清洗过滤器的运行管理。

4)车辆段给排水设施运行管理内容
(1)生活污水处理设备的运行管理。
(2)生产污水处理设备的运行管理。
(3)车辆段给水设备的运行管理。
(4)自动气压供水设备的运行管理。

二 运行管理组织及有关人员的职责

1 运行管理组织

由专业工程师总负责,设置给排水维护专业工班。专业工程师负责编写各系统设备的操作、维护规程及维护周期,制订设备的维护计划和材料计划等,经上级主管部门审核通过后,按管理范围划分由各相应工班负责执行。给排水维护专业工班主要负责给排水与水消防设备的运行管理与维护。

2 给排水系统运行管理人员岗位职责

1)专业工程师工作职责

(1)接受上级的领导,负责本专业技术和技术管理工作。
(2)负责制订、组织、实施、检查本专业工作目标和生产计划及其完成情况。
(3)负责本专业维护文本、规章、制度等编制、修订、完善工作。
(4)负责本专业技术资料、图纸等的收集、整理、核对、修改、完善工作。
(5)负责解决本专业生产中的技术难题,为维护人员提供技术支援。
(6)负责检查本专业安全生产情况。
(7)负责对本专业维护人员和其他相关人员进行技术和技术管理的培训。

2)工班长工作职责

(1)接受上级的领导,服从专业工程师的工作安排。
(2)负责协调不同专业、工班之间工作及专业内工班间的交接工作。
(3)负责安排本工班员工工作。
(4)负责本工班班组工器具、维护材料及元器件的领用、借用和保管。
(5)负责向车间提供本工班巡视、维护报表。
(6)负责向车间、专业汇报本班组工作情况。
(7)负责本工班员工工作安全和人身安全。
(8)负责收集和向上反映本工班员工意见和建议。
(9)负责组织本工班员工学习和参加各项活动。
(10)负责带、教本工班新员工熟悉本职工作和本专业知识。
(11)负责本工班员工工作考评。
(12)为本工班安全生产责任人。

3)给排水维护人员工作职责

(1)接受工班长的领导。
(2)做好本专业所辖设备维护、巡视工作,填写相关报表、记录。
(3)领用、保管个人工器具。

(4) 按要求做好安全生产工作。
(5) 钻研业务,接受培训。
(6) 参加公司、本专业、本工班组织的学习和活动。
(7) 向上级、本专业、本工班组提出、反映本人建议和意见。
(8) 参与专业、工班员工工作考评。

三 运行管理的有关要求、规程和制度

对设备运行进行有效管理,及时发现系统设备运行异常现象,并在保证安全和不影响正常运营情况下,及时进行维护,以确保系统正常运行。

有关要求、规程和制度主要有:
(1) 给排水专业设备由给排水技术管理人员和维护人员负责。
(2) 工班负责做好日常巡视工作,并填写相应巡视记录,如遇故障必须及时处理和汇报。
(3) 区间泵房、雨水泵房为重点运行管理对象,按维护计划安排进行。
(4) 记录各站和车辆段每月水表读数,并向生产调度汇报。
(5) 牢记安全操作事项及用电安全。
(6) 地面站的消防泵每 3 个月启泵一次。
(7) 各车站的水源均为两路供水,电动蝶阀须每 3 个月定期轮换一次。
(8) 对于损坏、偷盗消防设备的情况,必须向有关部门及时汇报。
(9) 进入区间隧道巡视,需向生产调度申请,经批准后方可进场工作。

四 给排水系统的巡视

1 车站设备巡视内容

(1) 仪表工作是否正常、稳定。
(2) 水泵控制、显示是否正常。
(3) 管道、消火栓、水泵接合器是否漏水,水泵接合器盖、水枪、水带是否被盗。
(4) 检查区间管道支架螺栓是否松动,柔性卡箍、伸缩节是否严重变形,区间消防栓箱门是否打开,消防栓是否漏水。
(5) 区间排水沟和集水井进水口是否有杂物堵住。
(6) 地面压力、化粪池是否被覆盖,盖板是否破损。
(7) 设备及周围环境卫生。
(8) 水泵螺栓连接是否完好。
(9) 电动蝶阀动作与反馈信号是否正常。
(10) 水泵启动是否频繁。

② 车辆段设备巡视内容

(1) 仪表工作是否正常、稳定。
(2) 水泵控制、显示是否正常。
(3) 管道、消火栓、水泵接合器是否漏水。
(4) 水泵接合器盖、水枪、水带是否被盗。
(5) COD 监测仪检测指标是否正常。
(6) 水泵填料盒处是否发热,滴水是否正常。
(7) 泵和电机的轴承和机壳温升。轴承温升一般不得超过周围温度为35℃,最高不超过75℃。
(8) 设备及周围环境卫生。
(9) 水泵螺栓连接是否完好。
(10) 水泵机组有无异常噪声和振动。
(11) 水泵启动是否频繁。
(12) 污水处理系统布气是否均匀。
(13) 整个系统工作是否正常。

五 应备的记录

应备的记录和技术资料主要有:设备巡视记录、设备维护记录、设备运行记录、竣工图、隐蔽工程资料、产品说明书、培训手册、维护操作手册、设备技术参数标准、维护标准、维护规程等。

思考题

1. 城市轨道交通车站给水系统具体有哪些用水?
2. 简述车站污水排放系统的组成及功能。
3. 城市轨道交通给排水系统运行管理有关要求、规程和制度有哪些?

第十三章

环控系统设备管理

第一节 环控系统的组成及功能

一、轨道交通地下工程的环境特点及环控要求

1 环境控制的发展历程

20世纪30年代末以前,大多数轨道交通地下工程都没有考虑环境控制。

1863年,世界上第一条轨道交通地下工程"大都会"号在伦敦开通,由于是蒸汽机车驱动,冒烟的发动机在地下运行时污染环境使人感觉很不舒服。

"大都会"号以后的伦敦轨道交通地下工程在引入电力机车时又遇到新的问题。电力机车的功率很大,放出的热量也更多,由于散热量的增加和客运量的增大,使人在伦敦地铁内处于一种难以忍受的窒息状态。

1901年纽约轨道交通地下工程开始修建,设计人员对于隧道和车站的强迫通风没有特别的考虑,相信人行道上的通风口就能为地下工程系统提供足够的新鲜空气。1905年10月,纽约第一条轨道交通开通运行,次年夏天由于地面通气口不定而引起的轨道交通地下工程内温度过高问题变得严重起来。为了增加通气量,车站的房顶上设置了更多的通气口,车站之间修建了风机管和通风管。

1909年5月开始建造的波士顿轨道交通地下工程,设计人员已经认识到为乘客们提供一个舒适环境的必要性,提出"采用人工通风方式获得纯净空气,在隧道内使用电灯提供照明",并总结出:"温度问题与通风有关,加大通风换气次数,将减少隧道内外温差"。在波士顿轨道交通地下工程采用隧道顶部的风管进行通风,并且车站出入口设计较大,使得轨道交通地下工程内有比较良好的环境。

在设计芝加哥轨道交通地下工程的一开始,人们就考虑了环境控制的问题。芝加哥的第一条轨道交通地下工程于1943年建成,Edeson Brock为这条轨道交通地下工程的通风系统的建立做出了巨大贡献。Brock在"芝加哥轨道交通地下工程通风计算的进展"中建立了计算列车活塞效应的方法和计算式,为了在轨道交通地下工程中实现热量平衡,Brock不仅考虑了为保持舒适的轨道交通地下工程环境所需的空气变化,同时也考虑了隧道壁、土壤温度日变化和年变化影响以及热量的累积作用,并测定了多种温度及循环下的累积效应,在设

计芝加哥轨道交通地下工程时充分利用了这些数据,创造了未使用空调几乎全年都能提供充分通风和宜人温度的地下工程通风系统。

芝加哥地铁内环境问题的成功解决,使得其他许多计划修建地铁的城市,在设计的早期阶段开始寻找解决环境问题的方案。1954年开通的多伦多地铁,基本上是以芝加哥地铁设计为蓝本的。多伦多地铁克服了空气的高速流动对月台和乘客的压力和压力波,采用了一些结构上的改变以及利用隧道周围岩土层的蓄热(冷)性能,采用夜间通风,较好地改善了候车、乘车环境。

轨道交通地下工程隧道和站台位于地下,其环境与地面建筑有很大不同,要吸引更多的乘客来乘坐这一交通工具,就需要营造一个良好、舒适的人工环境,以满足众多乘客和轨道交通内部工作人员的生理和心理上的要求,这种要求,或者说这种人工环境,实际上是一个多功能、多方面的综合要求,涉及地下铁道环境中空气的温度、湿度、气流速度、空气品质、噪声控制、环境色调与照度以及装饰的协调与配合等诸多因素,是一项复杂的系统工程。于是,致力于控制轨道交通地下工程环境的设计人员不断探索,经过不断发展,更加关注局部排风、局部空调及紧急情况的通风,于是概念也得到更新,轨道交通地下工程环境控制就这样出现了。

轨道交通地下工程作为地下建筑,具有一定的密封性和空调负荷的特殊性。目前,车站热负荷主要来源于列车的加速、匀速运行、制动、空调、接触网、客流、照明、广告、导向牌、自动扶梯、自动售检票设备、屏蔽门关闭和开启的渗漏风、围护结构的散发热等。

❷ 轨道交通地下工程环境特点

轨道交通的地下线路是一个狭长的地下建筑,除各站的出、入口,送排风口与外界大气相通外,基本上是与外界隔绝的;另外,由于列车的高密度运行以及大量乘客的集散,形成了独特的环境特点:

(1)地下铁道的车站和区间隧道除出入口等极少部位与外界相连通外,基本上与外界隔绝,只有用人工气候环境才能满足乘客的要求。

(2)列车各种设备的运行和高度密集的乘客都将释放出大量的热,如不及时排除,将使车站和区间的温度上升,使乘客在此环境中难以忍受。

(3)由于地层的蓄热作用,运营初期系统内部的温度会逐年升高,若处理不当,会对系统的远期环境造成影响。

(4)车站内高度密集的人群会释放出大量的异味和二氧化碳,如果没有足够的新鲜空气和有效排出废气的措施,将会使车站内的空气十分污浊。

(5)轨道交通地下工程是一个狭长封闭的地下建筑,列车及各种设备运行产生的噪声不易消除,对乘客的影响较大。

(6)列车运行时产生的"活塞效应",若不能合理利用,会干扰车站的气流组织,使乘客感到不舒适,并影响车站的负荷。

(7)当发生事故、尤其是发生火灾事故时,将导致环境恶化,不易救援,需要采取有效的措施。

3 环控基本要求

轨道交通地下工程环控系统(environmental control system,ECS)的目的就是在正常运行期间为乘客、工作人员提供舒适的环境,以及在紧急情况下能够迅速帮助乘客离开危险地并尽可能减少损失。轨道交通地下工程不论采用何种环控系统都必须满足以下3个基本要求。

(1)列车正常运行时,环控系统能根据季节气候,合理、有效地控制系统内空气温度、湿度、流速和清新度、气压变化和噪声,保持舒适、卫生的空调环境。

(2)列车阻塞运行时,环控系统能确保隧道内空气流通,列车空调器正常运行,乘客们感到舒适。

(3)紧急情况时,环控系统能控制烟、热气扩散方向,为乘客撤离和救援人员进入提供安全通道。

轨道交通地下工程环控方式有多种,不同的城市其气候条件、室外温湿度差异很大。因此,选用何种环控方案,应根据客观条件、工程造价、运行效果等方面综合分析。

二 轨道交通地下工程环控系统组成及环控方案选择

轨道交通地下工程环控系统一般由区间隧道通风系统、车站隧道通风系统、大系统、小系统、水系统几个部分组成。按通风形式可分为开式系统、闭式系统和屏蔽门系统。

1 环控系统组成及功能

1)区间隧道通风系统

区间隧道通风环控系统主要用做隧道的通风换气,在隧道中发生火灾时,此系统也兼有防灾报警功能。

区间隧道通风系统主要靠通风来降低隧道内的空气温度,一方面由设在站两端的事故风机在夜间列车停运时向隧道内送风和排风来降低区间内的空气温度;另一方面白天列车运行时,所产生的活塞风经过活塞风道,由地面上的风亭排出区间内的空气和吸入外界的温度较低的空气,对隧道内进行通风。为了避免和减少列车运行所产生的活塞风进入车站的站台层和站厅层,在车站和区间的交汇处设置冷却阻尼风,它是由车站空调系统中的空调箱送出的冷风,风量是整个车站空调送风的25%。

2)车站隧道通风系统

"车站隧道通风系统"是指服务于车站范围内屏蔽门外侧列车停车区域隧道的通风及防排烟系统。

上述两部分合称"隧道通风系统",一般均由专门的系统设计单位进行设计,车站设计人员仅需根据系统专业要求合理的将其实现即可。

(1)正常运行状态

在这种运行状态下,打开所有的区间隧道排热风机,隧道的换气主要靠列车运行时产生的活塞风进行空气交换。早、晚间列车停止运行时,打开区间隧道通风机和隧道排热风机对隧道进行空气交换。

(2)列车故障情况

列车阻塞在站内:此时只需打开此站的部分隧道通风机及相应的电动组合风门来增加排气量,依靠空气的自然流动来进行空气交换。

列车阻塞在区间隧道内:此时打开区间两端隧道通风机及相应的电动组合风门对隧道区间强制进行空气交换。

列车阻塞时隧道通风

(3)发生火灾时列车运行状态

当列车在运行过程中发生火灾时,此时区间隧道通风系统各设备运行的原则是:必须保证隧道中的风向与旅客疏散的方向相反,以保证旅客的生命安全。有四种可能的火灾模式,即隧道列车尾部发生火灾、隧道列车头部发生火灾、隧道列车中部发生火灾和站台列车发生火灾。

3)大系统

"大系统"是指服务于站厅、站台公共区(即乘客所处区域)的通风空调及防排烟系统,又称公共区空调通风环控系统。车站大系统空调通风系统包括站厅层、站台层公共区的所有环控设备。

站台火灾大系统排烟

在正常情况下,环控系统通过测量新风、送风、回风、混合风的温湿度和CO_2浓度来调节空调机组回水管自动调节阀的开度,控制风阀开关和风机的启停。

站厅火灾大系统排烟

4)小系统

"小系统"是指服务于设备、管理用房区(即工作管理人员及设备所处区域)的通风空调及防排烟系统。车站空调通风小系统是一套独立的系统。其运行方式比较简单。在正常运行时,送/排风机的送/排风量是固定的,不随季节的变化而变化。当出现火情时,系统按照预定的灾害程序运行。

5)水系统

"水系统"是指为大、小系统提供冷源的一套系统。对冷却泵来说,通常以冷凝器进水和回水间的温差作为控制依据,实现进水和回水间的恒温差控制。系统由冷冻水泵、冷却水泵、冷却塔、冷水机组、膨胀水箱、集水器、分水器、设备之间的连接管线和一些阀门组成。

典型轨道交通地下车站环控,大系统配有4台组合式空调机,4台回排风机,2台全新风机;小系统配有多台小型空调机及排风机,大小系统共用2台冷水机组。通常情况下,大系统在运营时间内开启2台或4台空调机及排风机,小系统24h连续运行,冷水机组在空调季时24h开启。

❷ 环控方案选择

1)开式系统

开式系统允许隧道空气与大气自由交换,应用机械通风或列车的"活塞效应"将空气由隧道中间通风井引入隧道内,通过邻近车站打开的排风减压井排出,车站通过站台底部、隧道顶排风系统排风,这样将干燥的冷空气送到站台和集散厅来进行空气调节,达到冷却站台和隧道的目的。

其基本特点是费用省,但车站舒适性较差,多为早期如北京、伦敦、纽约、多伦多、莫斯科等城市的轨道交通系统所采用。

2)闭式系统

闭式系统在车站内设置空调系统,在隧道风井中装设有关闭功能的阀门,需采用空调的季节阀门关闭,隧道不通风,使系统内部基本上与外界大气隔断,仅供给满足乘客所需的新鲜空气量,在非空调季节为开式系统。车站内采用空调系统,并利用站台排风系统使车站空气再循环进入到车站空调系统,这样使进入系统的热、湿室外空气减至最少来达到降低车站空调负荷的目的。区间隧道的冷却是借助于列车运行的"活塞效应"携带一部分车站空调冷风来实现的。其特点是舒适性好,但费用较高,香港、广州、南京、东京、华盛顿等城市均采用闭式系统。

3)屏蔽门系统

屏蔽门系统是在车站的站台和行车隧道之间安装一道带门的透明屏障,将站台与隧道分隔开,车站安装空调系统。隧道用通风系统(机械通风或活塞通风),由于这样把正常从轨道进入公共区热量的大部分都隔绝了,站台的空调负荷就减小了很多。站台底部排风系统通过隧道风井抽进新鲜室外空气来实现列车通道的通风,并且通过列车的活塞作用引起隧道空气与由站台底部排风系统吸进的室外空气进行交换以实现隧道的冷却。

屏蔽门系统的安全性、舒适性均较好,但安装费用昂贵,技术要求较高,而运行成本较低,新加坡、西雅图、列宁格勒、上海、深圳等城市采用了屏蔽门系统。

三 轨道交通地下工程环控设计

在衡量轨道交通地下工程环境和确定环控系统性能的参数中,有温度、湿度、风速、噪声、新风量、换气次数、污染物浓度以及风压变化率等。这些参数的理想目标受到每日时间变化(早上、晚上或非高峰时)、运行状况(正常、阻塞或紧急情况)以及系统内位置(隧道、车站站台、入门及楼梯)的影响。随着轨道交通建设的发展,工程师们积累了越来越丰富的环控系统的设计经验,各国相继出台了相关标准和规范,我国也于1992年发布了《地下铁道设计规范》(GB 50157—92),并于2003年发布了《地铁设计规范》(GB 50157—2003)替代1992年版规范,对于这些参数,规范中都有相应的规定,但是参数的取舍,标准的高低,各地的情况都有所不同。

轨道交通地下工程环境控制系统的设计思想,即环境控制必须与外界气象条件相协调,形成一个有机的统一体,使乘客对轨道交通地下工程的环境变化有一个最适宜的感受。

1 土建工程与机械设计

目前,国内轨道交通地下工程传统的设计是车站一端设置4个风亭,两端共设置8个风亭,随着屏蔽门系统的广泛采用,各车站也可以按照6个地面风亭进行设计,理论研究正在探讨能否使各站风亭减少至4个或更少。为了避免风亭风口之间的相互影响,轨道交通规范规定,各风口之间的间距应大于5m。

8个风亭的方案,即车站每一端有两个隧道风亭、一个进风亭及一个排风亭,两端共8个风亭。该设计方案的基本情况如下。

1) 车站通风空调系统设计

对车站通风空调系统设计了进风系统和回排风系统,其中进风系统由进风亭、进风道(井)、组合式空调机(air handle units, AHU)等组成,回排风系统由回排风机(RAF)、排风道(井)、排风亭等组成。

2) 区间隧道通风系统及机械通风系统

对区间隧道,在车站两端分别为左、右线各设置了一个活塞通风系统及机械通风系统。活塞通风系统由活塞通风道、活塞通风阀、活塞通风亭(上行线活塞风、下行线活塞风风亭)等组成,机械通风系统(又称事故机械通风系统)由TVF风机、机械通风亭等组成,而活塞通风与机械通风合用一个风亭,称为区间隧道通风系统。

依据对活塞风井中活塞风的测试,列车在区间运行可形成高达8.10m/s的风速,9min发车间隔时隧道内的平均风速为1.7m/s,平均风量为12.5万 m^3/h。因此,每列车推入区间的风量为18 819m^3。为了减小活塞风的影响,除加设冷却阻尼风外,还在站台两端设计泄压风井(活塞风井)。利用列车进站时站台上游列车进站端活塞风井向外排风,离站时通过活塞风井进风;列车离站时站台下游列车出站端活塞风井进风,列车进站时通过活塞风井向外排风。

区间隧道内空气沿列车运行方向流动,利用隧道轴流风机既可以将室外风引入作一般的隧道冷却,也可以引入部分车站空调风来冷却隧道。一般风机进、出口均设消声设备,以保证站厅、站台噪声不超过70dB(A),站务用房不超过55dB(A),当车站发生火灾时回/排风机可兼作排烟风机。

3) 站内隧道排风(排热)系统

对站内隧道,设计了单一的排风(排热)系统,该系统由车顶和站台下均匀排风道(OTE和UPE——轨顶、轨底排热风机风道)、TEF风机(站内轨道排风机)、排风亭等组成。排热系统与车站排风合用一个风亭。

❷ 温度设计与控制

在进行轨道交通地下工程环境控制系统的温度设计时,首先要掌握当地最高月平均温度、列车编组和运行间隔以及乘客流量、远期高峰运营条件,这几个参数基本上确定了环境控制的设计标准和热负荷的主要部分;其次确定站厅、站台、车厢内以及车站内设备、管理用房和服务用房的计算温度,还要留有10%~20%的设计余量。

在确定比较重要的温度标准时,就要考虑夏季人们从外界温度较高的街道进入站厅层时,站厅层的温度较外界低,身体就会有凉爽的感觉,当这种感觉尚未消失或即将消失时,步入温度较站厅楼略低的站台层,就可进一步获得舒适感,经过短暂的等候,进入列车,而列车内的环境温度又比站台层舒适。这样,乘客沿着街道、站厅、站台、列车的过程逐步获得舒适感。出站的过程则相反,应该使乘客逐步适应每一过程的温度回升而回到地面,身体能够迅速地重新回到热平衡,人体的调节机能不能产生较大的不适。由此如何合理地确定各个环节(场所)的温差范围就很重要了,因为较大的温差会使人体的调节机能不能很快适应,产生不舒适感,同时也增大了空调负荷,而太小的温差又达不到为乘客提供舒适的乘车环境的目的,失去了环境控制的本来意义。对于站厅、站台、列车室内设计参数的不同是为了形成一个过渡环境。

由表13-1和表13-2可以看出,室外与站厅有3℃左右的温差,当乘客由室外进入站厅时会有一种凉爽感,在2~3min后人体达到了一个新的不平衡(30℃还是较热的),但这时乘客已进入站台层29℃的环境中,又经1~2min的候车再进入列车27℃的较舒适环境,而下车后环境温度变化也是逐步提高的,这不但对节省能源有重要意义,而且对人们的身体也是有好处的。

大系统空调机送风机、回排风机控制夏季人体的舒适区为26℃,相对湿度为60%,由于轨道交通采用的空调系统不具备除湿功能,因此,只能控制公共区的温度。空调送风机采用的控制方式如下:根据回风温度测量值与公共区温度设定值偏差进行比例积分运算,调节送风机频率。

上海市地上建筑的参数比较表(空调季节)　　　　　　　　　　　　　表13-1

区　别			地下建筑	普通地上建筑
室外空气空调计算参数		干球温度	33.2℃	34.0℃
		湿球温度	27.2℃	28.2℃
		相对湿度	67%	67%
室内空气设计参数	站厅空调	干球温度	30℃	干球温度 24~28℃ 相对湿度 40%~65%
		相对湿度	60%	
	站台空调	干球温度	29℃	
		相对湿度	<60%	
	列车空调	干球温度	27℃	
		相对湿度	<65%	

❸ 大系统空调风量计算

大系统空调工况下风量的计算是环控计算的主要任务之一,其准确性直接影响到运营通车后站内的空气品质、人员的舒适度等一系列问题,而这些正是环控专业需着重解决的问题。

对标准地下两层岛式车站,一般均采用一套一次回风系统负担其站厅及站台公共区的送排风:新风与回风在混风室内混合,经组合式空调器处理至机器露点,考虑各种因素导致的温升后达到送风状态点,送风进入站厅、站台公共区,回排风机将站厅、站台回风排入混风室内完成一次循环。

重庆轨道交通的环境标准表(空调季节)　　　　表 13-2

项目 地点	干球温度 (℃)	湿球温度 (℃)	相对湿度 (%)	新风景 (m²/h)	风速 (m/s)	噪声 [dB(A)]
室外	33.8	27.4	76			60
站厅层	30	24.6	65	>12		70
站台层	29	23.8	65	>12	<5	70
列车内	27	22.0	65	>12		
站务用房	25	20	65	>25		55
车站楼梯口					<2	
区间隧道	<35					

4 空调通风设计方案

我们对车站公共区的温度、空气质量进行了测量和分析,根据我国出台的《公共交通等候室卫生标准》(GB 9672—1996),候车室 CO_2 体积百分含量不能超过 1.5×10^{-3},区间隧道温度不能大于35℃,这是考虑到夜间维修工的正常工作和列车空调的正常运行。车站风速不大于 5m/s,既以不能吹起女士的裙子和男士的帽子为准,也为了降低工程造价。

1)冷却阻尼风的应用

列车进站时形成的活塞风,不但能引起站台温度波动,而且会使乘客的迎面风速过大,引起乘客的不适和衣服、头发的吹起。为防止活塞风造成的不良影响,在列车进站侧上方设置集中送风口,称冷却阻尼风,从上向下对列车行车线空间送风,形成风幕。送风量大小的确定与列车造成的活塞风风速、风量、温度有关,风速以不能吹起女士的裙子和男士的帽子为准,大约为站台送风量的25%。

当然,在初期运营时,隧道土壤温度较低,列车活塞风对站台有降温作用,这在负荷计算时应予以考虑。

对于冷却阻尼风,目前采用的是下送风。为了在现有设计的风量情况下,获得更好的气流组织和更大的风速,以便更好地减少活塞风对站台气流组织的影响,可在风口下侧加设一段风管;该段风口可以通过对冷却阻尼风量、风速、活塞风量和风速之间的计算,确定最佳的风口送风角度;另外,考虑列车经过的间断性造成活塞风速变化的间断、周期性,可采用自动控制风阀,以调节不同时刻风量的大小,以节约冷却阻尼风的送风量。

目前采用下送风的方法并不十分合理,浪费了大量的冷量,最好采用风机,抽取活塞风,不使活塞风流入站台层,干扰其温度场和速度场。但由于活塞风量很大,导致风机的占地较大。

2) 推力风机的应用(阻塞工况条件)

轨道交通运行时，区间隧道内的热量主要来自列车下部的机械制动和列车顶部的冷凝器散热。正常工况运行时，由于活塞风的作用，区间隧道温度得以降低。若列车因特殊原因导致误点而阻塞在区间隧道内，这时不能形成活塞风，受阻列车空调冷凝器发热量会使列车周围温度迅速升高。当冷凝器进风温度大于46℃时，则部分压缩机将卸载，当进风温度大于56℃，压缩机将运行停止。由于列车内空调系统的运行停止，列车内由于乘客的散热，又没有外面冷空气的对流，致使列车内温、湿度过高，乘客无法忍受。为使列车空调冷凝器正常运转，要求列车周围温度小于40℃。模拟计算该工况，则当区间隧道内风量达$43\text{m}^3/\text{s}$，气流流过列车时，受阻列车周围空气温度可达到上述要求。

在上海市地铁一号线和二号线设计方案中，当一列车阻塞在区间隧道内时，启动列车后方车站一台带喷嘴的推力风机，从站台抽风向区间隧道送风，列车前方车站一台事故风机排风，构成推挽型纵向通风方式。

在阻塞工况条件下，如果车站每端设置两座活塞风井，目前国内通风模型中通常仅考虑一个区间出现列车阻塞工况，由列车尾部车站近端送风，列车头部车站近端排风，构成推挽型纵向通风方式，气流方向总是与列车前进方向一致。

3) 火灾工况

轨道交通火灾强度的确定来自国际上对无数次轨道交通列车火灾情况的统计资料。规范规定，站台公共区发生火灾时，应保证站厅到站台的楼(扶)梯口处具有不小于1.5m/s的向下气流，以防止站台层公共区烟气向站厅层公共区蔓延。列车在车站内发生火灾时，可利用站台层送风管送新风，形成一定的风幕，阻止烟气向候车站台处蔓延；也可利用排热风管排除一部分烟气；另一方面，工作人员引导乘客从安全疏散通道撤离火灾现场，消防人员控制火情。

当列车在区间隧道内发生火灾时，应向乘客和消防人员提供必要的风量，形成不小于2m/s的迎面风速，乘客可沿区间安全通道或其他疏散通道撤离火灾现场。为达到上述风速要求，在火灾发生的区间隧道内，则运作区间两端的事故风机，送风端车站回/排风机减半运作，以形成正压；排风端车站另一端的事故风机和回/排风机全速运作排烟，形成负压。由于两端压力差，则可确保区间隧道内风速不小于2m/s。

火灾工况下应在区间隧道中间的区间安全通道内加设一道风幕。一旦列车在区间隧道发生火灾时，可自动开启送风控制系统，乘客和工作人员可从发生火灾的行线转移到另一行线，这不但可使区间安全通道内形成正压，还可形成一道防烟幕。

为了防止烟气串通，在区间隧道上行线和下行线两个出口处均应设活动门(采用难熔性材料)。火灾发生在站台时，活动门可自动关闭，起到防火分区的作用，如果列车在区间隧道发生火灾，这时活动门关闭，区间安全通道内送风控制系统开启，并启动推力风机、事故风机来排烟。当然，在这种情况下，事故风机、回/排风机的风门、风口设计应有所改动。

第二节 环控系统的运行管理

一、运行管理的任务和内容

1 运行管理任务

(1)安全是城市轨道交通运营工作的生命线,安全管理工作必须严格执行国家的有关安全生产法规、法令,并根据实际情况制订有关规章制度并严格遵循。

(2)环控设备维护人员必须认真执行基本安全生产制度。

(3)在安排维护作业时,应有安全防范措施,并严格遵守有关技术作业安全规定。

(4)各特殊工种必须持证上岗,并进行必要的岗前培训,上岗证应按规定进行年审。

(5)各层级都应设专职或兼职安全员,负责安全工作及监控,形成安全管理网络。

2 计划管理

(1)维护计划的制订与实施应以系统、设备的修程、维护周期、技术条件、故障情况等为依据。

(2)根据系统设备的特性和现状,制订相应的维护计划(包括委外维护计划)。

(3)设备年度维护计划应均衡安排,每年的年度维护计划应根据上年度维护计划的完成情况作出相应的调整,并在规定时间内编制年度维护计划申报表,申报批准后执行。

(4)设备月度维护计划是年度维护计划的分解,专业工程师按时完成编制工作,经报批后执行。

(5)年度、月度维护计划中应有工时、材料等的消耗定额,并从实际报表上反映出来。

(6)年度、月度维护计划应严格认真执行,未经批准不得擅自更改,因客观原因影响计划执行时,应按审批程序申请修改,改报周计划或日计划。

(7)专业工程师每月应对所辖设备维护计划实施及完成情况进行跟踪,保证计划按质量完成。

③ 技术管理

(1)在上级技术部门指导下进行相应的维护技术管理工作,环控专业技术人员应做好有关技术工作。

(2)环控专业技术人员积极配合技术部门做好对设备技术状态的检查工作,并将设备运行信息反馈。针对维护工作过程中出现的技术难题,积极快速提供技术支援。

④ 运行档案管理

(1)环控设备的竣工资料(包括各专业设计图纸、设计变更通知、供货商提供的设备图纸和使用说明书等)集中存放在资料室,常用的图纸、资料可将复印件存生产部门的资料室,以便查阅。

(2)设备档案除冷水机组、空调柜、风机、水泵、冷却塔等各种环控设备安装说明、操作手册、维护手册外,竣工资料、调试记录、系统、设备的原始数据都要合理保存。运行后的维护记录、故障记录等按类归档收集后保存,尽可能做成标准的电子文档,以便于保存、查阅及进行数据分析。

(3)对重要设备的主要运行参数(只能反映设备运行状态与效率的相关参数),进行定期收集整理,并做成标准的电子文档,以便保存、查阅及进行数据分析。

(4)建立设备运行故障记录表、设备维护记录表、设备故障处理记录表、设备维护配合作业记录表,记录设备在运行过程中的故障及处理情况,以便跟踪分析。

(5)专业技术人员对上述各项记录进行定期和不定期检查、整理及更新,做到每季度检查一次,不定期时间为每两月一次,保证各项记录的完整、清晰。

⑤ 设备质量管理

(1)设备维护过程中及完成后,维护人员应按照设备的检修标准与技术要求,对该设备所规定的维护内容进行检查,并且做好检查、维护记录。

(2)设备维护后其使用功能及测试标准,符合该设备的有关技术规格要求和维护验收标准条款。

(3)技术部门进行质量把关,定期对各设备维护质量进行检查与鉴定,并做好质量记录。

(4)备品备件的采购、验收应符合设备所要求的规格、型号,储存应满足该零部件的储存条件。

(5)技术部门按系统、设备技术要求定期对系统设备进行全面测试,使设备所有技术性能与机械性能符合原设计或设备标准的要求。

(6)专业工程师做好所辖设备的明细台账、设备履历表、设备拆分表、备品备件库存表等,保证账目清晰、实用,接受上级管理、技术部门的定期及不定期核查。

(7)专业工程师按时填报根据设备管理的规章制度所明确要求的各类报表、图表、表格。

(8)专业工程师应每周对设备典型故障进行统计分析,并建立相应的设备故障统计报表。

二 运行管理组织及有关人员的职责

① 环控系统运行管理的组织架构

(1)环控系统设备运行管理方面设有日常巡检工班、专业维护工班、专业技术组。

(2)环控专业工程师代表该专业负责制订各种作业计划、材料计划,必要时为维护工作提供技术支持。任职要求具有工程师或助理工程师资格证书。

(3)专业维护工班执行各种计划作业、故障抢修、临时维护任务,并及时反馈各种作业情况。每工班由 6~12 人组成,配备电工、钳工、制冷工、管道工等工种,从业人员应持证上岗。

② 主要任务描述

(1)环控专业工程师主要负责编制环控专业的年度和月度生产计划和材料消耗计划;检查和考核工班的维护作业完成情况、安全作业情况和材料消耗情况;负责环控系统的设备管理工作;负责编制和实施专业内的培训工作;负责环控专业各类生产和技术文本的编制以及企业标准相关部分的工作;负责检查车站环境控制参数实现情况;负责检查车站环控模式执行情况;负责所辖工班的各项作业和故障处理的技术支援和指导工作。

(2)日常巡检工班负责车站环控设备的操作和运行记录工作,反馈设备运行状态,负责车站环控设备的日常巡视、定期维护、简单故障处理(属一、二级修程)的工作。

(3)专业维护工班主要负责根据专业生产技术组编制下达的日常计划性维护(属三、四、五级修程)、故障排除以及抢修等工作。

三 环控设备运行的技术要求

(1)冷水机组系统设备(双螺杆冷水机组为例)正常运行时的要求。
(2)冷却、冷冻水泵正常使用要求。
(3)冷却塔正常使用要求。
(4)组合式空调机正常使用要求。
(5)柜式、吊式空调器的使用要求。
(6)各种风机的使用要求。

(7)风阀的使用要求。
(8)防火阀的使用要求。

第三节 环控系统设备的巡视与运行

一 巡视的一般要求

(1)为确保人员安全,每组巡视人员应不少于两人。在区间隧道巡视,应按有关规定办理作业令。所有作业,均应遵守维护生产作业程序,办理清点、消点手续。
(2)巡视中需改变有关设备工作状态时,巡视人员应报知环调及相关生产调度。
(3)日常巡视作业要严格遵照规定的程序。
(4)巡视人员应认真填写相应巡视记录,包括:冷水机组运行参数记录表,组合空调机巡检记录表,冷却塔巡检记录表等典型的记录表。

二 巡视内容

巡视内容根据城市轨道交通车站环控系统设备布置情况分区设置实施,具体可分为环控电控室、空调机房和风机房、水系统设备、车站公共区及设备房等。

三 环控系统设备的运行

正常条件下环控设备可通过就地级、车站级、中央级三级进行控制和自动控制系统进行监控,实现设备集中监控和科学管理,提高综合自动化精度,通过运行不同环控模式,满足不同场合对设备的运行要求,做到安全、合理、先进。环控设备的受控方式有下面三种。

1 中央级控制

中央级控制装置设在控制中心(即 OCC),配置有中央级工作站、全线隧道通风系统及车站环控系统中央模拟显示屏,OCC 工作站可对隧道通风系统进行监控,执行隧道通风系统预定的运行模式或向车站下达大、小系统和水系统各种运行模式指令,主要功能是:

(1)实现对全线通风空调系统、冷水机系统、隧道通风系统的监视、控制。
(2)自动显示并记录全线环控设备的运行状况和设备累积运行时间。
(3)实时反映车站温、湿度等数据。
(4)通过自动控制系统与防灾报警系统,在中央级接口接收报警信息并触发环控系统的灾害模式,指令环控设备按灾害模式运行。
(5)通过自动控制系统与信号系统的接口,接收区间堵车信息,并对相应区间运行强制通风模式。

② 车站级控制

车站级控制装置设在各站车控室,配置车站级工作站和紧急控制盘,在正常情况下可监视本站的隧道通风系统、空调大、小系统及水系统,向中央级控制传达本站设备信息,并执行中央级控制下达的各项运行指令。在中央级控制工作站的授权下,车站级工作站可作为本车站的消防指挥中心,当车站工作站出现故障时,紧急控制盘可以执行中央级工作站下达的所有防灾模式指令。其主要功能是:
(1)可实现对本站通风空调系统、冷水机系统、隧道通风系统的监视、控制。
(2)能使本车站环控设备按给定的模式运行;根据负荷变化,自动确定优化、节能模式并运行。
(3)能满足环控工艺要求,对区间隧道通风系统设备进行正常和灾害模式控制。
(4)能接收本站防灾报警系统的报警信息并通过自动控制系统实现本站进入灾害模式,控制环控设备按灾害模式运行。

③ 就地级控制

就地级控制设置在各车站的环控电控室,具有对单台环控设备就地控制功能;便于各种设备调试、检查和维护,单台环控设备同时设有就地控制箱;在中央级、车站级、就地级三级控制中,就地级控制具有最高优先权。

第四节 环控系统设备的维护

一、维护管理的任务和原则

环控系统设备的维护工作,应贯彻"预防为主,防治结合,修养并重"的原则,为保证行车安全,提升运营服务水平,为乘客提供"安全、准点、舒适、快捷"的乘车环境,必须坚持为一线服务的宗旨。作业内容较巡视深入,是一种主动的预防性维护,要根据环控设备的构成、运行和使用特点等因素,周期性地纠正设备运行后可能积累的误差、磨损,或零部件使用寿命到期后的更换,对相应设备进行小修、中修、大修,有效地预防故障的发生,有计划地减少设备损耗,以取得较好的技术、经济效益,保证环控系统设备以状态良好投入运行。

二 维护管理的分类及有关要求

由于环控系统的设备使用场合不同,要维护的设备较多,较为分散,而且受正常载客运营时间的限制,必须服从调度的统一安排,遵章办理一切必要的作业手续,确保运营安全,包括行车安全、乘客安全和工作人员安全,需要在轨行区或所进行的维护作业对正常载客运营有影响时,必须在收车后进行。维护计划由专业技术人员根据环控系统的构成、运行和使用特点等因素制订,由专业维护工班的维护人员执行。执行过程包含作业前手续办理、维护作业、作业内容的记录、作业过程发现的异常问题反馈等内容。

1 维护作业按性质分类

(1)维护作业

维护作业指维护、修理及故障抢修三种生产作业。

(2)计划性维护

①预防维护:为了防止设备性能及精度劣化或降低,根据设备运转的周期和季节性等特点,按预先制订的设备维护周期与工作内容、技术要求和计划所进行的维护作业。

②改善维护:为了消除设备的先天性缺陷或频发故障,对系统及其设备的局部结构或零件的设计加以改进、改装,以提高其可靠性和免维护性的维护作业。

(3)非计划性维护

①抢修:当某一环控系统设备发生故障,严重危及列车正常运行或构成严重安全隐患时,对该设备进行突击修理,快速恢复其基本功能。

②补修:与上述情形类似,但对正常运营安全不构成直接或间接影响,可以在事后进行的修理。

(4)委外维护

维护作业经安全、技术、经济效益等方面比选后,可以将部分维护作业委托给外单位来承担的作业任务。

2 维护作业等级分类

(1)一级:一级维护(即日常维护)是每天设备投入使用前或使用后,对其状态进行认真检查,发现不正常现象及时排除和报告,保持设备清洁,使工作环境符合要求,进行简单的调整或更换易损件(如熔断器、指示灯等),按要求添加润滑油等。其目的是使设备处于良好的工作状态,一段由巡检、操作人员按照使用说明和维护规程进行。

人员应接受必要的技术培训,持证上岗。

(2)二级:二级维护是对设备的主要功能及主要部位作定期检查、局部解体、清理或更换标准零配件、加注或更换润滑油等。其目的是使设备处于良好的工作状态,一般由维护人员按照维护说明书和维护规程在现场进行,巡检、操作人员作必要的配合。

(3)三级:即小修,是对曾发生过的故障进行结构性分析诊断,更换或修复少量的零部件或组件一般,以及诸如全面调整或调校等。目的是使设备保持正常的工作状态至下次计划性修理。一般由维护人员在现场或专门维护场所按照维护手册和维护规程进行。

需要专用工器具和设备。

(4)四级:即中修,更换和修复设备的主要零部件和磨损件,对结构和系统进行全面检查和调整。其目的是使设备恢复和达到规定的功能状态和技术特性直至下次中修或大修。由专业技术管理人员带领维护队伍,在现场或专门维护场所进行。

需要专用测试仪器、工器具和设备,以及全面详细的技术资料。

(5)五级:即大修,是将设备全部解体,更换和修复磨损零件,全面检测、调整设备。其目的是使设备全面恢复原有的功能和技术特性。除有能力自行承担的项目外,一般请制造厂商或专业大修单位承担。

三 环控系统故障处理原则与抢修组织

1 故障处理原则

(1)对发生故障的设备进行及时的判断分析,及时排除故障,先行运行。

(2)对重要故障的设备进行测试、诊断,进而修复或暂时修复。

(3)详细记录故障现象及修复过程,以备在其他修程开展时做出进一步的处理与修复。

(4)保证故障设备能恢复使用功能,如无法达到,至少确保设备恢复运营所必须具备的功能。

(5)及时向有关人员通报对故障的测试、诊断及处理过程。

2 故障抢修组织

1)故障报告

(1)任何人都有报告故障的权利。

(2)环控设备巡视操作人员及工班维护人员有报告故障、事故的权利,并有在各自的职责范围内处理故障,避免或控制事故,有降低和事故破坏程度的责任和义务。

(3)维护调度是维护部门唯一的故障报告中心,部门业务范围内的任何故障、事故报告,必须第一时间直接向维护调度报告。

2)抢修

(1)事故抢修坚持"先通后复"的原则,即在保证列车运营安全的前提条件下,省略部分复杂的修理过程,尽快(暂时)恢复运营,在运营结束后,再对未完全修复的功能或部分进行补修处理。

(2)各生产部门轮值工程师是维护部门属下唯一故障处理指挥中心,维护调度的任何抢修指令,均须由轮值工程师第一时间派人处理。

(3)维护调度保留越过轮值工程师直接调派抢修队伍的权力。

(4)任何单位或个人接到轮值工程师或维护调度的抢修命令后,必须立即奔赴现场组织抢修,不得以任何借口逃避或拖延。

(5)抢修过程不可免除必要的清、销点手续,以及各类安全防护措施。

(6)故障抢修过程中不需办理"进场作业令",由维护调度口头通知控制中心(OCC)或车厂调度中心备案。

3)补修

(1)在抢修过程中不能及时修复的,由部门轮值工程师提出,经维护调度确认后,允许在规定的时间内进行补修。

(2)补修作业视维护调度的协调安排,能够纳入下月维护作业计划的,必须纳入;不能纳入的,由生产技术室按临时作业的规定进行操作。

(3)计划性补修作业程序同计划性维护作业程序,不得简化任何步骤。

思考题

1. 轨道交通地下工程环控系统必须满足哪3个基本要求?
2. 环控专业工程师的主要任务是什么?
3. 轨道交通地下工程环控系统巡视的一般要求有哪些?

第十四章

设备监控系统

第一节 设备监控系统概述

地铁与轻轨的正常运营是通过多种机电设备与各类控制系统来保证的。其中,地铁通风空调系统是为满足和保证人员及设备运行所需内部空气环境的关键工艺系统,是地铁中不可缺少的一个重要组成部分,诸如照明、给排水、导向、屏蔽门、电扶梯等机电设备又是直接服务乘客的,其运行状态关系到地铁的服务质量。监控及管理上述各类设备运行的地铁环境与设备监控系统在地铁运营中处于较重要的位置。环境与设备监控系统,英文简写为 EMCS(environment and machine control system),我国规范称其为 BAS(building automatic system)。

从 BAS 系统的中文名字即可看出,其被控设备从工艺作用方面可划分为两类:环控系统工艺设备和建筑附属其他机电设备。BAS 系统的控制范围及相互关系如图 14-1 所示。

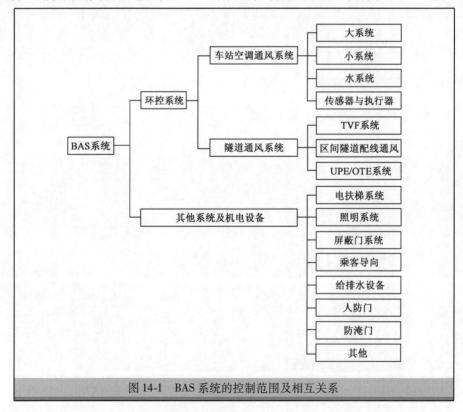

图 14-1 BAS 系统的控制范围及相互关系

一 环控系统设备

环控系统设备主要包括车站通风空调系统和隧道通风系统。

1 车站通风空调系统

1) 公共区通风空调系统设备

此类设备组成的通风系统习惯称之为"大系统",同时兼作车站公共区排烟系统。一般由组合式空调机组、空调新风机、回排风机、消声器、电动组合风阀、多叶调节阀、防/排烟防火阀、新风井、风道、混合室和风管等部分组成。BAS 系统控制对象是组合式空调机组、空调新风机、回排风机,各类电动风阀。这些设备一般都是两态设备,而回排风机有时也设计成三态设备。风阀一般被设计工作在不可调节的固定开度。

大系统主要设备一般集中、对称地分布于车站站厅层两端的环控通风机房,机房内一般分别设置 1 台或 2 台组合式空调机组,每台机组对应 1 台回/排风机;车站每端设置 1 台空调小新风机,提供车站公共区小新风工况的新风量。

2) 车站设备与管理用房通风空调系统设备

小系统指车站设备管理用房通风空调系统(兼排烟系统),由空气处理机、送风机、回排风机、排风机、消声器、(耐高温)多叶调节阀、防/排烟防火阀、风管等部分组成。BAS 系统控制对象是空气处理机、送风机、回排风机、排风机、各类电动风阀。小系统设备一般位于车站站厅层两端的环控机房和小系统通风机房内。

3) 空调水系统设备

此类设备指车站制冷空调循环水系统,由冷水机组、冷冻泵、冷却泵、冷却塔、集水器、分水器、膨胀水箱、二通调节阀、输水管道等设备器件组成,BAS 系统的监控对象是:冷水机组、冷冻泵、冷却泵、冷却塔、差压调节阀、二通调节阀等,测点是:冷冻水供回水温度,冷却水供回水温度等。

供冷方式又分为集中供冷和分站(独立)供冷。集中供冷是轨道交通地下工程沿线设置一个或多个集中冷站,每个冷站负责多个车站的冷量供应。独立供冷是在车站内部设置一个冷站,并只负责本站的冷量供应。对于独立供冷,车站站厅层一端设置一座冷冻机房,用于安放冷水机组、冷冻泵、冷却泵、分水器和集水器设备,地面安放冷却塔和膨胀水箱。

水系统为车站公共区及车站设备管理用房空调器提供冷源,冷源是冷冻水。水系统由两个循环组成:冷冻水循环和冷却水循环。BAS 调节点一般是末端装置及调节阀。

大系统水系统:包括大系统组合空调,二通阀,蝶阀。

小系统水系统:包括了站内冷水机组和其相关设备,小系统空调机,二通阀等。

4) 各类传感器、执行器

这些设备主要用于环控系统,如用于检测空气参数的温、湿度传感器(分室内、室外及风管式)、二氧化碳浓度传感器等。空调水系统用的压力、压差传感器,变送器,电磁流量计,水管式温度计,感温元件一般是 PT100 或 PT1000 的热电阻,经变送器转换为标准 0～10V 信号。这些设备一般输出 0～10V 或 4～20mA 标准信号。执行器是用来调节二通阀、压差调节阀开度的,可接收 0～10V 的控制信号。这些设备直接通过 I/O 同 BAS 接口。

② 隧道通风系统

这类设备的作用域是隧道,包括区间隧道和车站隧道。它们在正常运营情况下用于排热换气;灾害情况下用于定向排烟、排热和送新风。关于这些设备的安装位置、数量、功率、运行模式等是经设计单位根据工艺设计、软件仿真而决定的。这里简单介绍它们的运行特性、监控方式及接口。这些设备一般包括:

(1)区间隧道风机(TVF),安装位置多在车站站层两端头、长区间隧道的中部。

(2)配线隧道风机,安装于配线隧道内、隧道交汇处。

(3)车站隧道风机,一般位于车站站厅层两端。

(4)相关组合风阀,多在各种风机、风井附近。

(5)隧道洞口的风幕机等。

区间隧道风机、射流风机是三态设备:正转、反转和停止,并附有多个状态反馈点。车站隧道风机一般也是三态设备:高速、低速和停止,并附有多个状态反馈点。其他均为两态设备。

1)区间隧道风机(TVF)系统

指区间隧道活塞风与机械通风系统(兼排烟系统),由分布于车站两端的 TVF 风机、消声器、电动组合风阀等设备构成,构筑物包括分布于车站两端的风道、风井、风亭等。BAS 控制对象是 TVF 风机和与之配合使用的电动组合风阀。

2)区间隧道配线通风系统

指列车出入线、联络线、存车线、折返线、渡线和中间风井等,BAS 控制对象是分布于上述地方的射流风机和电动组合风阀。

3)车站隧道风机(风机轨道上排风 OTE 和站台下排风 UPE)系统

指车站范围内、屏蔽门外站台下排热和轨道顶部排热系统,由 UPE/OTE 风机、风道、风井、风亭等组成,风机一般位于车站站厅层的两侧。BAS 系统控制对象是 UPE/OTE 风机。

③ 给排水设备

给排水设备包括两类设备:电动蝶阀和水泵。

④ 照明与导向指示

照明一般包括工作照明、广告照明、出入口照明、区间照明、事故照明电源及与消防无关的电源等。

⑤ 电梯与自动扶梯

属于车站公共区的配套设备,一般位于车站公共区和出入口处。

6 屏蔽门

如果环控系统采用屏蔽门制式,屏蔽门控制系统一般纳入 BAS 的监控和管理范围。

屏蔽门安装于站台层、站台和隧道的交界处,用以隔离车站和隧道,当没有列车停靠站台时,屏蔽门处于关闭状态;当有列车停靠时,屏蔽门将随着车厢门同时打开或关闭。屏蔽门自成系统,由专用控制器控制。其控制器通过串口方式接口车站通信控制器,从而接入车站局域网。

7 人防门

人防门一般位于隧道内,平时常开,BAS 通过 I/O 接口对其只监视,不控制。

8 防淹门

一般在过江或湖泊隧道内设有防淹门,同样 BAS 系统将通过 I/O 接口监视其状态。

二、设备分布特点

BAS 的被控对象与其他系统相比,不仅数量多,且分布极其不规则,几乎遍布整个轨道交通地下工程建筑物的各个地方,这种分布上的客观情况决定了 BAS 系统的实施、调试及维护的难度。解决此难点需分析这些设备的分布特点,找出规律。BAS 所控设备分布特点是:车站两端为环控系统设备的集中安装地,如风机房、冷水机房等,而其他设备除电扶梯、排水设备、站厅站台的空气参数传感器等分布不规律外,基本上都集中在车站两端的不同位置。了解和确定设备分布特点是进行系统设计的前提。

第二节 监控系统体系结构

一、系统结构与构成

BAS 从系统组成角度而言,包括中心 BAS 系统、车辆段 BAS 系统和车站 BAS 系统;如果设置集中冷站,则还包括集中冷站 BAS 系统。完整的 BAS 系统或完整的 BAS 功能系统是一个以骨干网为基础的、地理上分散的、分层分布式系统结构的大型 SCADA 系统。图 14-2 为沈阳轨道交通 BAS 系统结构图。

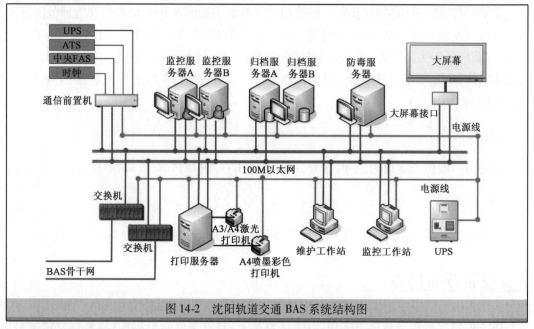

图 14-2　沈阳轨道交通 BAS 系统结构图

同时,BAS 系统在横向又呈分布式的集散型结构,包括两个方面:因为车站沿轨道交通线路在地理上呈分布式结构,因此整个 BAS 也是以车站 BAS 为单位的在地理上呈分散的 SCADA 系统。另外,在车站,根据设计规范的要求,BAS 由多个控制器和统一的监控设备构成一个集散型系统(DCS)。

1　硬件系统结构

从逻辑上讲,硬件系统纵向包括 3 个层次。

1)中央级监控系统

中央级监控系统主要位于 OCC,由中央实时服务器、中央历史服务器、操作员工作站、工程师工作站、打印设备、网络设备、大屏幕或模拟显示设备等计算机及网络硬件构成,软件则包括操作系统、大型数据库、系统应用软件、应用软件开发与维护平台、网管软件其他辅助软件等。另外,有的轨道交通在车辆段设置具有后备功能的中央级监控系统,其组成大体和 OCC 一致,只是配置上略少于 OCC,平时主要用于维护,紧急情况下可接管 OCC 的功能,目前该种方式在其他专业子系统中有应用,而在 BAS 系统中目前还较少应用,从目前世界上运营的轨道交通来看,其必要性并非很大。

2)车站级监控系统

车站级监控系统位于车站,以车站监控工作站、PLC 控制器为基础,具体包括车站监控局域网、打印机、后备操作盘等设备。

3)现场控制级设备

位于车站各就地监控点或数据采集点,具体包括各类传感器、执行器、远程 I/O 模块、接口模块或装置等。

② 软件系统结构

软件结构则同大多数的 SCADA 系统相同,包括数据接口层、数据处理层和人机界面层。

1) 数据接口层(或通信层)

运行于各 PLC 控制器中的智能接口模块。数据接口层通过异步串行通信(RS-422,RS-485,RS-232)或以太网连接并管理所有外连系统或设备。

2) 数据处理层

此软件层以监控软件和其专用实时数据库为基础,通过其 I/O 服务同各控制器进行数据交换,应用其专业历史数据库处理历史数据,并提供 ODBC 接口,实现同关系型数据库的数据交换。

3) 人机界面层

基于 Windows,并通过内部软件总线从其实时和历史数据库获得数据和服务,实现用户友好的信息显示和方便的操作。

二 系统设备

BAS 系统设备总体而言包括 3 类设备:监控设备、接口及控制设备和传感器及执行器,下面分别进行介绍。

① 监控设备

监控设备主要是指监控层设备,如网络设备、服务器、监控工作站、维修工作站(工程师站)、打印设备、存储设备、模拟屏或大屏幕等,这些设备用来完成人机交互及数据服务,是 BAS 和操作及管理人员的接口设备。典型配置是:

(1) 中心监控工作站,冗余配置,至少支持双屏显示,可以考虑支持 3 屏,以方便和扩大操作人员的监控视野。可选择高档工控机或工作站级商用机,内存应不小于 1GB。

(2) 中心实时数据服务器,冗余配置,一般选择 PC 服务器即可,支持双 CPU、RAID 盘,内存 2GB。

(3) 中心历史数据服务器一台,要求同上,一般还需运行大型关系型数据库,因此硬盘存储空间要大,需考虑能存储至少 10 年的数据。

(4) 中心事件打印机,支持行打印,如针打印或喷墨打印。目前多采用喷墨打印,A3 幅面。根据需要完成实时事件打印。

(5) 中心报表打印机一台,用于各种报表及查询打印,多采用激光打印,A3 幅面较好。

(6) 中心模拟监控盘一套,大型马赛克屏,一般用于监控隧道环控系统,经济实用。

(7) 中心大屏幕,视情况设置,可以和其他系统共用,内容较模拟监控盘丰富且灵活,但造价昂贵。

(8)中心交换机,冗余配置,最好配三层工业级交换机,或视骨干网而定。需具有千兆位口,用于服务器,百兆位口用于桌面且端口需留有余量。

(9)中心打印服务器。选择具有双网口的专业打印服务器,或利用 PC 做打印服务器。

(10)车站监控工作站及实时数据服务器。可选用 1 台高档大容量硬盘的工控机,冗余电源。

(11)车站打印机一台,用于报表和查询打印,多采用激光打印,A4 幅面即可。

(12)车站后备操作盘一套,马赛克盘,用于提供应急模式控制和关键设备监控。

(13)车站两端图形操作终端两台,支持彩色图形界面,10 英寸即可,柜门安装,支持触摸操作。可以直接挂接在控制网(或现场总线)或控制器上,分别安装在车站两端 BAS 控制机房,用于就地监控与操作。

2 接口及控制设备

由接口及控制设备构成了 BAS 的控制层,包括各种通信接口设备、控制器等。

1)控制器

(1)控制器类型选择:"开放系统 + HMI + PLC"。

(2)控制器的设置及数量:在设备集中地或工艺上相对独立的设备(组)设置就地控制器。

(3)控制器档次:通常一个车站被控对象的 I/O 点一般不会超过 1 500 点,加上通信点,一个站 BAS 需要处理的点数不会超过 5 000 点。

2)接口设备

由于 BAS 需要监控和管理各种机电设备,而有些设备均是智能设备,如电扶梯、屏蔽门等。因此,BAS 需要专用的接口设备用来和这些设备接口,针对这种情况,系统专门设置一台通信转换装置。该通信装置专用于对各种异步通信接口的处理。

3 传感器及执行器

传感器和执行器同样是 BAS 系统的重点,由它们构成了轨道交通地下工程环境控制的末端装置,是直接影响环境控制质量的装置。目前,环境控制是 BAS 的主要控制内容。传感器的灵敏度、精度、可靠性和耐用性决定了 BAS 的控制与调节质量。实践证明,传感器和执行器需选择工业级产品。

三 系统网络

网络通信是构成 BAS 的主要环节,是支撑 BAS 三层结构、传递 BAS 各种数据的基础平台。构建车站 BAS,网络是关键。

1 车站监控网

车站监控网一般选择以太网,符合 IEEE802.3(U)规约。拓扑结构为星形或环形。目前,一般选择交换式快速(百兆)以太网。随着以太网环网技术的成熟,其产品已经用于工业控制系统中。世界上已经有多个厂家生产工业级的以太网交换机,交换机支持环形、星形及混合型结构,并可提供基于协议和端口的 VLAN 功能。有些 PLC 厂商已经将工业以太网作为一种控制与信息网一体化的解决方案。

❷ 控制网

控制网是指用于控制器之间传递实时数据的网络,在应用中以 PLC 制造厂商提供的专用网络较多。控制网的特点是可靠性高,冗余措施较完备,实时性和确定性一般通过特殊的协议及传输机制加以保证,因此对时间有苛刻要求的数据和控制器之间的连锁信息适合在这类网上传输。

由于 BAS 系统的各控制器分布在车站的两端,因此连接这些控制器的网络线缆将跨越车站,且通信距离相对较长,考虑系统的可靠性和抗干扰性,该网络多采用冗余配置的环网拓扑结构,介质为光纤,冗余配置的网络线缆最好选择不同的敷设路径,以提供系统的可靠性。

四 系统供电与接地

系统供电采用独立、集中、不间断供电方式较好,其性质应属于一类负荷,后备时间不小于 30 min。

由于 BAS 系统控制箱柜不是集中安装的,且线缆长度及覆盖面积较多,因此需要严格考虑系统的接地问题。系统分保护地、工作地和屏蔽地,对于轨道交通的特殊情况,一般将保护地和屏蔽地接在轨道交通综合接地网上。由于轨道交通供电系统的迷流影响,地电位变化较大,应避免多点接地。BAS 系统控制设备的内部电路可以逻辑的浮空,但应将与现场信号连接的控制设备 24V 电源单点单独接在轨道交通的综合接地网上。

第三节 系统设备接口

BAS 是一个集成系统,集成系统的一个特点是要处理各种形式的接口。BAS 需要通过各种接口方式实现对被控对象的监控;同时,BAS 不是一个孤立的系统,它必然要和轨道交通其他专业子系统发生关系,如火灾报警系统(FAS)、低压专业、通信专业、主控系统等。

对于一个集成系统而言，接口形式无外乎 3 种方式：硬线 I/O 接口、低速率异步串行接口和网络接口。对于 BAS 而言，其接口分布如图 14-3 所示。

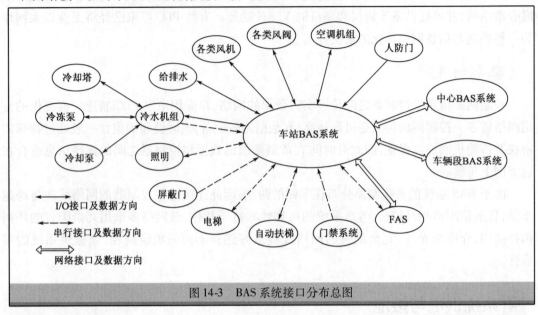

图 14-3　BAS 系统接口分布总图

一　与 FAS 接口

当 BAS 承担防灾任务时，BAS 在火灾工况下其实是 FAS 的联动控制系统，根据《消防联动控制系统》(GB 16806—2006) 中有关联动功能的描述，BAS 系统已经承担了多项消防联动控制功能，并具备了标准中规定的有关控制方式、响应性、反馈显示等技术要求。因此，BAS 和 FAS 之间有着紧密的联系，特别是在火灾工况下，两个系统需要共同完成消防联动控制，如 BAS 需要启动排烟风机、控制电梯运行至首层、切断非消防电源、启动事故照明、打开屏蔽门、启动应急导向指示等，而 FAS 系统则联动控制专用于火灾的设备，如启动消防泵、启动水喷淋灭火系统或气体灭火系统、关闭或打开防火（卷帘）门等。这一系列过程均是通过两个系统间的接口进行信息传递的，从而实现两个系统的协调运行。

根据《地铁设计规范》(GB 50157—2003) 的要求，BAS 需要通过通信方式和 FAS 主机进行接口，通过该接口接收 FAS 确认的火灾报警信息，用来触发模式控制。为确保 BAS 接收火警信息的可靠性，BAS 和 FAS 之间的协议应是有应答的协议。另外，需开辟新的通信路径，BAS 是基于以太网通过 OPC 协议获得火警信息的，BAS 应冗余处理火警信号，以保证火警接收的正确，以免丢失火警信息。

BAS 与 FAS 的接口点一般位于车站中控室，BAS 侧接口设备为 IBP 盘控制器。

二　与低压接口

一般而言，BAS 通过和低压配电系统接口来控制各种机电设备，通常环控系统采用马达控制中心（MCC）来集中对风机、风阀进行电气控制，而 BAS 则通过接口马达控制中心实现对环控设备的控制。采用马达控制中心的优点是可以实现集中管理和控制，便于和 BAS 接口，并方便操作、调试及维护。

目前在国内的轨道交通中，采用马达控制中心才刚刚开始，但人们已经意识到了它的好处。BAS 和 MCC 的接口一般是硬线 I/O 形式，但采用智能马达控制中心（SMCC）时，BAS 一般是通过现场总线和 SMCC 接口。

三、与综合监控系统接口

如果 BAS 集成于综合监控系统，则 BAS 的中心及车站监控功能由综合监控系统完成，BAS 则作为综合监控系统下面的一个子系统存在，此时 BAS 已经不是一个独立意义的系统。通常，BAS 和综合监控系统接口是网络接口，综合监控系统与 BAS 控制器直接交换数据。

第四节 系统功能

构成 BAS 系统的不同层级所完成的功能是不一样的，通过各级的有机配合，最终实现 BAS 的整体功能。

一、中央级监控系统功能

中央级监控系统是整个 BAS 系统的监控核心，其功能设计应面向轨道交通运营和维护，突出日常调度和防灾指挥功能，支持全局性的监控和管理，并实现用于调度和运营管理的数据设备、关键设备（隧道风机等）的遥控、组控及模式控制等功能，为环调及维调提供用于运营管理的、全局性的、并且可实现区域性监控操作的各类高效实用的监控手段。

❶ 中央级监控功能

1）设备监控与管理
（1）设备监控及操作
OCC 应提供遥控单一设备或设备组的能力，如对设备的启停、高低速、正反转、开关、（维修）工作许可（PWT，离线）等进行控制操作。

OCC 可以通过遥控操作设置某个设备的工作许可,一旦设置成功,该设备将离线不参与工艺过程,现场控制器将停止对其控制,直到操作员复位。

OCC 应实现针对 BAS 的全局性监控和调度管理功能,如隧道风系统的模式控制等。对于车站设备,可以实时监视它们的运行,但不进行控制操作。

对于某台、某类设备,在 OCC 中不光要监控其运行状态,同时还需要监控其受控状态。应在中心监控工作站上清楚地标明目前各设备由哪里操作控制,如控制权在哪里,哪些设备在线,哪些设备离线,哪些设备受控,哪些设备失控等,从而为运营及调度决策提供依据。

由系统管理员负责在其系统中心级和车站级之间分配控制权限,以及对同等权限指定优先策略。

(2)全局性监控及检索查询

在 OCC 中,BAS 操作员站可以查看各车站的图表概貌和事件概貌,包括平面图、系统图、设备属性列表、事件记录列表。同时在中心可以看到全线隧道系统概貌图、全线各类关键设备的总览图,应提供强大的查询和检索实时库的功能,为运营和调度决策提供便利。

在事件记录列表中可以查看系统的所有操作记录、设备状态变化、报警信息,并可根据多种条件灵活地检索和自定义查询,查询结果可以被打印、保存。

(3)统计管理

BAS 系统在 OCC 应具有统计分析功能,为企业信息化系统提供原始数据。各车站、冷站的所有设备信息和系统运行信息都可在 OCC 显示、记录。记录这些信息的一个主要目的就是为系统的运营提供更加具体的参考和帮助,为数据分析提供素材。

OCC 可计算全线主要设备的故障率、运行率、平均运行时数、各种峰值以及电能消耗的极大极小平均值。基于这些计算结果可以生成班次、周、月、季度、年报表。

(4)报警管理

BAS 操作员站的报警管理功能支持并实现所有报警信息的记录、显示、过滤、检索、打印、保存等功能。报警系统具有声光报警、逐条报警帮助、报警确认等功能。

为了防止大量预知的报警信息显示,系统支持报警雪崩管理和基于设备的报警禁止功能。可以在线修改模拟量的报警上限、上上限、下限、下下限、报警死区等属性。

(5)趋势管理

可以显示各车站数据的实时趋势和历史趋势。系统应支持一个页面同时多个记录实时趋势图的信息量。操作员能选择自动、手动或基于触发的自动方式启动趋势记录功能。趋势图应可以用多种方式显示,如曲线图、棒图或饼图等方式显示。

(6)事件管理

BAS 系统在 OCC 应具有事件管理功能。事件记录可以记录各车站 BAS 系统中所有预定义的操作、设备状态变化、所有报警事件,所有的信息都是带时标的,与操作有关的信息可以带操作员信息。通过事件过滤器可以对事件列表进行分组。

①操作员可以查询一段时间内某个特定类型的事件。

②操作员可以定义查询选项的组合作为查询条件,并可打印和保存查询结果。

③所有的事件能自动记录到历史数据库中。

(7) 报表管理

BAS 系统在 OCC 应提供完善的、灵活的、基于所见即所得的基本思想设计的报表系统。在运行期间,操作员可以查看和编辑报表信息。报表的打印应支持多种方式,如定时打印、手动打印或事件驱动等。报表可组合成日报、周报或月报,可以在屏幕上显示,也可以打印。当设备发生故障时,系统可以自动向报表数据库中添加一条报告信息。操作员应可以选择报表摸板、输入数据和文字、存储报表。

2) 运营调度及管理

OCC 的模式控制与操作包括两方面:一是对隧道系统的非正常及灾害模式和早晚换气模式的控制,二是给车站系统提供模式表。

(1) 模式监控与操作

早晚换气模式:BAS 中央系统根据系统运营时间和系统参数设置的隧道系统早晚换气时间,自动触发隧道早晚换气模式,由相关车站 BAS 系统控制相应隧道设备动作。

BAS 中央级的灾害模式控制主要实现隧道发生火灾时的模式控制和操作。

环调操作员可以通过一个全线的示意图,管理阻塞工况。BAS 根据全线工况对每个车站给出阻塞模式的处理建议,操作员只需要对每个车站确认建议的模式。

模式控制由 OCC 实现,模式的判断、命令的发出及正确的模式编号的获得,成为实现模式的关键所在。

时间判断:根据时间表设定,随时进行时间判断,当满足时间条件时,此时只要处于正常工况,就立即输出相应的模式编号。时间表控制属于自动控制方式。

事件判断:针对阻塞和火灾两种典型事件。当列车发生火灾停在某区间隧道,位置信息由 ATS 提供,再根据司机和车站的报告,人工确认火灾工况,系统会输出相应的火灾模式编号。该控制模式属于半自动控制方式。

人工干预:手动控制模式是一种后备控制模式。对系统定义的每一种控制模式编号,都可通过 MCS 监控工作站、BAS 的车站 PgMT 或 IBP 实现手动模式触发。

各车站 BAS 只要接收到控制中心发送的模式编号,将在车站冗余主控 PLC 中检索相应的模式,并检查控制源优先级顺序、控制类型优先顺序及模式冲突。检查结果表明,该模式可以运行后,PLC 向智能低压控制器发出设备控制指令,执行模式要求的控制任务,并根据现场设备运行情况反馈模式运行成功信息。

在中心应提供一个模式表库,用于模式控制和模式表编辑。模式库至少可以存储 1 000 个模式表。系统应支持在线基于权限控制的模式表编辑、存储和下载功能。所有的操作过程记入事件日志。修改后的模式表可以立即下载到各车站的 BAS 系统中,并具有回读提示功能。

(2) 时间表管理

OCC 可以制定全线各车站的系统运营时间。OCC 可以查看各车站时间表的运行情况和时间表信息。系统至少要提供 3 种时间表:当前时间表、预定时间表和特殊日时间表。当前和预定时间表要包括工作日、周末、夜间,系统至少能存储 8 个特殊日时间表。OCC 可以修改每个车站的时间表。时间表修改结束后,可以选择立即下载和定时下载方式传到车站 BAS 系统中。

(3) 系统运行参数设置

在 OCC,应实现对轨道交通地下工程环境与设备监控系统的参数化管理功能,通过参数设置来确定系统运行与监控方案。这些参数包括:

①系统运行时间、大功率设备启动间隔、隧道早晚换气时间、互备设备切换时间、设备运行请求报检时间等。

②灾害模式自动/手动触发模式选择、设备故障互备开关、空调系统调节方式中自动/手动加权选择等参数设置。

参数设置修改完毕后,下载到各车站的控制器中,并具有回读功能,提示操作员是否下载成功。

3) 在线帮助与决策支持

在线帮助主要实现对页面显示内容或操作的说明和解释功能。OCC 应提供每个页面独立的帮助页、每个弹出窗口的帮助页,以及对各种控制失败反馈信息的解释信息,以便操作员判断下一步的操作。每条报警记录应有详细的帮助说明,通过鼠标右键弹出查看。在特殊事件或工况下,应提供基于经验的和取自专家库的决策性支持功能。

4) 系统安全管理

OCC 应具有完善灵活的安全控制功能和权限管理系统。系统的权限至少应有多级操作权限。另外,可以设置一个系统自动注销时间设置,可自动注销当前登录的用户,并可对所有用户的操作记录进行注销。自动注销时间可设置。

应对重要操作增加密码保护,例如,修改运营参数和系统配置参数使用二级安全控制,针对当前登录的用户,再进行操作密码确认才能进行操作。

OCC 可以对全线车站的 BAS 操作员和维护人员的密码进行统一管理,实现统一的用户数据库。另外,在紧急情况下,OCC 应具有解除车站密码的功能。

5) 通用人机界面功能

人机界面是人机交互的重要接口。中央级应提供直观的、生动的人机界面体系。具体提供的功能应与前述的中央级和车站级功能相对应,即人机界面要成为系统功能完整的、与用户友好的可视化表达。人机界面应可组态。

6) 时钟同步

可以接收信号系统的主时钟信息,并将时钟信息同步到各车站、冷站及车辆段的 BAS 系统。

❷ 中央级维护功能

中央级维护功能一般和 OCC 的监控系统集成在一起实现,但有时需要在车辆段建立独立的维护系统、培训系统等,此时该系统的逻辑级别和 OCC 的监控系统是一致的,OCC 监控系统更注重全局的监控及管理,而车辆段系统则更注重 BAS 系统的维护,同时根据需要,该系统又可作为 OCC 监控系统的后备系统,同样可以实现监控与管理功能。这里简要介绍维护功能。

1) 全线 BAS 系统工程管理

BAS 维护系统设备是全线 BAS 系统工程管理中心,在服务器或维修工作站(或可成为系统工程师站)上应备份全线 BAS 系统工程的原始文件,包括系统设计文件,每个车站的每台 PLC 的控制源程序,每个车站监控软件的组态工程文件,系统详细配置清单,各种图纸资料,系统运行与维修记录等。维修计算机可随时调用这些资料,用来恢复系统或分析系统故障等。

2) 全线 BAS 系统监控与维护

维护系统设备的主要监控对象是全线的 BAS 系统设备,通过维修工作站可实现下述功能:

(1) 在线监控全线各站 PLC 的配置情况、运行情况。

(2) 在线监控与诊断各 PLC 控制器中各种模块的运行情况,如 CPU 状态、后备电池状态、控制网模块状态、以太网模块状态、I/O 状态等。

(3) 在线监控与诊断 PLC 网络情况,包括网络工作状态及参数配置,数据流量,带宽占用率,控制网络负荷情况(峰值与平均负荷),各网络模块数据负荷与流量,网络中各站点分配情况,通信介质工作状况等。

(4) 在线监控各 PLC 系统中 CPU 模块的内存使用情况、程序周期、数据区数据,特别是和其他系统或设备之间交换的数据(如 MCS 系统)、程序运行等内容。

(5) 在线清除 PLC 内部产生的逻辑故障(主要故障和次要故障,非物理损坏)。

(6) 在线修改各 PLC 站的配置,强制 PLC 的 I/O 点状态,改变 PLC 的运行方式等。

(7) 在线仿真 PLC 程序运行,测试 PLC 程序(不实际输出)。

(8) 在线上载、编辑、下装各 PLC 的程序及网络参数。

(9) 在线监控各车站维修工作站的状态(在线或离线)。

(10) 在线监控各车站 EMCS 局域网状态。

(11) 在线进行全线面向各车站的监控操作权限和用户管理,可动态添加用户、删除用户、更改用户密码、不同用户的权限范围设置等。

(12) 离线组态并下装各车站监控工程,包括 HMI、数据库、接口驱动等,仿真运行车站监控工程。

通过上述功能和手段,可以使系统维护人员实时掌握全线系统设备的运行情况,及时制订维修计划,组织人力完成维修工作。同时,应针对维护功能提供一个基于数据库的维修管理工具,使日常的系统维护和管理信息化。

3) 全线后备监控与操作

当出现中心监控系统不能正常工作时,位于车辆段的 BAS 维护系统完全可以接管对车站的监控与操作功能,实现后备的功能需求。

二 车站级监控系统功能

车站 BAS 系统可以是一个以车站为单位的相对独立的系统,从而完成车站 BAS 功能。车站 BAS 系统功能的主要目的是:

(1)正常工况下,提供灵活多样的、全面的监控方式与手段,实现对车站环控系统及其他机电设备的监控操作、实时控制,并通过先进的、实用的控制算法和策略达到节能与优化控制的目的。

(2)非正常情况下,提供方便的协调和调度监控手段来满足和应对特殊的工况需求,并根据调度及触发命令完成模式控制。

1 实时监控与联动控制

实时数据处理和控制主要由各 PLC 控制器完成,PLC 是车站 BAS 系统的控制核心。

BAS 系统接收来自各种监控及接口设备的操作指令来控制各个被控设备运行,并且保障设备运行的安全。同时,BAS 系统采集并判断各个被控设备、模式、系统的运行状态,经过整理传送至各级监控系统。对于车站空调系统,BAS 系统能够以焓值计算的方式自动控制各被控制设备状态,调节空间的温度和湿度。

BAS 系统能够对控制系统本身进行监视和故障诊断,并在出现故障时对被控设备进行保护。

2 车站环境参数监控

正常工况下,车站通风空调系统承担着营造车站良好的候车与乘车环境的任务。根据工艺设计,车站大系统用来维持车站公共区的温湿度(主要是温度调节,无直接调湿手段),小系统则用来维持车站重要设备与管理用房的温湿度。车站级 BAS 系统应实时监控设置在车站各处的温湿度传感器值,从而作为控制与调节的依据并在 HMI 上实时显示其数据值。这些传感器包括:室外温湿度(一般位于车站新风井)、大系统回风温湿度、大系统送风温湿度、大系统出风温湿度、站厅站台温湿度(一般每层设置 4 个,实际控制时取其算术平均值或加权平均值作为站厅或站台的实际平均温度)、信号机械室温湿度、通信机械室温湿度传感器等。

3 车站空调系统控制

通过与冷机控制器通信,采集空调水系统的相关参数值,如供回水压力、温度、流量、制冷量、机组运行状态、连锁设备运行状态等参数。另外,还可以通过硬线方式直接读取冷水末端(包括冷站水系统末端)相关传感器的参数值,如流量、压力、压差、温度及二通阀开度等参数值,并可以根据工艺要求,通过优化算法实现对大系统水系统的控制,包括:风量控制(如果采用变风量系统)、二通阀开度控制、冷机台数控制、集中供冷冷冻水回路压差控制等。

❹ 大系统设备的优化与智能控制

正常工况下,BAS 系统将通过室内外温湿度值实时计算空气焓值,并自动确定空调工况,控制空调系统的运行工况转换,如盛夏季节,控制空调运行于最小新风工况,最大限度防止冷量的散失,同时维持车站内的最小新风需求,从而达到节能的目的。当计算出当前季节为过渡季时,则控制空调系统进入全新风工况,尽量利用室外低含湿量空气,同样达到节能的目的。当空调系统送风温度不小于室外温度时,BAS 系统则控制空调系统进入通风工况,此时将停止冷机的运行。

为防止一天之内空调工况的频繁转换,减少设备损耗,BAS 系统将对空气参数的运算采用定时处理方式,时间用户可设定,设定时间应不小于 0.5h。另外,系统将对一段时间内(2~5h,可调整)计算的空气焓值进行算术平均计算,作为空调工况控制依据。

❺ 设备控制

BAS 系统的被控对象是车站的各种机电设备,BAS 系统支持下述设备控制功能。

(1)焓值自动控制。

(2)时间表控制。

BAS 系统支持三类时间表(当前时间表、预定时间表、特殊日时间表,当前和预定时间表包括工作日、周末、夜间三套)的运行,同时在车站监控工作站上可以监控任何一个时间表。

(3)单体设备控制。

(4)设备组控制。

(5)模式控制。

模式的定义根据工艺设计要求而形成,其触发可有两种方式:人为触发(HMI,IBP)和自动触发(车站 FAS 系统)。

BAS 系统在车站的模式控制与操作包括两方面:

①作为 OCC 的辅助实现对隧道环控系统的非常模式和早晚换气模式的控制及模式编辑。

②执行 OCC 下发的车站系统的模式表,并可手动控制车站系统模式。根据需求,可提供模式编辑功能。

❻ 防灾联动控制

车站 BAS 系统须完成部分消防联动控制功能,即在车站发生火灾的情况下,须完成对车站防排烟系统的火灾模式控制功能。根据设计规范的要求,在车站 FAS 火灾报警信息通过串口接入 BAS 系统。BAS 系统根据报警信息进行解析,得到发生火灾的具体位置,并且得出相应的火灾模式号。BAS 系统将解析的结果以报警的形式在车站监控工作站和 IBP 盘面进行显示,并根据模式号进行模式优先级和冲突判断,如果模式能够执行,则转变为具体设备控制指令,由车站主控 PLC 分解指令到相关 ECS 控制器中实现设备级的控制。

车站 BAS 可有效应对和处理各种紧急情况，例如，车站火灾、隧道火灾、隧道阻塞、车站突发事件等特殊情况。系统具有和 FAS 系统的接口，可实时接收 FAS 系统发出的车站火灾信息。车站 BAS 可接收来自 OCC 的模式命令，同时通过车站监控工作站和 IBP 均可对车站 BAS 系统发出紧急模式指令。车站 BAS 系统在接收到上述任何一个信息时，应能够在第一时间进入防灾模式，实时控制与调度防灾设备按既定方式运行。

BAS 系统主控 PLC 将行使操作优先级和模式冲突判断。主控 PLC 分别接收来自 OCC、车站和 IBP 盘（含 FAS 自动触发的）的模式触发命令，主控 PLC 首先判断触发优先级（建议触发优先级由高到低定义为：IBP、PgMT、MCS，分别用不同的数字表示），后判断模式代表的工况（其紧迫程度由高到低为：火灾、阻塞、正常，同样用不同的数字表示），通过两者数字的结合便产生了包含触发点与工况信息的最终模式号，将此模式号和当前运行的模式号比较，如果不冲突，则执行；冲突，则执行模式号大（人为定义）的模式，模式号小的模式自然退出；同时反馈判断的结果，从而完成模式优先级及冲突判断的工作。

⑦ 紧急后备操作

通过 IBP（Integrated Back Plant）综合后备盘可以实现紧急模式控制功能。IBP 盘的功能定义为：在监控系统失去作用或通信发生故障时，IBP 盘作为紧急工况下的后备模式控制人机接口装备。模式控制由 BAS 系统实现。BAS 系统应完全满足上述需求。

⑧ 子系统独立性

提供的 BAS 系统中环控（ECS）和其他机电设备控制系统（BS）可相对独立工作，具体措施是：

（1）ECS 和 BS 子系统的被控对象之间无工艺连锁关系；

（2）ECS 和 BS 子系统分别由各自的控制器完成，具有各自独立的现场级设备级网络（I/O 总线及模块），控制任务之间没有直接的协调关系。

正常情况下，两个子系统控制器通过车站监控局域网向监控设备反馈各种状态信息，接收各种操作指令。当监控网络发生故障时，上述两个系统可完全保持独立的运行，此时的运行方式将保持在最后通信正常时的状态。

同时，为提高系统的通信自诊断和报警能力，BAS 系统应采取必要措施，如设置看门狗等监视网络及网络上各控制器的运行状态。

⑨ 智能、优化与调节控制

提供的 BAS 系统将满足下述智能与优化控制功能。

（1）设备运行均衡控制

BAS 系统能够对车站的一些大型设备进行运行均衡控制。例如，冷水机组，运行前期大多数时间可能只需一台即可满足要求。BAS 系统能够对各个冷水机的运行时间进行累计，并在达到一定累计值时自动切换至另外一台机组，使各个机组的累计运行时间基本相同。

(2) 互为备用的设备自动切换控制

设备的自动切换控制主要有两种方式：互为备用的设备定时自动切换，设备故障时自动切换至备用设备运行。

互为备用的设备定时自动切换的目的是进行设备运行均衡控制，控制方式已经在上文中说明。

设备故障时自动切换至备用设备运行，目的是保障 BAS 系统运行状态不受故障设备的影响。BAS 系统监测被控设备的状态，当被控设备故障时，BAS 系统将故障信息传送至操作员站，向被控设备发出停止指令，同时自动启动备用设备。

(3) 设备顺控功能

这里所谓"顺控"并非 PSCADA 概念，而是系统解决众多大功率设备由于同时启动而冲击电网的问题。这种情况常发生在每天运营开始及模式运行时。BAS 系统将随时检测这种情况的发生，并设置顺序启动间隔计时器，每当时间一到则启动一台预启动的大功率设备，从而实现一种顺控的功能。

(4) PID 调节控制

BAS 系统能够通过 PID 优化算法进行冷水系统供回水压力控制、末端冷量控制（二通调节阀开度控制）等。

(5) 时钟同步

车站 BAS 系统可以接收来自中心的对时信息，同步于对时系统中的所有控制器，使其时钟保持与车站时钟信息一致。各个 PLC 控制器均具有内部时钟，可精确至秒。将编制专门的对时程序，用于系统时钟的同步，一般至少一天对时一次。

⑩ 用户友好的监控功能

BAS 系统的软件平台应提供功能强大的、用户友好的人机界面体系，结合 BAS 系统的实际应用，面向操作与维护人员而设计，如功能键的定义、图标的使用、菜单条的形式等，要符合人们的日常操作习惯。

同时在图形显示窗口内，将结合具体工艺情况，提供彩色动态的监控画面，用以表达工艺系统状况、设备运行情况及状态反馈等信息。BAS 系统将具备但不限于下述界面。

(1) 车站地图，以车站平面结构为地图，综合显示各个房间内设备分布情况、运行情况、工况（火灾）等内容，并且支持操作员单击查看任何一个系统范围内的设备详细情况并可以对其实施操作控制。

(2) BAS 系统结构画面，用来显示每个车站 BAS 系统的实际构成情况，控制箱柜的相对位置，可监控各个控制器的运行状态、网络运行状态等。

(3) 工艺系统画面，包括隧道风系统、车站大系统、车站各个小系统、车站空调水系统、给排水设备、电扶梯设备、照明、导向等，同样，系统支持对界面内任何一个设备的操作控制。

(4) 模式监控画面，用来集中进行模式触发操作和运行反馈信息监视，并且可以监控模式的具体运行情况，对模式内各设备的实际运行状态和模式要求状态做动态比较，对模式运行的细节情况可一目了然。

(5) 事件监控画面,用来进行事件列表、事件分析。事件记录将详细展示事件发生的时间、具体事件描述、当时的用户等情况,并提供模糊查询功能,用于检索。

(6) 报警监控画面,用来集中监控各类各个级别和各种报警处理情况,通过不同底色表示不同的报警级别,无底色用来表示确认的报警等,并提供模糊查询手段用于用户检索,提供在线存储和打印功能,用来记录和打印查询结果。

(7) 设备列表,用来集中监控各个被控对象的情况,包括设备标记、所在位置、当前运行状态、统计信息(累计运行时间、故障次数及检修次数等)等,同样提供查询手段,用来快速检索某个设备或某类设备,用户可不必翻阅图纸,通过监控工作站即可检索和 BAS 相关的任何设备信息,为维护提供大大的便利。

⑪ 系统安全措施

BAS 系统设置全线统一的用户与权限管理功能,并在车辆段实现集中管理。权限与用户数据存放于服务器中,可查询、可更改,并设置身份识别系统,运用双因子加密技术实现系统登录及操作的保护。

通过系统权限及身份识别可有效区分不同级别人员对系统的监控操作范围,为运营管理提供基本的管理工具;通过用户管理可有效地屏蔽非授权人员的操作,以避免系统意外人为事故的发生。

授权用户需利用电子身份证(利用 USB 口和监控工作站连接,内部存有个人身份信息,相当于电子钥匙)和密码才能登录进入系统,另外系统设置操作定时器,即在规定时间内如检测无操作,则自动注销用户。授权用户可以在线修改自己的密码。

⑫ 报警监控与管理功能

车站 BAS 的报警监控和管理功能与中心 BAS 系统的相关功能相同。

⑬ 消防联动

车站 BAS 系统除了要具备火灾工况下的防灾联动控制功能外,同时要具备对控制范围内其他设备的联动,如电源控制、导向控制和屏蔽门的控制等。

其中,对于电源的控制是应消防规范的要求,此项功能由 BS 系统来实现。当 IBP 盘 PLC 接收到火灾命令,或接收到人为车站火灾模式触发命令时,BAS 的 BS 子系统应根据工艺设计要求,联动切除非消防电源及车站三类负荷,待事件处理完毕后,手动解除。

⑭ 系统恢复与保持功能

车站 BAS 属于供电一类负荷,通过车站两端 UPS 受电,车站 BAS 系统提供智能接口实现同 UPS 连接,通过该接口,BAS 可实时间接监控供电情况,当发现供电中断时,BAS 系统应在短时间(秒级)内,根据情况、根据事先的工艺设计要求,屏蔽所有设备的控制输出(PLC

的 DO 输出，AO 保持当前值），同时触发报警和记录事件，并在 HMI 屏蔽相关设备的监控操作。当检测供电恢复后，系统按照顺控规则，依次恢复断电前的设备运行状态，使系统快速地恢复正常。

⑮ 系统自诊断功能

BAS 系统具备较完善的自诊断和故障处理功能。

（1）PLC 系统的自检测与诊断：系统应利用产品的自身功能或通过编程等必要手段来甄别系统自身的各种故障，如各种模板/块故障，并且这些信息均应实时反馈给 HMI 并可以根据情况触发报警。

（2）UPS 的监控：系统应选用质量好的 UPS 产品，该产品应提供智能接口用于接入控制系统。BAS 系统通过该接口可实时监控 UPS 的工作状态、各种电量参数及电池状态等。采集到数据可实时反馈到 HMI 供维护人员监控及管理，并可根据需求触发报警，如电池的应用情况等。另外，通过监视 UPS 的供电情况，BAS 可以适时采取措施，保护系统的运行环境。

（3）网络状态的监控：BAS 系统可以通过多种措施监控系统的网络运行状态，包括局域网和控制网。

BAS 能够对控制系统中的上述各种状态进行监视，并对故障点进行诊断。当出现故障时，BAS 系统向监控工作站触发报警使相关控制程序立即转入紧急处理程序，从而保障被控设备的安全。

⑯ 系统状态监控

对于车站设备的监控，由 MCS 系统（包括 OS 和 IBP）、车站 BAS 系统及就地控制设备在逻辑上构成了一个多级控制系统，即 MCS、BAS 及就地控制设备均可以对控制范围内的某个工艺设备进行控制，因此存在多处操作监控的情况。这些监控操作点包括 CMCS 监控工作站、SMCS 监控工作站、BAS 系统 PgMT、IBP、SMCC 等。

⑰ 参数化系统

BAS 系统是一个面向运营维护的、可参数化的系统，或称之为用户可组态的系统。

BAS 系统集成商应将 BAS 系统进行封装，并通过人机界面向用户提供系统运行参数整定界面，用户可对系统运行或控制方式进行在线动态调整，以适应可能变化的需求和不确定因素，从而减少调试时间和程序更改时间，提高调试效率。此时用户可不必关心底层控制的实现方式，只关心系统的工艺运行问题即可。

在操作权限允许的情况下，BAS 的各级监控工作站可以在线对车站进行参数设置，如 BAS 系统运行、设备控制、空气调节等方面的运营参数。这些参数主要是关于车站系统运行和控制的相关内容，但作为辅助也可设置隧道系统相关的参数。在参数设置时系统能自动进行工艺合理性判断和输入值合理性判断，并有恢复默认值功能，实现快速恢复到存储的默认值。参数设置修改完毕后，下载到 BAS 控制器中，并具有回读功能，提示操作员是否下载成功。

这些参数应包括如下。

（1）调节参数设置：在线 PID 调节参数整定。

（2）阀值设置：修改模拟量报警的极大值、最大值、最小值和极小值等带有死区调整的报警限界点。

（3）现场设备操作参数调整：主要设备报检周期、模拟量限定值、互为备用的设备切换时间、大功率设备启动间隔、故障设备的互为备用等。

（4）系统控制方式选择：手动、自动（时间表控制）、焓值自动控制。

（5）空调系统回路调节方式选择：温度设定、自动加权、手动加权。

（6）自动控制参数：系统运行时间，隧道系统早晚换气时间，车站系统吹早、吹晚的时间，冷水机组启动时间等。

（7）温度传感器选择：操作员可以选择温度传感器以监视和计算车站的平均温度。

（8）冷水机组操作顺序：操作员通过人机界面显示可以对每个车站端冷水机组的操作顺序进行定义，可以在任何时间手工重新调整冷水机组操作顺序。

（9）泵操作顺序：操作员通过人机界面显示，可以对每个冷水机组相关的冷却水泵操作顺序进行定义。

三 就地级监控系统功能

1 信号采集、转换及传输功能

通过硬线连接的现场信号有两类：开关量和模拟量。开关量输入信号是由中间继电器产生的一个无源触点信号，由被控对象的就地控制箱给出，用来表示该设备的某种工作或运行状态。BAS 就地远程 I/O 模块接收该信号，并通过模块内部的光电隔离将该信号转变为计算机可识别的二进制信号，用于 PLC 进行逻辑运算；对于模拟量，一般来自现场的传感器或变送器，如空气参数传感器、水回路传感器等，均是标准信号，即 4～20mA 或 0～10V。BAS 就地远程 I/O 模块接收该类型的信号，并经过 A/D 转换、滤波、线性化等处理过程，将其转变为 PLC 内部可处理的浮点数值用于运算。其他数据是通过通信方式传递的，信号包括电信号和光信号，BAS 系统通过通信接口装置或转换器接收这些信号；根据事先规定的协议规则接收、解码并整理这些网络或总线传输的数据，形成 BAS 系统可识别和可处理的数据。

2 显示与诊断功能

对现场设备 BAS 均具有工作状态指示功能，便于运营维护人员的直观观察。对于 PLC 的远程模块，其表面设有电源状态指示、通道通断状态指示和通信状态指示，通过指示等不同颜色的变化或闪烁情况，可以基本判断出该模块的状态，同时模块具有自诊断功能。

③ 数据传输和协议转换功能

数据传输是现场设备的又一重要功能,因为在前端经过数据采集和转换后,就需要经过总线将数据送至CPU内进行处理,采用远程I/O总线技术和控制网技术来实现现场数据的传输。

协议转换是BAS接口设备的另一个主要功能,通过系统的接口开发予以实现。

④ 单台设备控制功能

对设备的控制命令信号主要由就地设备完成,如模式控制;PLC处理器接收到来自操作设备的命令或FAS系统的触发模式命令后,经过控制优先级及模式冲突判断后产生具体的设备控制命令和联动控制命令,这些命令以布尔量的形式经过PLC总线或接口模块传送至就地设备,就地设备将通过DO模块驱动中间继电器,通过继电器的触点实现对设备的控制。

对于调节设备,PLC控制器输出的是模拟量信号(4~20mA),用来代表开度值,如二通调节阀,接收到开度信号后其执行机构将控制阀体动作至规定的开度,从而完成控制命令。

⑤ 连锁控制

设备间的连锁控制及保护是就地PLC的主要任务,特别是风回路风机和风阀之间的直接或间接连锁关系。

思考题

1. 空调水系统供冷方式有几种?其含义是什么?
2. 在火灾工况下,BAS系统和FAS系统是如何协调运行的?
3. BAS系统所控设备分布特点是什么?
4. 简述设备监控系统中央级监控系统的功能。
5. 车站BAS系统功能的主要目的是什么?
6. 在OCC系统,运行参数设置包括哪些内容?

参 考 文 献

[1] 何宗华,汪松滋,何其光. 城市轨道交通车站机电设备运行与维修[M]. 北京:中国建筑工业出版社,2005.
[2] 赵时旻. 轨道交通自动售检票系统[M]. 上海:同济大学出版社,2007.
[3] 魏晓东. 城市轨道交通自动化系统与技术[M]. 北京:电子工业出版社,2004.
[4] 宋瑞. 交通运输设备[M]. 北京:中国铁道出版社,2003.
[5] 佟立本. 交通运输设备[M]. 北京:中国铁道出版社,2007.
[6] 接触式IC卡国际标准 ISO/IEC 7816.